U0687503

珞珈管理评论
Luojia Management Review

2013 年卷　第 2 辑（总第 13 辑）

武汉大学经济与管理学院主办

Accredited by
**Association
of MBAs**

武 汉 大 学 出 版 社

图书在版编目(CIP)数据

珞珈管理评论.2013年卷.第2辑(总第13辑)/武汉大学经济与管理学院主办.
—武汉:武汉大学出版社,2013.12
ISBN 978-7-307-12272-7

Ⅰ.珞…　Ⅱ.武…　Ⅲ.企业管理—文集　Ⅳ.F270-53

中国版本图书馆 CIP 数据核字(2013)第 285424 号

责任编辑:柴　艺　　　责任校对:汪欣怡　　　版式设计:詹锦玲

出版发行:**武汉大学出版社**　　(430072　武昌　珞珈山)
　　　　　(电子邮件:cbs22@whu.edu.cn 网址:www.wdp.com.cn)
印刷:军事经济学院印刷厂
开本:880×1230　1/16　印张:11.25　字数:324 千字
版次:2013 年 12 月第 1 版　　　2013 年 12 月第 1 次印刷
ISBN 978-7-307-12272-7　　　　定价:30.00 元

目　　录

CONTENTS

知识溢出、大学创业及其公共政策[*]

● 夏清华

（武汉大学经济与管理学院　武汉　430072）

【摘　要】本文引入知识溢出型创业理论，分析了学术创业的逻辑，并从理论和实践两个方面梳理了学者创业、大学衍生企业的相关内容。在结论部分作者隐含的政策建议是：为了提高创新效率，需要国家创新支持政策向创业支持政策转移，促进从创新到创业的传导机制的形成，尤其是针对知识溢出型创业。

【关键词】知识溢出　学术创业　大学创业　大学衍生企业

1. 问题的提出

自 20 世纪下半叶，知识的资本化与大学研究成果的产业化开始进入大学发展议程，即在传统的培养人才和科学研究职能之外，直接转化知识，创造经济价值成为大学的"第三使命"，这一新的使命催生世界各地的许多大学从象牙塔走向创业范式，即"创业型大学"（entrepreneurial university）。

然而，历史上，大学创业只是在少数一些地区取得成功，如美国波士顿的"12 号公路"（Route 12）周围和加州的"硅谷"（Silicon Valley），英国剑桥郡和林肯郡的"硅泽"（Silicon Fen）①，而在其他许多国家或地区并不成功，人们开始质疑大学创业是否解决地区经济发展问题的灵丹妙药。

自从市场导向的改革实施以来，中国大学的目标和使命趋向多元化，不断开发大学教师和学校资源，承担服务于经济发展的大学"第三使命"的压力，也往往使大学陷入"三"难困境（培养人才、学术创新、经济收入）。近年来，许多大学建立了自己的企业（如校办企业），但相对于其他科技创业型企业而言，大学衍生企业并没有产生明显的竞争优势，如校办企业的数量从 2000 年开始减少（2000 年为 5451 个，2007 年下降到 4563 个），财务绩效下降，大学知识资源优越性相对降低②。

理论上，大学衍生企业的演进过程是从一个非商业化环境下的首创理念转变为一个竞争性的寻求租

---

* 本文是国家自然科学基金（项目批准号：70972093）和教育部人文社科基金（项目批准号：09YJA630117）的阶段性成果。

① Saxenian, A.. Regional networks and innovation in Silicon Valley and Route 12. In：Acs, Z. J.. *Regional innovation, knowledge and global change*［M］. London：Pinter, 2000：123-138.

② Eun, Jong-Hak, Lee, K., and Wu, G.. Explaining the "university-run enterprises" in China：A theoretical framework for university-industry relationship in developing countries and its application to China［J］. *Research Policy*, 2006, 35：1329-1346.

金的成型企业①，这种基于大学发明的新企业创建所带来的最重要、最复杂的战略问题是：由于大学缺乏商业资源，那么大学的创业能力从哪来?② 作为大学创业机会的最初来源——"学者发明人"③在大学衍生企业形成和成长过程中扮演怎样的角色？以上这些问题，现有文献中几乎找不到答案。

因此，研究发展中国家经济背景下的大学衍生企业的独特性，分析这类企业创业者的特性及其对企业绩效的影响，提出更有效地促进大学衍生企业成长的策略建议，是中国大学在制定大学发展战略，提高大学技术转移效率时必须考虑的一个新课题。

2. 知识溢出型创业与大学衍生企业的产生

大学衍生企业(University Spin-Off companies，University Spin-Out companies，USOs)的定义是为从商业上开发大学所产生的一些新知识、技术或研究结果而创建的新企业，或者说是基于大学发明而创建的新企业。

知识溢出型创业理论试图解释特定创业机会来源，该理论将创业机会的来源定位于"新知识或新创意"。这一理论的基本命题是，在一个组织环境下如大企业、大学实验室里创造的新知识、新创意，由于存在很高的不确定性，组织很难获得预期的各种产出的价值。现有组织由于固有的结构惰性，在不确定性条件下会作出维持现状而不是对新知识采取商业化行动的决策。因此，就存在知识过滤或溢出，其他人或组织(通常是大学之外的小企业)会通过建立新企业，将这些知识商业化或资本化。

按照知识溢出型创业理论的解释，创业机会具有两重性，一方面是知识投资的结果，另一方面是知识过滤的结果。知识过滤越大，不同经济行为人和原有组织的决策层对新知识价值评估的分离性就越大。创业机会不仅是通过对新知识投资产生的，而且由于原有组织在商业化这些知识方面存在差异。这就是，不仅在新知识投资方产生新机会，而且由于知识过滤，一些附属衍生知识构成了创业机会。

因为存在知识过滤，这就阻碍了某些知识的完全商业化，反过来产生了创业机会。这隐含着，创业机会在那些具有更多知识的环境下会更多。相反，在知识贫乏的环境下，创业机会会更少，这一研究结论通过实证研究呈现系统性。因此，知识溢出型创业的根本命题是：知识丰富的环境应该产生更多的创业活动，反映了更广泛的创业机会。相反，知识贫乏的环境应该产生更少的创业活动和更小范围的创业机会。

与知识溢出型创业理论相联系的一个分析维度就是由地理位置决定的空间环境。知识溢出的地理特征是：经济知识可能由从事 R&D 研究的大学向新的小企业溢出(它们在空间位置上接近)。

知识溢出型创业理论有助于回答以下问题：为什么没有或很少 R&D 的创新企业能获得知识投入？为什么新的小企业在大量的新兴产业如生物技术和计算机行业贡献了大量的创新行为？为什么新的小企业能获得知识溢出？为什么一些新的小企业通过获得别人的知识比那些规模大的竞争者更有竞争优势？

因此，知识溢出型创业理论断言，新知识的来源和组织实际为产生新知识所做的投资，与组织试图去商业化和专用化那些新知识的价值(如创造新企业)不是一回事。如果创业者使用新知识而并不为投资产生新知识的企业支付全部成本，如许可和代理费，那么启动一个新企业的创业行动就是一种知识溢出

① Vohora, A., Mike Wright, and Andy Lockett. Critical junctures in the development of university high-tech spinout companies [J]. *Research Policy*, 2004, 33: 147-175.

② Rothaermel, F. T., Agung, S. D., and Jiang, L. University entrepreneurship: A taxonomy of the literature [J]. *Industrial and Corporate Change*, 2007, 16(4): 691-791.

③ 学者发明人包括大学实验室的研究人员以及从事技术发明研究的大学教师、科学家等。为了便于分析，以下都简称"学者"。

机制。为了将原有组织产生的知识商业化而建立一个新企业的行动就可以看做知识溢出的传导机制①。所以，创业是对原有组织创造的没有开发的(或没有完全商业化的)机会的内生反映。

但知识溢出型创业理论没有摆脱新的小企业创新创业的分析框架，也没有进一步分析知识溢出型创业企业的类型及其可能存在的差异，也就没有注意到大学自身创业的特殊性。即大学知识溢出的一部分是向产业(新的小企业)转移或大学内部从发明者向非发明者转移，另一部分是大学发明人自己将知识内部化，即学者创业或者大学创业。

那么，大学在什么情况下决定将自己创造的知识内部化，自己创办企业(本文称之为内部商业化，或者狭义的大学衍生企业)？

首先，当大学决定通过创办新企业内部化自己的发明成果时，通常是与其他几种技术转移方式如专利化或许可、合同(合作)研究等比较权衡的结果。考虑的因素有交易成本、知识产权保护水平、产学合作与信任程度、产业吸收能力、大学技术相对于产业技术的先进性程度、大学对发明人的激励政策与专利权控制方式、社会中介机构的发达程度、研发资金来源等等②。

其次，根据大学衍生企业的产权结构，可分为大学主导的衍生企业和个人主导的衍生企业两类。前者是由政府或大学合作开发或者至少是大学指定的非发明人代理开发创建的企业，后者是学者发明人(academic-inventor)开发创建的企业。无论哪种产权结构的大学衍生企业，学者在新企业的形成和发展中起到关键的作用。因为，一方面，两类企业的形成都来源于学者发明人的技术或专利；另一方面，USOs具有一般新创技术型企业(new technology-based firm)的特点，如创新性、高成长性和高风险。由于学者发明人对创新技术的特性和应用比一般人有更好的理解，所以，大学衍生企业对技术的路径依赖就转化为对原始发明人的依赖。换句话说，大学衍生企业的形成和发展存在对学者发明人技术上的依赖，至少，理论上是这样。

3. 衍生企业中的学者创业者及其创业决策

最初对学者创业者特质的分析主要是评价学者的个性特征对创业的影响。如 Roberts(1991)的研究发现 MIT 的技术创业家通常会表现出高度的独立性需求、中度的成就需求和低度的关系需求，在学者、大学新创企业、大企业之间存在着复杂的内在联系。Zucker 和 Torero 则证实大学衍生企业的产生是由于"明星科学家"(star scientists)的出现。Shane 提出了"学者生命周期模型"(academic life cycle model)，认为学者创业一般在职业发展后期，先前已投资了他们的人力资本开发，创业时他们拥有较高学术地位。

Fini(2008)等实证研究了学者创业的激励机制，结果显示，具有商业开发潜力的技术的可得性、获得大学基础设施支持和获得个人利益的可能性是学者创业最重要的激励因素。

Lacetera(2009)提出了一个学者创业者选择商业化研究时机的决策模型，分析了这些行为的收益与成本，比较了学者创业者和产业创业者的绩效差异。模型指出，在有些情况下，学者不愿意将其研究商业化，因为放弃研究的机会成本太高，这些研究能使他获得科学界的认可。而在另外一些情况下，学者可能比追求盈利的企业更快地将研究成果商业化，减少基础研究。因此，在进入时机和成本效率之间存在权衡，一个自我选择机制就提出来了。一般而言，学者只有当知识的潜在价值很好的时候才去商业化，这一结论与早前 Fini(2008)的研究结论不谋而合。

---

① Audretsch, D. B., Keilbacha, M.. The theory of knowledge spillover entrepreneurship [J]. *Journal of Management Studies*, 2007, 44：7.

② Shane, S.. *Academic entrepreneurship：University spin-offs and wealth creation*[M]. Aldershot：Edward Elgar, 2004：58.

4. 大学衍生企业绩效及其决定因素

学术界一般从个体、组织和环境三个层次分析大学衍生企业绩效的决定因素。

Stephen J. Franklin 等对比分析了学者企业家和外部代理企业家(academic and surrogate entrepreneur)在大学衍生企业发展中的互补作用①。两种企业家各有优势:学者企业家理解技术及其潜在的应用能力,代理企业家具有商业化经验,因此,这二者并不是相互独立的。大学要想进行成功的基于新创公司的技术转移,最好的方法莫过于学者和代理企业家的结合。

Martin Meyer 讨论了存在公共支持机制和激励结构环境下(产业网络、孵化项目等)的学者创业现象,提出了"学者企业家(创业者)"还是"企业家(创业者)学者"有趣的问题,结果发现,公共支持机制并不必然促进学者创业,但会促进"企业家学者"行为模式的发展——那些在公共部门对建立快速成长企业并不感兴趣的科学家会寻求满足其研究兴趣的其他途径。相反,一些糟糕的支持机制还会对科技型创业企业的成长产生负面的影响②。

Welsh 等提出了"学术资本主义"(academic capitalism)的概念③。作者通过对美国 9 所大学的 84 个生物科学家的深度访谈,发现科学家们都认为大学与产业研究关系(UIRRS)通常与复杂的大学知识产权(IP)政策是冲突的。例如,大学科学家认为大学与产业研究关系对于增加科学家之间的联系是有价值的,但问题是为产业工作会约束科学家之间的交流。科学家也认为大学知识产权政策会规避一些机会主义行为,但同时也减少了对于产业或企业的吸引力。

Thursby 2009 年对 5811 个美国大学教员作为发明人的专利调查发现,26%的专利被独家转让给了企业,而没有按照"拜杜法案"的要求,将专利权交给大学。他们将这个现象归因于专利特征、大学政策以及发明者所属领域。那些大学主张转让给企业的专利相对于转让给衍生企业的专利(学者发明人控制的新企业)具有更为基础的作用。转让给予学者发明人相关的新建企业的专利收入很少能够高于学者发明人从大学专利转移中获得的收益④。

目前对大学衍生企业的绩效研究主要集中在组织(大学)和环境层面,这方面的文献相当多,如在回答为什么一些大学比其他大学产生更多的衍生企业的问题时,许多学者分别评价了大学的学术地位、大学技术转移办公室(TTO 或 TLO)的效率、大学的资源条件、大学的创业氛围与文化、对学术创业的奖励制度、大学的基础设施和明确的创业战略、大学的科技实力、专业布局特点、科研经费总量、大学的地理位置以及大学与政府的关系等对大学衍生企业绩效的影响。宏观层面的环境因素如美国的"拜杜法案"、联邦和州政府的直接支持机制、风险资本支持,英国鼓励"出版非专利"的政策、产业对大学知识缺乏需求⑤,瑞典缺乏有竞争力的研究资金资助和人员、缺乏与产业界的交流,对技术转移的商业化和大学衍生

---

① Franklin, S. J., Wright, M., and Lockett, A.. Academic and surrogate entrepreneurs in university spin-out companies [J]. *Journal of Technology Transfer*. 2001, 26(1-2):127-141.

② Meyer, Martin. Academic entrepreneurs or entrepreneurial academics? Research-based ventures and public support mechanisms[J]. *R&D Management*, 2003, 33(2):107-115.

③ Welsh, Rick. Close enough but not too far: Assessing the effects of university-industry research relationships and the rise of academic capitalism[J]. *Research Policy*, 2008, 37:1854-1864.

④ Thursby, J. G., and Fuller A. W. Thursby. MUS faculty patenting: Inside and outside the university[J]. *Research Policy*, 2009, 38:14-25.

⑤ Carlsson, B.. Universities, entrepreneurship and public policy: Lessons from abroad. In: S. Shane. *Economic development through entrepreneurship: Government, university and business linkages* [M]. Cheltenham:Edward Elgar, 2005:198-217.

企业的创业鼓励不够等①。

5. 关于中国大学衍生企业的研究

Kroll 和 Liefner 分析了中国大学衍生企业所面临的市场条件：国有企业（SOE）、私人企业、外商投资企业这三种最重要的企业类型对国内产生的知识没有产生强大的需求；大学与企业之间的合作关系依然很微弱②。

同时，在中国，中央政府对校办企业的态度也在发生改变，有很多模糊的促进措施，如 1995 年鼓励大学和研究机构利用自身的科技能力建立高科技企业。然而，2001 年，国务院要求校办企业从大学分离出来。一些高校成立了资产管理或投资公司，成为大学企业的投资者或管理者。

杨德林等在对中国 111 所大学调查的基础上对研究型大学科技型企业的衍生模式进行了分类。随后，又对中国研究型大学衍生企业活动影响因素进行了分析，提出 5 种可能对中国研究型大学科技型衍生企业活动产生影响的因素。结果证明，大学企业衍生活动与大学的科技实力、专业布局特点、科研经费总量、大学的地理位置以及大学与政府的关系等之间存在一定相关性，而与科研经费构成之间的关系未能得到证实。

段存广、张俊生基于大学功能的演进，分析了大学衍生企业及其大学技术转移的三种模式：技术咨询、技术许可、衍生企业。

龚玉环、王大洲等借鉴 MIT 的经验，更深入地分析了大学如何平衡学术与商业行为。

夏清华对学者创业和大学衍生企业的绩效进行了最新最全面的系统研究，发现中国大学直接运营知识的能力较弱，表现为大学创建的衍生企业的绩效普遍不理想。大多数大学衍生企业还处于成长期，缺乏明确的战略导向和明显的竞争优势，过于依赖母体大学，嵌入市场与产业合作的程度不高。大学教师和研究人员参与创业的数量并不多，学者创业者大多在公司高管团队里担任重要角色，但并未充分发挥高层管理者应有的作用，尤其是对战略决策的影响，学者对企业发展的贡献主要体现在"技术创新"③④。

总的来看，中国大学的创业导向或市场化趋势似乎不可逆转，然而，大学市场化的程度、模式与方向依然模糊，如何平衡学术行为与商业行为仍是大学今后考虑的战略与管理难点问题。

6. 总结：知识溢出型创业理论的政策含义

知识溢出型创业理论弥补了经济增长过程中一些经济现象之间断裂的联系，它证明了在知识上的大量投资并不能必然地、自动地产生预期的竞争力和增长。在新知识的投资和商业化之间存在一个过滤器，因此，一定的传导机制是必要的，而创业就起到了传导器的作用。只有通过创业，才能将知识和创意商

---

① Decter, M., Bennett, D., and Leseure, M.. University to business technology transfer—UK and USA comparison [J]. *Technovation*, 2007, 27: 145-155.

② Wang. In search of innovativeness: The case of Zhong'guancun. In: E. J. Malecki, and P. Oinas. *Technological learning and regional economic change*[M]. Aldershot: Ashgate, 1999: 205-230.

③ 李雯，夏清华. 学者创业如何影响大学衍生企业的创业导向——基于湖北省"211 工程"大学衍生企业的实证研究[J]. 科学学研究，2011，29(4)：40.

④ 李雯，夏清华. 学术型企业家对大学衍生企业绩效的影响机理——基于全国"211 工程"大学衍生企业的实证研究[J]. 科学学研究，2012，30(2)：32.

业化(或资本化)。这就是知识溢出型创业的本质，其政策含义是：知识不会自动地完全商业化，为了保证在知识上的投资产生竞争力和增长，应该通过鼓励创业便利知识溢出和商业化。这一观点可以通过"两个悖论"即两种政策工具的失败得到支持。其一是来源于传统政策工具的失败，与 Solow 模型相联系，它提出通过促进对物质资本的投资来促进增长和就业。其二是新经济政策工具的失败，与 Romer 模型一致，通过促进知识资本的投资创造增长和就业。"瑞典悖论"(Swedish Paradox)①实证揭示出，虽然瑞典的 R&D 占 GDP 的比率在世界上是最高的，但瑞典表现出令人失望的大学研究商业化结果。而"欧洲悖论"(European Paradox)揭示出，尽管有世界一流的人力资本和研究能力，但欧洲经济增长和就业仍然维持在很低的水平②。由"两个悖论"自然推导出：在缺乏物质资本和知识资本禀赋的欠发达地区和发展中国家，更应该寻求创业资本作为经济增长的发动机，即创业公共政策的必要性。

因此，后续的研究课题是：当中国大学创业成为一个制度化的内容时，大学与产业之间的关系就由合作导向变为竞争导向，那么大学如何处理与产业之间的竞争问题？大学学者和产业企业研究者之间如何互动？学术机构在不放弃原先使命的前提下，在从事商业化活动中会面对哪些挑战？如何应对这些挑战？

（作者电子邮箱：qhxia@ whu. edu. cn）

◎ **参考文献**

[1] 段存广，张俊生. 基于大学功能演进的大学衍生企业研究[J]. 科学学研究，2007，25(2).

[2] 龚玉环，王大洲. 在学术与商业之间——中美大学案例比较与启示[J]. 自然辩证法通讯，2007，29(3).

[3] 杨德林，汪青云，孟祥清. 中国研究型大学衍生企业活动影响因素分析[J]. 科学学研究，2007，25(3).

[4] Acs, Z. J., and Armington, C. . *Entrepreneurship, geography, and American economic growth* [M]. New York: Cambridge University Press, 2006.

[5] Etzkowitz, H. . *MIT and the rise of entrepreneurial science* [M]. London: Routledge, 2002.

[6] Fini, M. I. . Proposta curricular do estado de São Paulo [J]. *Educação Física*, 2008, 10.

[7] Lacetera, Nicola. Academic entrepreneurship, management, decision, economics [EB/OL]. http: www. interscience. wiley. com. DOI: 10. 1002/mde. 1461.

[8] Shane, S . . *Academic entrepreneurship: University spin-offs and wealth creation* [M]. Aldershot: Edward Elgar, 2004.

[9] Torero, M. , Darby, M. R. , and Zucker, L. G. . The importance of intellectual human capital in the birth of the semiconductor industry[C]. Working Paper, UCLA Anderson School, Los Angeles, CA, 2001.

---

① Carlsson, B. . Universities, entrepreneurship and public policy: Lessons from abroad. In : S. Shane . *Economic development through entrepreneurship: Government, university and business linkages* [M]. Cheltenham: Edward Elgar, 2005: 198-217.

② Audretsch, D, B. , and Keilbacha, M. . The theory of knowledge spillover entrepreneurship[J]. *Journal of Management Studies* , 2007, 44: 7.

Knowledge Spillovers, University Entrepreneurship and Public Policy

Xia Qinghua

(Economics and Management School of Wuhan University, Wuhan, 430072)

Abstract: The article introduces the theory of knowledge-spillovers entrepreneurship, analyzes the justification of academic entrepreneurship, logically outlines relative theories and policies on academic entrepreneurship and university spin-out companies. In the conclusion the author presents the policy implication in which shift from innovation to entrepreneurship incentives will be in favor of transmission mechanism formation, especially aiming at knowledge spillovers entrepreneurship.

Key words: Knowledge spillovers; Academic entrepreneurship; University entrepreneurship; USOs

企业家创新的认知行为模式[*]

● 李　雯[1]　张虎龄[2]

(1 中南民族大学管理学院　武汉　430074；2 武汉大学经济与管理学院　武汉　430072)

【摘　要】企业家的创新实践可以看做在资源匮乏前提下的机会驱动过程。本文遵循创业机会认知、开发的研究思路，深入探讨了企业家创新能力的来源，阐释企业家独特的适应性机会认知模式及其动态变化逻辑，然后进一步解释了企业家创造性的资源整合方式和机会开发行为，最后指出了现有研究存在的不足，并对企业家创新认知模式的未来研究方向进行了展望。

【关键词】企业家创新　创业机会　认知模式　机会开发模式

1. 引言

企业家创新研究一直是国际学术界主流研究范畴，吸引了大批经济学家和管理学家的注意。企业家创新的相关研究始于美籍奥地利经济学家熊彼特(Joseph A. Schumpeter)，熊彼特(1912)认为，所谓创新，就是把生产要素和生产条件的新组合引入生产体系，即"建立一种新的生产函数"，通过"创造性毁灭"(creative destruction)的方式推动社会经济发展。

企业家的创新使命通常是通过其创业活动完成的。尽管许多情况下，企业家创业的驱动力是垄断利润或超额利润，但他们在追逐利润的过程中，必然涉及对新产品、新市场、新的生产方式、新组织的开拓以及新资源的控制调配过程，其结果也必然是实现"新组合"。这种对"新"的感知和利用就是企业家的主要功能。

从这个意义上看，企业家的创新实践可以看做在资源匮乏前提下的机会驱动过程。在此，机会就是指新的"方法—目的"(means-ends)途径，是开创新事业、获取利润的一种可能性。Shane(2005)认为机会是一种复杂的不断变化的情景或条件，在该情景中，技术、经济、政治、社会和人口条件的变化产生了创造新事物的潜力，即机会具有产生经济价值的潜力。企业家在这种不确定性条件下识别并利用潜在的机会，以全新的模式整合资源，进而创造新的价值。

因此，本文遵循创业机会认知、开发的逻辑，探讨企业家创新能力的来源以及企业家独特的机会认知模式，并解释企业家创造性的机会开发行为。研究结果将为理解企业家的创造开拓性、创业机会的生成性及二者的耦合过程做出一定贡献，同时也丰富了机会驱动型的创业理论。

---

　* 本文受国家自然科学基金项目(项目批准号：70972093)、教育部人文社科规划基金项目(项目批准号：09YJA630117)、武汉大学人文社科应用对策项目(项目批准号：201109)资助。

2. 企业家创新能力的来源

在英文中，企业家与创业者对应的是同一个单词——"entrepreneur"，指具有创新行为和创业行为的商业行为者。企业家作为创新的承担者（主体），对创新机会的感知和利用能力主要来源于三个方面：心理特质、先验知识与社会资本。

2.1 心理特质

企业家的独特心理特质，如成就感动机、风险偏好、创新倾向等一直被认为是企业家创新的重要内部因素。早在 1775 年，法国经济学家 Richard Cantillon 在经济学研究中就将承担风险的行为与企业家联系在一起。McClelland（1961）最早提出了对企业家个人特质的研究，他认为企业家通常具有高成就需要、风险偏好、责任感、创新精神。这些特质不仅促进个人创办新企业，也对创新的绩效产生影响。后来 Gartner、Sahlman 等学者也对企业家的行为做出了描述，Gartner（1990）将创业行为理解为价值创造、追求利润、成为企业所有者和管理者以及创建组织；Sahlman（1999）认为企业家的创业行为包括六个方面：战略导向、把握机遇、获取资源、控制资源、管理结构以及激励与补偿机制。Gideon D. Markman 和 Robert A. Baron（2003）在借鉴"个人—组织适合理论"的研究成果基础上，提出了独特的"个人—创业适合度"模型，指出企业家的个性特征与成为创业者的要求越匹配，创业成功的可能性越大。该模型通过对企业家各种明显差异特征的分析，指出自我感知能力、识别机会的能力、坚定不移的意志、开拓性与创新精神、丰富的人力和社会资本、出众的社会技能是影响企业家成功的关键因素①。

2.2 先验知识

奥地利学派对企业家创新研究的假设前提是市场由拥有不同信息的个体组成，在此信息不对称的情况下，价格机制无法自行调整为均衡状态。但是企业家具有独特的创业敏感性（entrepreneurial alertness），可以发现不对称信息导致的价格差异，进而发现潜在的市场机会，获得创业利润，这样就推动了经济逐渐从非均衡走向均衡。

基于奥地利学派的信息不对称假设，企业家的认知和行为过程依赖于企业家拥有相关信息的多寡，而相关信息的获得，从个人认知发展来看，则依赖于企业家的先验知识（包括经由成长、教育及职业经历获得的知识）的获取。

在很多情况下，企业家的先验知识影响了他们能够识别的机会的类型。Eckhardt 和 Shane（2003）发现，三种先验知识对企业家发现市场机会的过程十分重要：市场的先验知识、市场服务方式的先验知识、顾客问题的先验知识②。可以认为，企业家所积累的顾客问题知识、市场服务方式知识、市场知识造就了创业者的"知识走廊"，影响了他们所能发现的商业机会的本质。产业经验越丰富，企业家就越可能识别富有发展潜力和可行性的产品开发项目，随后会产生学习曲线效应，这就缩短了新企业的创业机会开发时间，大大增强了企业的创新效率。

事实上，关于创业和创新的大量文献已经表明，由于惯例和能力嵌入在企业家的先前工作经验中，

---

① Gartner, W. B.. Psychology, entrepreneurship, and the "critical mess". In: Baum, J. R., Frese, M., and Baron, R. A. (Eds). *The psychology of entrepreneurship*[M]. Mahwah, NJ: Lawrence Erlbaum Associates, 2007: 25-34.

② Eckhardt, J. T., and Shane, S. A.. Opportunities and entrepreneurship[J]. *Journal of Management*, 2003, 29, 3: 339-349.

9

并且这些经验能够转移到其他的企业甚至行业中，企业家的先验知识在某种程度上决定了他的战略决策、行动和绩效。West 和 Noel（2009）的一项关于知识资源对新创企业绩效影响的研究表明，知识资源丰裕的企业家和新创企业往往更加重视学习，关注市场变化，并及时做出反应，而知识资源贫乏的企业家和新创企业识别和开发机会的能力明显较低①。

2.3 社会资本

企业家的社会资本是其获得创业资源的重要途径，社会网络结构及其内嵌的关系性资源直接影响了企业家创新活动的范围和效率。社会资本学派的代表人物伯特（Burt）认为，"对大多数企业家来说，他们最重要的资源是错综复杂的个人网络"。后续的研究也不断强调具有强联系的社会资本越丰富，企业家越有可能采取创新性的行为，其创业成功的可能性也越大，因为其能更早接近各种广泛的观点、技能和资源②。Santos 等（2010）把企业家区分为两类，一类是通过社会关系网络用最小的代价获取资源的社会交往导向型企业家，另一类是不利用社会关系网络、只通过支付全额费用来获取资源的传统管理型企业家。研究结果表明，社会交往导向型企业家通过社会关系网络可以比传统管理型企业家获得更多的社会资源，并且花费更少③。

3. 企业家的创新性机会认知模式

虽然机会以各种客观形式存在，但只有当企业家确认这个机会存在且具有价值，并能采取行动将预期的认知价值转化为现实的市场价值时，才能算做真正的机会。

熊彼特和科兹纳（Kirzner）对机会来源的分析代表了新古典经济学派和奥地利学派的不同思想与逻辑，他们对创业机会的来源有不同的假设，前者假设市场是均衡的，机会是均等的，人人可以发现机会；而后者假设市场是非均衡的，存在信息不对称，有的人能发现市场机会，而有的人则不能。熊彼特认为机会是可识别的（存在于外部环境中，被个别企业家所发现），由于信息流动不完全，要素市场中存在的各种知识通常是分散的、零散的，其价值不容易被认知，企业家独特的创新能力就在于能够把这些分散的知识整合起来，实现其潜在价值。企业家对知识价值的识别和整合能力就是富有创新精神的企业竞争力的来源。而 Kirzner（1973）更倾向于机会是创造的观点（通过企业家特有的认知资源和知识产生），他首次提出"敏锐性"的概念，认为企业家具有信息的高度敏锐性，而机会正是来源于企业家独特的认知模式，这也解释了"为什么有的人能够识别机会，而有些人不能"。

Hayes 和 Allinson（1998）对企业家的认知模式作出如下定义：认知模式是指一个人搜集、利用和评价信息的偏好，其影响人们怎样看待获取信息的环境，怎样组织和解释这些信息，以及怎样整合到他们的心智和主观认识中，进而指导行为。Bhaduri 和 Worch（2005）归纳总结了企业家创新性认知的结构，包括以下三个部分：对不确定性的态度，开发、探索新技术机会的过程，对组织架构、协调的倾向④。

---

① West, G. P., and Noel, T. W.. The impact of knowledge resources on new venture performance[J]. *Journal of Small Business Management*, 2009, 47(1): 1-22.

② Kalish, Y.. Bridging in social networks: Who are the people in structural holes and why are they there? [J]. *Asian Journal of Social Psychology*, 2008, 11: 53-66.

③ Santos, B. L. D., and Holsapple, C. W., Ye, Q.. The intellectual influence of entrepreneurship journals: A network analysis[J]. *Entrepreneurship Theory and Practice*, 2010, 7: 1-20.

④ Bhaduri, S., Worch, H.. Education, experience, and the cognitive capacity of entrepreneurs: Some econometric evidence from the Indian pharmaceutical industry[EB/OL]. http://www.druid.dk/index.phpjid=21, 2005.

3.1 企业家对创业机会的搜寻与信息处理模式

西蒙早在1978年就将机会识别过程描述成一个创造性的认知过程，是人们通过事物之间的联系产生联想、总结出各种经验并将其模式化的过程。随着研究的深入，越来越多的学者注意到机会识别的"过程"特征，从认知的角度解释企业家的机会敏感性（opportunity alertness）及其发生机制，并取得了一系列丰硕成果。

按照认知理论，机会可以看做企业家在其认知框架下所能理解的信息的组合，这个框架储存和处理关于产业、技术和其他各种因素的信息。这个框架越宽，企业家越有可能将那些看上去毫无关联的现象和趋势联系起来，然后发现新的潜在的机会。这种敏感性也影响了企业家是否能够有效率地洞察外部世界，因为这种敏感性决定了他们判断外部信息是信号（signal）还是噪音（noise）的标准①，以及他们处理不同信息所用的技巧。

企业家拥有一种特殊的信息处理方式或流程（Mitchell et al.，2000），帮助他们以全新的视角发现机会、整合资源。企业家的信息处理过程依赖于一种模式或算法，他们通常有一套熟悉的规范的方式来描述客观事实，比照各种环境因素来塑造他们的逻辑网络。Baron认为"模式识别"（pattern recognition）最接近机会识别的本质，这一过程是在复杂的事件、趋势、变化中发现有价值的模式，它包括：（1）识别那些看上去本不相关的趋势、变化和事件的内在关联；（2）发现其关联结构和可确认的方式。这些步骤受到个体所拥有的认知结构（以过去的经验和知识为基础）的强烈影响，在很多特殊情况下，他们的认知结构类似于一种模板或向导，帮助这些人识别不同趋势或事件之间的联系。Baron也提出，不同的个体可能对不同的机会表现出更加敏感或更加迟钝的反应，这是因为他们拥有的模式识别不同，这些模式就像一些模块，即使企业家没有刻意地去寻求机会，这些模块也会帮助他们识别出来②。

对于企业家如何创新性地进行信息处理，一种观点认为企业家以一种解释性的方法处理信息，他们利用环境信息来识别事实，对于外部的信息进行理性的计算、分析和归纳，这种形式使得信息成为创新和新企业机会的关键；而另一种观点认为企业家是在不确定性条件下通过试验进行信息判断，在这一判断过程中，企业家以一种试错或启发式的方式处理信息。Vaghely和Julien（2010）融合并发展了以上两种观点，认为企业家的信息处理模式可以描绘为一种"计算式—启发式"的连续体，这种连续体能够整合以上两种看似明显对立的观点。企业家的信息处理过程是科学计算和启发式信息处理的一种动态组合③。也就是说，企业家对信息的处理过程既不是完全依靠理性的计算分析，也不是全部依赖试错过程中得到的启发。作为信息处理器的企业家或多或少会使用这两种方法，以寻找机会和关键资源，并能够构造多种创新性的组合。

Jeffrey H. Dyer、Hal B. Gregersen 和 Clayton Christensen（2008）对72位企业家以及310名管理人员进行大样本调查，发现具有创新精神的企业家在获取信息方面与一般的管理人员在四个行为模式方面不同：询问、观察、试验、想法的产生④。Jeffrey等解释了这些差异性行为如何增强了企业家创新创业的可能

---

① Grégoire, D. A., Corbett, A. C., and McMullen J. S.. The cognitive perspective in entrepreneurship: An agenda for future research[J]. *Journal of Management Studies*, 2010, 3: 45.

② Baron, R. A., and Tang, J.. The role of entrepreneurs in firm-level innovation: Joint effects of positive affect, creativity, and environmental dynamism[J]. *Journal of Business Venturing*, 2009, 10: 22.

③ Vaghely, I. P., and Pierre-André, J.. Are opportunities recognized or constructed? An information perspective on entrepreneurial opportunity identification[J]. *Journal of Business Venturing*, 2010, 25: 73-86.

④ Jeffrey, H. D., Gregersen, H. B., and Christensen C.. Entrepreneur behaviors, opportunity recognition, and the origins of innovative ventures[J]. *Strategic Entrepreneurship Journal*, 2008, 2(4): 317-338.

性，他们认为企业家之所以具备产生新的想法或开拓创新性业务的能力，是因为他们获取信息的独特行为触发了其异质性认知过程，进而产生新的经营思路。研究还发现，那些敢于创新的企业家是不容易被现存的偏见所动摇的，并且他们有寻求信息来改变现状的动机。这与 William B. Gartner 早期的结论一致，即相对于一般管理者而言，创新型企业家处理信息自信并且果断，他们更加坚持自己的看法，很少受外部因素的影响，如朋友的尊重、家庭的传统、其他人的榜样、得到别人的认可、获得更高的职位等。

3.2 企业家的适应性机会认知

Ozgen 等(2007)根据信息加工理论，认为企业家认知是企业家进行信息加工处理的一种过程，企业家对具有不同结构和特性的信息(知识)或情境，会作出不同的认知反应，进而产生不同的认知模式①。Michael Haynie 和 Dean A. Shepherd(2009)提出的"适应性认知"(adaptive cognition)模型则包含了适应性的信息反馈过程，更为准确地描述了创新型企业家感知和适应不确定性的过程。他们的研究以元认知(metacognitive)为视角，将认知适应性定义为在动态和不确定的环境中，灵活的、柔性的、自我调节的认知方式，并提出了适应性认知的五个理论维度：目标导向、元认知知识、元认知经验、选择和控制、监测，这五个元素相互关联，共同描述了元认知功能集：(1)个人感知，并根据环境的特征制定目标取向。(2)个人利用元认知知识和经验，生成多个可替代的规划和实施目标，以"管理"不断变化的环境。元认知知识是指企业家在多个决策框架中作出选择时依赖于自己先验知识的程度，元认知经验是指企业家依赖于经验、情感和直觉的程度。在这个可替代的决策框架中，一个特定的选择机制是选择和控制，诱发一些成果(包括意向和/或行为)；与个人目标取向相关的评估和监测活动，得出新的选择和决策框架②。个人元认知意识越强，越能够根据不断变化的环境来调整目标，见图1。

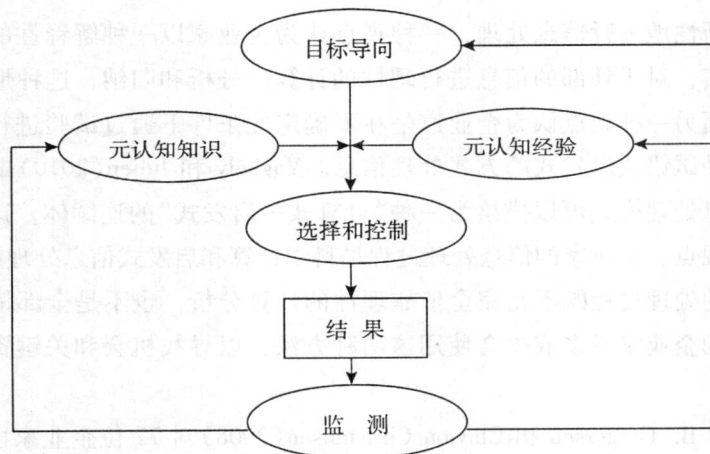

图 1 适应性认知：元认知模型

适应性认知模型整合了已有的研究成果，将先验知识、经验、组织目标、环境等要素纳入一个分析框架，较好地解释了创新型企业家在动态环境中"认知—反馈—新认知"的动态适应性过程。

---

① Ozgen, E., and Baron, R. A.. Social sources of information in opportunity recognition: Effects of mentors, industry networks, and professional forums[J]. *Journal of Business Venturing*, 2007, 22(2): 174-192.

② Haynie, J. M., Shepherd, D. A., and McMullen, J. S.. An opportunity for me? The role of resources in opportunity evaluation decisions[J]. *Journal of Management Studies*, 2009, 46(3): 37-61.

3.3 企业家机会认知模式的动态性：效能逻辑

目前，大部分研究将创业机会作为既定的客观存在，强调企业家去发现、识别机会，并整合资源对机会进行开发，最终将机会转化为价值（Shane，2003；Baron，2006）。这一传统的研究思路将创业过程视为一种规律而有序的现象，即企业家基于目标导向，在给定的问题范围内运用相关的决策框架来利用市场机会并创造价值，遵循从目标到既定结果的"因果逻辑"。然而，在创业实践中，高度不确定的环境使得企业家对机会的感知与利用存在很高的权变性，很难对创业机会的价值和潜力做出清晰的判断。同时企业家的个人经验、直觉等非理性因素在决策过程中也扮演着重要的角色，这些因素导致决策目标的模糊性和信息处理的无向性（isotropy）①，使企业家的理性决策与机会开发结果之间并不存在必然的因果关系。

大多数情况下，企业家在自己认为可承受的风险范围内，通过不断的试错和调试慢慢摸索行之有效的创业路径，最终积极地创造出新的效果，或者创造新的机会，并取得创业成功②。这一机会开发过程是通过不断试验与反馈的机制来达到环境、目标与行为之间的适应性，不仅包括创建一个新的经济实体，而且在新企业的成长过程中持续进行试验和反馈。

效能逻辑（effectuation logic）理论为这一动态的适应性机会创造过程给出了合理的解释。这一逻辑颠覆了传统的创业决策过程，强调企业家并非在创业之初就发现了有利可图的商业机会，而是通过既有手段来达到个人所预期的目标，并在实现预期目标的过程中充分发挥主观能动性，根据具体条件不断修正自己的愿望，并创造新的机会，这一过程同样也是新企业创建与不断开拓成长空间的过程③。现有的研究已经证实了效能逻辑对新企业成长绩效的积极效应，相对于成熟企业而言，通过企业家不断调适的适应性机会创造过程对新企业的成长更为有效。

企业家在动态环境中"试错—反馈—创造"的适应性机会创造过程及其作用机理如图2所示。

企业家通过"我是谁"、"我知晓什么"、"我认识谁"三个问题来反映个人的个性特质、经历、能力、知识以及社会关系网络，这些要素构成了效能逻辑分析的起点。接下来，企业家根据能够承受的损失确定目标，并通过缔结战略联盟等方式整合资源，尝试性地进行机会的创造与开发，最终根据机会开发的效果来不断调整创业行为。这一能动的反馈和适应过程就是企业家创造并开发创业机会的过程，也是在动态的环境中优化创业决策、寻求新的成长空间、提升新企业成长绩效的过程。

4. 企业家的创新性机会开发模式：获取与组合资源

创业资源是创业活动的关键要素，是企业家对感知的机会进行开发、利用的基础。Blackburn 和 Smallbone（2008）的研究证实了缺乏足够的资源是大部分创业失败的原因，因此获取必要的资金、人力、信息资源，是企业家将他们的思想和战略转变为可行的事业所必要的④。资源管理过程是一个综合过程，

---

① 秦剑. 基于创业研究视角的效果推理理论及实证研究前沿探析与未来展望[J]. 外国经济与管理，2012，32（7）：1-7.

② Shepherd, D. A. , McMullen, J. S. , and Jennings, P. D. . The formation of opportunity beliefs: Overcoming ignorance and reducing doubt[J]. *Strategic Entrepreneurship Journal*, 2007（1）：75-95.

③ Sarasvathy, S. , and Dew, N. . Entrepreneurial logics for a technology of foolishness [J]. *Scandinavian Journal of Management*, 2005, 21（4）：385-406.

④ Blackburn, R. A. , Smallbone, D. . Researching small firms and entrepreneurship in the U. K. : Developments and distinctiveness[J]. *Entrepreneurship Theory and Practice*, 2008, 3：267-288.

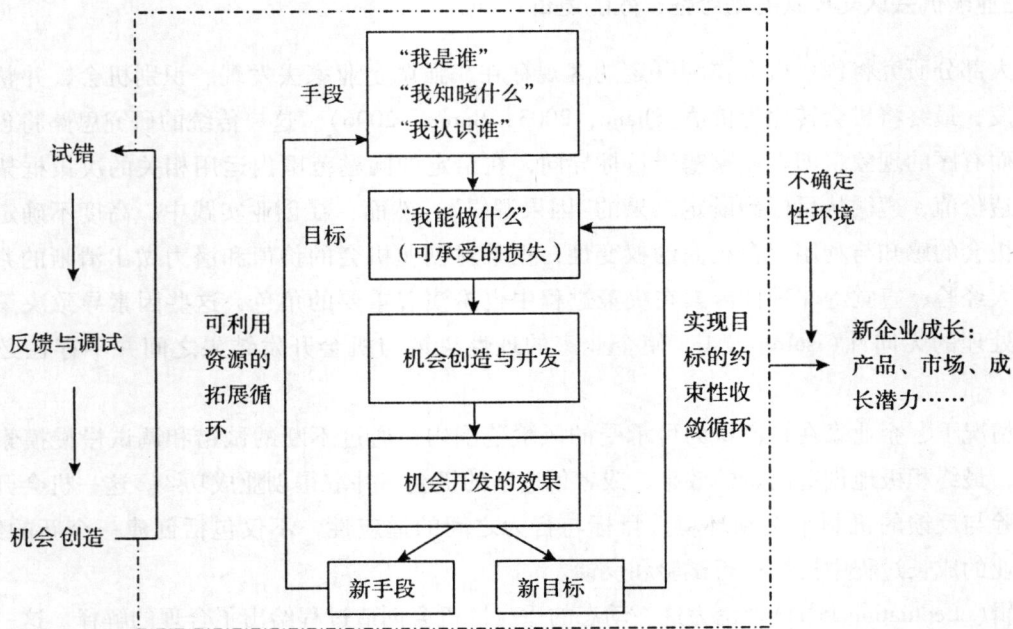

图 2 "效能逻辑"理论模型

包括构建企业的资源组合、整合资源以产生能力、利用这些能力来为顾客和所有者创造并保持价值。Sirmon 等认为企业的资源整合包括 3 种方式，分别为稳定调整(stabilizing)的资源整合方式、丰富细化(enriching)的资源整合方式和开拓创造(pioneering)的资源整合方式①。

稳定调整的资源整合方式指在现有的能力资源基础上进行小幅的改进，这种资源整合方式类似于Siggelkow(2002)所说的惰性过程(coasting)，即如果企业的核心元素在一定时间框架里没有被增强，我们就说该企业关于这种核心元素是惰性的。

丰富细化的资源整合方式是对当前资源和能力的拓展、延伸，可以通过学习新技能或者对当前资源束增加新的要素来实现。增加的资源可能已经存在于原来的资源组合中，或是新近开发的，或是通过某种特殊能力获取的(Sirmon，Hitt & Ireland，2007)。

开拓创造的资源整合方式最能体现企业家的创新特质，它不是一种渐进式的资源整合方式，而会涉及全新的资源类型。企业家通过有创意的新规则对资源进行重新组合，或者创造性地将新的资源融入现有的资源束，可以实现开拓创造的资源整合方式。

Sirmon 进一步指出，新创企业的内部柔性和战略的不成熟，往往使企业家可以机动地根据创业环境的动态变化来识别可用的资源，成熟企业则刚好相反。Helfat 也得出了类似的结论，他认为在动态环境下，企业家会提高自身对外部信息的敏感性，从新的角度来识别企业所需的资源类型和数量，但成熟企业往往由于内部刚性而难以识别新的、有用的资源。

Bygrave 和 Zacharakis(2007)分析了一些企业家能够获得更多资源的两个原因：(1)社会技能(social skills)，即以有效的方式与其他人接触的能力(Baron and Markman，2000)，表现在以下几方面：社会知觉(准确感知其他人需求的能力)、印象管理(给他人留下良好的第一印象的能力)、表现力(清晰大方地表达

---

① Sirmon, D. G., Hitt, M. A., and Ireland, R. D.. Managing firm resources in dynamic environments to create value：Looking inside the black box[J]. *The Academy of Management Review*，2007，32(1)：273-292.

自己情感的能力)以及社会适应性(在不同环境下与他人的配合能力)(Wayne et al.，1997)；（2）企业家的社会网络(social network)，指个人的关系网络，能够帮助他们拓宽获取资源的途径。

5. 未来研究展望

自从 Comegys(1976)提出企业家认知模式的作用以来，企业家创新性的认知模式已引起了越来越多的重视，对该领域的研究往往侧重于企业家个人在认知过程中的角色研究以及从认知的角度解释不同层面的创新现象(Gatewood et al.，1995；Haynie et al.，2009)。

尽管已成为重要的研究领域，企业家认知研究仍然遭遇"概念"层面的挑战，这些问题减少了该领域成果的有效贡献。例如，许多研究都是建立在企业家与其他人或一般管理人员"思考"不同的前提下的(Busenitz and Barney，1997)，但我们远不清楚在企业家意向和行动之前，是否存在这样的认知差异。如果有，这种差异性认知究竟源于特有的因素和事件，还是源于特殊的个人经验①，不同的研究给出了不同的解释。同样，目前尚不清楚企业家的创新性认知是在特殊的任务和环境条件下，为实现目标产生的特殊思考模式，还是因为他们本来就有表达或发展此种思维方式的激励(Lovallo et al.，2008)。

因此，一些学者质疑认知视角在多大程度上能为企业家创新提供一些真正独特的研究成果，如Grégoire 等(2010)。Breslin(2008)认为认知研究所建立的假设和方法，不足以捕获复杂、多层次的创新原动力。

有鉴于此，未来企业家认知研究可以从以下几方面进行拓展：

（1）企业家认知的独特性及其构成维度。未来的研究不仅要注重相关认知要素所带来的结果，也应注意这些要素的起源。企业家创新认知的关键要素可以区分为创业行动之前和采取行动之后两种类型，应有针对性地进行研究并加以比较。

（2）认知要素在企业家创新过程中发挥的作用。研究应该重视认知要素和心理要素的相互作用，并同时考虑多种与认知相关的现象。

（3）心智模式、环境和创新行动之间存在的复杂动态关系。未来的研究可以考虑不同认知要素在心理、行为、绩效等不同层次上的作用和相互影响机制。

（作者电子邮箱：coco840411@163.com）

◎ **参考文献**

[1] Acs, J., and Zerb, L.. Entrepreneurship, economic growth& public policy[J]. *Small Business Economics*, 2007, 28.

[2] Anokhin, S., and Schulze, W. S.. Entrepreneurship, innovation, and corruption[J]. *Journal of Business Venturing*, 2009, 24.

[3] Baumol, W. J.. Entrepreneurship: Productive, unproductive, and destructive[J]. *The Journal of Political Economics*, 1990, 98(5).

[4] Barbosa, S. D., Gerhardt, M. G. and Kickul, J. R.. The role of cognitive style and risk preference on entrepreneurial self-efficacy and entrepreneurial intentions [J]. *Journal of Leadership and Organizational*

---

① Sarasvathy, S.. Causation and effectuation: Toward a theoretical shift from economic inevitability to entrepreneurial contingency[J]. *Academy of Management Review*, 2008, 26(2), 243-264.

Studies, 2007, 13(4).

[5] Baas, M., Carsten, K. W., and Bernard, A. N.. A meta-analysis of 25 years of mood-creativity research: Hedonic tone, activation, or regulatory focus? [J]. *Psychological Bulletin*, 2008, 134(6).

[6] Battilana, J., Leca, B., and Boxenbaum, E.. How actors change institutions: Towards a theory of institutional entrepreneurship[J]. *Academy of Management Annals*, 2009, 3(1).

[7] Beckman, C. M.. The influence of founding team company affiliation on firm behavior[J]. *The Academy of Management Journal*, 2006, 49(4).

[8] Braunerhjelm, P., Svensson, R.. The inventor's role: Was Schumpeter right? [J]. *Journal of Evolution Economics*, 2010, 20.

[9] Busenitz, L. W., G. P. West Ⅲ, D., Shepherd, T.. Nelson, G. N.. Chandler and Zacharakis entrepreneurship research in emergence: Past trends and future directions[J]. *Journal of Management*, 2003, 29(3).

[10] Cope, J., Jack, S., Rose, M. B.. Social capital and entrepreneurship: An introduction[J]. *International Small Business Journal*, 2007, 25(3).

[11] Cornelius, B., Landström, H., Persson, O.. Entrepreneurial studies: The dynamic research front of a developing social science[J]. *Entrepreneurship Theory and Practice*, 2007, 3.

[12] Davidsson, P., and Wiklund, J.. Conceptual and empirical challenges in the study of firm growth. In: Sexton, D., and Landstrom, H. (Eds.). *The Blackwell Handbook of Entrepreneurship*[M]. Oxford, MA.: Blackwell, 2000.

[13] Deaux, K., and Martin, D.. Interpersonal networks and social categories: Specifying levels of context in identity processes[J]. *Social Psychology Quarterly*, 2003, 66(2).

[14] Forbes, D. P.. Are some entrepreneurs more overconfident than others? [J]. *Journal of Business Venturing*, 2005, 20(6).

[15] Gartner, W. B.. Is there an elephant in entrepreneurship? Blind assumptions in theory development[J]. *Entrepreneurship Theory and Practice*, 2001, 25(3).

[16] Haynie, J. M., Shepherd, D. A., Mosakowski, E., and Earley, P. C.. A situated metacognitive model of the entrepreneurial mindset[J]. *Journal of Business Venturing*, 2010, 25(2).

[17] Haynie, J. M., and Shepherd, D. A.. A measure of adaptive cognition for entrepreneurship research[J]. *Entrepreneurship Theory and Practice*, 2009(3).

[18] Helfat, C. E., and Lieberman, M. B.. The birth of capabilities: Market entry and the importance of pre-history[J]. *Industrial and Corporate Change*, 2002, 11(4).

[19] Hirsch, J. E.. An index to quantify an individual's scientific research output[J]. *Proceedings of the National Academy of Sciences of the United States of America*, 2005, 102.

[20] Hmieleski, K. M., and Corbett, A. C.. The contrasting interaction effects of improvisational behavior with entrepreneurial self-efficacy on new venture performance and entrepreneur work satisfaction[J]. *Journal of Business Venturing*, 2008, 23(3).

[21] Ireland, R. D., Hitt, M. A., Sirman, D. G.. A model of strategic entrepreneurship: the construct and its dimensions[J]. *Journal of Management*, 2003, 29 (6).

[22] Kirzner, I.. *Competition and Entrepreneurship*[M]. Chicago, IL: University of Chicago Press, 1973.

[23] Kickul, J., and Walters, J.. Recognizing new opportunities and innovation[J]. *International Journal of*

Entrepreneurial Behavior and Research, 2002, 8(6).

[24] Krueger, N. F.. What lies beneath? The experiential essence of entrepreneurial thinking [J]. *Entrepreneurship Theory and Practice*, 2007, 31(1).

[25] Kwon, S. W., and Arenius, P.. Nations of entrepreneurs: A social capital perspective [J]. *Journal of Business Venturing*, 2010, 25.

[26] Kuratko, D., and Audretsch, D.. Strategiç entrepreneurship: Exploring different perspectives of an emerging concept [J]. *Entrepreneurship Theory and Practice*, 2009, 33.

[27] Landström, H.. *Pioneers in entrepreneurship and small business research*[M]. New York: Springer, 2005.

[28] Lee, R., and Jones, O.. Networks, communication and learning during business start-up[J]. *International Small Business Journal*, 2008, 26(5).

[29] Li, H., and Zhang, Y.. The role of managers' political networking and functional experience in new venture performance: Evidence from China's transition economy[J]. *Strategic Management Journal*, 2007, 28.

[30] Markman, G., Gianiodis, P., and Phan, P.. An agency theoretic study of the relationship between knowledge agents and university technology transfer offices [D]. Rensselaer Polytechnic Working Paper, Troy, NY, 2006.

[31] Oh, H., Labiance, G., and Chung, M. H.. A multilevel model of group social capital [J]. *Academy of Management Review*, 2006, 31(3).

[32] Oliver, A. L., and Montgomery, K.. Using field-configuring events for sense-making: A cognitive network approach[J]. *Journal of Management Studies*, 2008, 45.

[33] Ozgen, E., and Minsky, B. D.. A perspective into entrepreneurial opportunity recognition in high technology domains: Technical competencies, as a source of information [J]. *Journal of Business and Entrepreneurship*, 2006, 3.

[34] Sambasivan, M., Abdul, M., and Yusop, Y.. Impact of personal qualities and management skills of entrepreneurs on venture performance in Malaysia: Opportunity recognition skills as a mediating factor[J]. *Technovation*, 2009, 29.

[35] Shane, S.. Prior knowledge and the discovery of entrepreneurship opportunities [J]. *Organization Science*, 2000, 11(4).

[36] Schumpeter, J. A.. *Capitalism, socialism, and democracy*[M]. New York: Harper and Row, 1942.

[37] Verganti, R.. Design, meanings, and radical innovation: A metamodel and a research agenda[J]. *Journal of Product Innovation Management*, 2008, 25 (5).

[38] West, G. P.. Collective cognition: When entrepreneurial teams, not individuals, make decisions[J]. *Entrepreneurship Theory and Practice*, 2007, 31.

[39] York, J. G., and Venkataraman, S.. The entrepreneur-environment nexus: Uncertainty, innovation, and allocation[J]. *Journal of Business Venturing*, 2010, 15.

[40] 方世建. 试析效果逻辑的理论渊源、核心内容与发展走向[J]. 外国经济与管理, 2012, 34(1).

[41] 李志强. 企业家创新行为制度配置: 演化的特征[J]. 管理世界, 2009, 7.

[42] 李志, 黄雪, 张庆林. 企业家创新研究的文献述评[J]. 科学与管理, 2008, 6.

Cognitive and Behavioral Modes of Entrepreneurial Innovation

Li Wen[1]   Zhang Huling[2]

(1 Management School of South-Central University for Nationalities, Wuhan, 430074;

2 Economics and Management School of Wuhan University, Wuhan, 430072)

Abstract: The practice of entrepreneurial innovation can be seen as an opportunity driven process in the lack of resources. Following the research perspective of entrepreneurial opportunity cognition, development, this paper discussed the source of entrepreneurial innovation ability in-depth, interpreted the unique adaptive opportunity cognitive mode of entrepreneurs and its dynamic changing logic. Then it further explained the entrepreneur's creative resource integration and opportunity exploitive behavior. Ultimately, the paper pointed out the shortcomings of existing research, and looked ahead the direction of future research in entrepreneurial innovation cognitive modes.

Key words: Entrepreneurial innovation; Entrepreneurial opportunity; Cognitive mode; Opportunity exploitive mode

台湾地区金控公司综效影响因素及实证研究

● 揭筱纹[1]　李恒浩[2]

（1，2 四川大学商学院　成都　610065）

【摘　要】本文使用我国台湾地区 14 家金控公司 2005—2010 年的财务报表资料，在分析近些年综效变动情况的基础上，利用计量模型分析了金控公司综效变动的影响因素。研究结果表明，金控公司更加注重长期综效，市场占有率提升相对显著，而短期综效特别是财务综效提升不够明显；金控公司的总资产周转率及个人生产力的提高能够带来股东权益报酬率及资产报酬率的提升，市场占有率受到多角化经营状况、营业成本率、总资产周转率及个人生产力的影响。

【关键词】金控公司　综效　影响因素

1. 金控公司综效影响因素分析

作为金融体制变迁的产物，金控公司是以资本为纽带，将银行、证券、保险等金融业务整合在一起的金融集团。进入 21 世纪，各国纷纷推进金融改革，混业及综合经营成为世界金融业发展的主流，现在已经不是讨论是否要进行混业经营，而是研究如何更好地进行混业经营，即到底如何才能更好地提高金控公司的综效问题。然而学术界对金控公司综效的各种影响因素的实证研究相对较少，故本文研究金控公司的综效影响因素具有重大的理论价值及实践意义。

林君漉（2001）、傅清萍（2001）认为综效是金控公司所着眼的利益来源，透过对各子公司的客户进行产品跨业交叉销售，金控公司获得成本领先的优势及产品差异化，获取在销售额上的立即效应，包括资源共享、资源整合、营运效率提升、子公司专业化发展、作业平台整合几个方面。

金控公司的综效受到很多因素的影响，国内外学者对金控公司综效变动情况及其影响因素开展了广泛研究，但对此并没达成一致结论。研究发现，国内外研究基本上是按照历史沿革从成本综效、财务综效及战略综效的角度对金控公司成立前后的综效进行对比分析与评价，且大都认为金控公司能够通过业务整合实现规模效应、协同效应，带来综效的提升和风险的降低。但很少有学者全面系统地从多个层面对金控公司在后金融危机时代的运营状况进行研究。事实上，除了金控公司成立的首要目标——股东价值最大化外，其他综效衡量指标亦应受到重视，从而对金控公司总体综效进行全面的考察，探讨金控公司各个层面综效的影响因素。本文将研究期间定义为 2008 年金融危机前后的 5 年，以与大陆地区地缘及文化接近的台湾地区金控公司为样本，从财务及市场综效出发，结合目前对金控公司综效的分析资料，从理论角度提出了对金控公司新形势下综效产生影响的相关因素，运用相关统计及数据分析工具对台湾地区 14 家金控公司进行评价，探究影响其运营综效的因素。

2. 模型构建

2.1 测评模型及变量选取

2.1.1 测评模型

综效的衡量方式及所选取的指标，不同学者的研究亦有不同之处。

VenKavrmman(1992)提出综效的构面有三个：（1）财务综效，以销售成长率及获利率为衡量指标；（2）事业综效，除了财务指标外，包括市场占有率、新产品导入、产品品质等；（3）组织效能，包括士气、员工、顾客满意度等。杨裴雯(2003)在总结专家学者所采用的综效衡量指标的基础上，提出综效衡量指标：市场综效方面为市场占有率，财务综效方面为股东权益报酬率、资产报酬率。

本研究主要以 Ohlson(1995)提出的股价评价模型(valuation model)为基础，参考 Collins 等（1997）将 Ohlson 评价模型简化的方法，作为实证模型的构架。Collins 等(1997)的模型如下[①]：

$$P_{it} = \gamma_0 + \gamma_1 E_{it} + \gamma_2 BV_{it} + \varepsilon_{it}$$

P_{it}：i 公司 t 年财务年度末后三个月底的股价。

E_{it}：i 公司 t 年的每股盈余。

BV_{it}：i 公司 t 年底的每股净值（即每股账面价值）。

ε_{it}：i 公司 t 年底除了盈余与账面价值以外的其他相关资讯。

此外，借鉴杨裴雯(2003)的结论，从财务综效、市场综效角度来衡量金控公司整体综效。财务综效分别以 ROA、ROE 指标来考量，市场综效以 SHARE(市场占有率)指标来考量。本研究的测评模型如下：

财务综效考量模型：

模型一：

$$ROA_{it} = \alpha_0 + \alpha_1 TUN_{it} + \alpha_2 PRO_{it} + \alpha_3 LIQ_{it} + \alpha_4 GRO_{it} + \alpha_5 DIV_{it} + \alpha_6 COS_{it} + \alpha_7 DUM1_i + \alpha_8 DUM2_i + \varepsilon_{it}$$

模型二：

$$ROE_{it} = \beta_0 + \beta_1 TUN_{it} + \beta_2 PRO_{it} + \beta_3 LIQ_{it} + \beta_4 GRO_{it} + \beta_5 DIV_{it} + \beta_6 COS_{it} + \beta_7 DUM1_i + \beta_8 DUM2_i + \varphi_{it}$$

市场综效考量模型：

模型三：

$$SHARE_{it} = \theta_0 + \theta_1 TUN_{it} + \theta_2 PRO_{it} + \theta_3 LIQ_{it} + \theta_4 GRO_{it} + \theta_5 DIV_{it} + \theta_6 COS_{it} + \theta_7 DUM1_i + \theta_8 DUM2_i + \omega_{it}$$

α_i、β_i、θ_i 分别表示三个模型下各指标的系数，亦即权重值。

2.1.2 变量说明

（1）TUN_{it} 表示第 i 家金控公司第 t 期的总资产周转率，即：

$$TUN_{it} = \frac{销售收入}{（期初资产总额+期末资产总额）\div 2}$$

（2）PRO_{it} 表示个人生产力变量，为第 i 家金控公司第 t 期的每人营业利益。

（3）COS_{it} 表示第 i 家金控公司第 t 期的金融业务成本率，即：

$$COS_{it} = \frac{金融业务成本}{营业收入}$$

---

① Ohlson, J. A.. Earnings, book values, and dividends in security valuations[J]. *Contemporary Accounting Research*, 1995, 5：661-687.

（4）DIV_{it}表示经营多角化变量，为第 i 家金控公司第 t 期的非利息收入占利息收入、手续费与保险费收入总和的比重。

（5）LIQ_{it}表示第 i 家金控公司在第 t 期的流动比率。

（6）GRO_{it}表示第 i 家金控公司在第 t 期的营业成长率，即：

$$GRO_{it} = \frac{\text{本期营业收入} - \text{去年同期营业收入}}{\text{去年同期营业收入}}$$

（7）$DUM1_i$表示金控公司的经营主体形态。$DUM1_i = 1$，说明第 i 家金控公司是以银行为经营主体形态；$DUM1_i = 0$，说明第 i 家金控公司是以保险或证券为经营主体形态。

台湾地区《金融控股公司法》规定金融控股公司需以银行、保险、证券为发起设立的主体。经营主体形态的不同，是否会影响金控公司的综效，国内外学者并没有形成一致的看法。本文将经营主体形态作为考虑金控公司综效的影响变量，以考察其能否对台湾金控公司的综效产生实质影响。金控公司经营主体形态见表1。

表1　　　　　　　　　　　　　　金控公司经营主体形态

金控公司名称	申请设立的主体	经营主体形态
华南金控	华南银行	银行
富邦金控	富邦产险	保险
元大金控	复华证券	证券
开发金控	中华开发	银行
国泰金控	国泰人寿	保险
玉山金控	玉山银行	银行
兆丰金控	交通银行	银行
台新金控	台新银行	银行
新光金控	新光人寿	保险
国票金控	国际票券	银行
永丰金控	建华银行	银行
第一金控	第一银行	银行
中信金控	中信银行	银行
日盛金控	日盛证券	证券

（8）$DUM2_i$表示第 i 家金控公司的组成数量。$DUM2_i = 0$，表示金控公司的组成数量在10家（不含）以下；$DUM2_i = 1$，表示金控公司的组成数量在10~20家；$DUM2_i = 2$，表示金控公司的组成数量在20家（不含）以上。

综上，变量定义如表2所示。

表 2　　　　　　　　　　　　　　　　　　变量定义一览表

变量	变量定义	计算公式
ROA_{it}	第 i 家金控公司第 t 期的税后资产报酬率	资产报酬率 $=\dfrac{税后纯利}{资产总额}$
ROE_{it}	第 i 家金控公司第 t 期的股东权益报酬率	股东权益报酬率 $=\dfrac{息税后利益}{股东权益}$
$SHARE_{it}$	第 i 家金控公司第 t 期的市场占有率	市场占有率 $=\dfrac{某家金控公司营业收入}{全部金控公司的总营业收入}$
TUN_{it}	第 i 家金控公司第 t 期的总资产周转率	总资产周转率 $=\dfrac{营业收入总额}{平均资产总额}$
PRO_{it}	第 i 家金控公司第 t 期的每人营业利益	每人营业利益 $=\dfrac{营业收入净额}{员工人数}$
LIQ_{it}	第 i 家金控公司第 t 期的流动比率	流动比率 $=\dfrac{流动资产}{流动负债}$
GRO_{it}	第 i 家金控公司第 t 期的营业成长率	营业成长率 $=\dfrac{本期营业收入-去年同期营业收入}{去年同期营业收入}$
DIV_{it}	第 i 家金控公司第 t 期的多角化率	多角化率 $=\dfrac{非利息收入}{利息收入+手续费+保险费收入}$
COS_{it}	第 i 家金控公司第 t 期的金融业务成本率	金融业务成本率 $=\dfrac{金融业务成本}{营业收入}$
$DUM1_i$	若金控公司以银行为主体，计为 1；反之为 0	—
$DUM2_i$	金控公司组成之数量在 10 家以下，计为 0；10~20 家，计为 1；20 家以上，计为 2	

2.2　样本选择及数据来源

2.2.1　样本选择

为了分析的需要及确保数据翔实可靠，本文收集了台湾地区 14 家金控公司自成立以来的所有财务报表（时间段超过了本文的研究区间，大致覆盖 2001—2009 年）。选取标准为：

（1）2001 年台湾地区颁布《金融控股公司法》后成立的金控公司；

（2）财务报表披露年份在 8 年以上（包括 8 年），且数据资料被收入台湾金融监督管理委员会编印的《金融业务统计辑要》。

按照上述标准，本文选取了台湾地区 15 家金控公司中的 14 家。新近成立的台湾金控（成立于 2008 年 1 月 1 日），由于其成立时间较短，故本文将其剔除。本文对 14 家金控公司采用季度报表进行了实证分析。具体为第一金控、富邦金控、国票金控、国泰金控、华南金控、开发金控、日盛金控、台新金控、新光金控、永丰金控、玉山金控、元大金控、兆丰金控、中信金控。

2.2.2　数据来源

本文涵盖台湾地区 14 家金控公司，对其整体综效进行研究，研究期间自 2005 年 1 月至 2010 年 9 月，并以公布的财务报表数据作为分析基础，数据来源包括台湾金融监督管理委员会编印的《金融业务统计辑要》、《金融统计指标》、《基本金融资料》，台湾经济新报资料库（TEJ），各金控公司的年报、会计师财务签证报告、网站公开数据及台湾地区证券交易所的对外公开资料。除通过上述信息公开渠道取得本文相关资料外，因金融业属高度管制与竞争行业，部分数据如各层级员工薪资待遇、奖金分红、各项金融产品及服务的详细成本结构等诸多数据因属商业机密，均不易取得，或部分资料甚至难以客观量化，如金控公司商誉等，故本文仅就可量化部分公开数据通过软件 SPSS17.0 进行分析，具体分析结果如下。

3. 实证分析

3.1 描述性统计

描述性统计分析的结果如表 3 所示。

表3 描述性统计

变量	最小值	最大值	均值	标准差
ROE_{it}	-0.53290	0.14800	0.02766	0.07701
ROA_{it}	-0.38100	0.14090	0.02411	0.06133
$SHARE_{it}$	0.00018	0.26178	0.07143	0.06091
TUN_{it}	-0.76000	0.30000	0.05006	0.09351
PRO_{it}	4.07754	13.66179	9.52958	3.66087
LIQ_{it}	0.60400	8.46900	2.26746	1.38256
GRO_{it}	-91.29570	59.88610	-0.14013	7.44930
DIV_{it}	0.11261	1.10343	0.44098	0.19389
COS_{it}	0.03760	1.85400	0.57060	0.26444
$DUM1_i$	0	1	0.64290	0.47990
$DUM2_i$	0	2	1	0.75711

ROA_{it} 为第 i 家金控公司第 t 期的总资产报酬率；ROE_{it} 为第 i 家金控公司第 t 期的股东权益报酬率；$SHARE_{it}$ 为第 i 家金控公司第 t 期的市场占有率；TUN_{it} 为第 i 家金控公司第 t 期的总资产周转率；PRO_{it} 为第 i 家金控公司第 t 期的每人营业利益；LIQ_{it} 为第 i 家金控公司第 t 期的流动比率；GRO_{it} 为第 i 家金控公司第 t 期的营业成长率；DIV_{it} 为第 i 家金控公司第 t 期的多角化率；COS_{it} 为第 i 家金控公司第 t 期的金融业务成本率；若金控公司原始发起机构为银行，则 $DUM1_i$ 为 1，反之为 0；当金控公司组成之数量在 10 家以下，$DUM2_i$ 为 0，10~20 家为 1，20 家以上为 2。

从表 3 可以看出样本公司股东权益报酬率平均数为 0.02766，最大值为 0.14800，是国泰金控在 2005 年第三季末创造的；最小值为 -0.53290，是日盛金控在 2006 年第二季末创造的。资产报酬率平均数为 0.02411，最大值为 0.14090，是国泰金控在 2007 年第三季末创造的；最小值为 -0.38100，是日盛金控在 2006 年第三季末创造的。市场占有率平均数为 0.07143，最大值为 0.26178，是中信金控在 2008 年第四季末创造；最小值为 0.00018，是日盛金控在 2005 年第四季末创造的。

14 家金控公司的平均总资本周转率为 0.05006，最大值为 0.30000，由新光金控创造；最小值为

-0.76000，由日盛金控创造。平均个人生产力为 9.52958，最大值是 13.66179，是中信金控在 2005 年第三季度的业绩；最小值为 4.07754，是日盛金控在 2005 年第一季度的业绩。平均流动比率为 2.26746，最大值为 8.46900，由国泰金控创造；最小值为 0.60400，由国票金控创造。平均营业成长率为 -0.14013，最大值为 59.88610，是台新金控在 2009 年第四季度的数据；最小值为 -91.29570，是日盛金控在 2006 年第三季度的数据。平均多角化率为 0.44098，最大值为 1.10343，由国票金控创造；最小值为 0.11261，由台新金控创造。平均金融业务成本率为 0.57060，最大值为 1.85400，是日盛金控在 2006 年第二季度的数据；最小值为 0.03760，是开发金控在 2006 年第一季度的数据。$DUM1_i$ 的平均数为 0.64290，因为 14 家金控公司中有 9 家金控公司以银行为主业。从样本的初步分析来看，华南金控、富邦金控、国泰金控、中信金控的经营情况较好。

3.2 相关分析

因变量、自变量之间的 Pearson 相关系数分析，如表 4 所示。

表 4　　　　　　　　　　　　　　　　　　变量的相关系数

	ROE_{it}	ROA_{it}	$SHARE_{it}$	$TURN_{it}$	PRO_{it}	LIQ_{it}	GRO_{it}	DIV_{it}	COS_{it}	$DUM1_i$	$DUM2_i$
ROE_{it}	1										
ROA_{it}	0.987**	1									
$SHARE_{it}$	0.458**	0.456**	1								
TUN_{it}	0.895**	0.883**	0.496**	1							
PRO_{it}	0.509**	0.517**	0.526**	0.506**	1						
LIQ_{it}	0.002	-0.009	0.146**	-0.034	-0.089	1					
GRO_{it}	0.481**	0.461**	0.178**	0.485**	0.140*	-0.010	1				
DIV_{it}	0.013	0.030	0.164	-0.006	0.056	0.342**	0.014	1			
COS_{it}	-0.464**	-0.445**	-0.009	-0.494*	-0.294*	0.483**	-0.345**	0.270**	1		
$DUM1_i$	-0.046	-0.048	-0.273**	-0.040	0.038	-0.561**	-0.073	-0.450**	-0.508**	1	
$DUM2_i$	0.145**	0.141*	0.355**	0.124*	0.060	0.304**	0.147**	0.271**	0.151**	-0.418**	1

注：**表示在 0.01 水平（双侧）上显著相关，*表示在 0.05 水平（双侧）上显著相关。

由表 4 发现，因变量之间相关系数较高，且因变量和自变量之间大多数呈正相关关系，初步说明了实证模型的有效性，但是无法得出各自变量对因变量的影响程度的差异，所以期望通过回归分析得出相关结论。

3.3 回归分析

运用上文建立的 3 个模型进行回归分析，结果见表 5。

表5 模型的回归结果

ROA 模型						ROE 模型						SHARE 模型				
	B	标准误差	标准系数	T	Sig.		B	标准误差	标准系数	T	Sig.		B	标准误差	标准系数	T	Sig.
截距	-0.017	0.011		-1.527	0.128	截距	-0.023	0.013		-1.759	0.080	截距	-0.125	0.017		-7.446	0.000
$TURN_{it}$	0.517	0.025	0.788	20.900	0.000	$TURN_{it}$	0.651	0.029	0.791	22.158	0.000	$TURN_{it}$	0.302	0.037	0.463	8.169	0.000
PRO_{it}	0.002	0.001	0.102	3.337	0.001	PRO_{it}	0.002	0.001	0.088	3.015	0.003	PRO_{it}	0.006	0.001	0.367	7.948	0.000
LIQ_{it}	0.001	0.001	0.027	0.828	0.408	LIQ_{it}	0.003	0.002	0.057	1.873	0.062	LIQ_{it}	0.001	0.002	0.012	0.248	0.805
GRO_{it}	0.000	0.000	0.051	1.657	0.098	GRO_{it}	0.001	0.000	0.064	2.193	0.029	GRO_{it}	0.000	0.000	-0.029	-0.638	0.524
DIV_{it}	0.002	0.013	0.008	0.185	0.853	DIV_{it}	0.002	0.015	0.004	0.100	0.920	DIV_{it}	0.073	0.019	0.233	3.816	0.000
COS_{it}	-0.007	0.008	-0.031	-0.852	0.395	COS_{it}	-0.017	0.010	-0.057	-1.647	0.101	COS_{it}	0.068	0.013	0.294	5.339	0.000
$DUM1_i$	-0.003	0.005	-0.021	-0.499	0.618	$DUM1_i$	0.000	0.007	0.003	0.066	0.948	$DUM1_i$	0.042	0.008	0.329	5.081	0.000
$DUM2_i$	0.001	0.002	0.015	0.514	0.601	$DUM2_i$	0.002	0.002	0.023	0.843	0.400	$DUM2_i$	0.024	0.004	0.298	6.819	0.000
$R^2=0.790$ $F=147.360$						$R^2=0.812$ $F=169.301$						$R^2=0.490$ $F=43.029$					

从 ROA、ROE、SHARE 模型的回归分析结果可得，自变量对各因变量的整体解释度分别为 79%、81.2%、49%，解释度较高，且 F 检验的 P 值均小于 0.05，所以这三个模型的拟合效果较好。

对 3 个实证模型的综合分析如下：

(1)总资产周转率(TUN_{it})与资产报酬率(ROA_{it})、股东权益报酬率(ROE_{it})、市场占有率($SHARE_{it}$)之间呈显著正相关，且在所有的自变量中对各因变量的影响程度最大。

总资产周转率反映了总资产的周转速度，资产周转率越高，周转次数越多，表明金控公司越能有效运用既有资产；若资产周转率低，则表明资产有闲置的情况或者资产的利用缺乏效率。金控公司可以通过跨业务单元的资源共享平台与交叉行销的整合措施，整合协调各子公司资源及资产的运用，进而让各子公司达到较佳的资本、劳动甚至资讯的配适程度，加速资产周转，发挥综合经营效益，带来利润的增加。

(2)个人生产力变量(PRO_{it})与股东权益报酬率(ROE_{it})、资产报酬率(ROA_{it})、市场占有率($SHARE_{it}$)之间呈显著正相关。

个人生产力变量是每位员工为公司创造的营业利益，员工营业利益的增加，自然能够提高公司的整体业绩，此实证结果符合研究的预期。

(3)金融业务成本率(COS_{it})与股东权益报酬率(ROE_{it})、资产报酬率(ROA_{it})呈负相关，与市场占有率($SHARE_{it}$)呈正相关，但只有市场占有率模型具有显著性。

金融业务成本率是衡量金控公司业务整合经营能力的重要指标。金控公司在发展过程中，随着金控公司规模的扩大及市场占有率的增加，各种费用、人工成本势必会增加。此比率越低，表示金控公司对金融业务的整合经营能力越好，由实证分析的结果可以看出，台湾金控公司在发展的过程中，市场份额的提高以业务成本的增加为前提。

（4）多角化率（DIV_{it}）与市场占有率（$SHARE_{it}$）之间呈显著正相关，但与股东权益报酬率（ROE_{it}）、资产报酬率（ROA_{it}）之间的相关性不显著。

台湾金控公司出现的目的主要在于通过跨业经营、交叉销售、多角化经营，提供一站式的金融商品及服务，发挥多角化经营优势，进而提高金控公司的核心竞争力。多角化是金控公司成长或扩张的重要策略，台湾地区金融市场竞争激烈，必须发展新业务、开发新市场和跨业经营。

金控公司的多角化经营程度越高，整合性金融服务范围越广，就越能有效抢占市场，提高市场占有率，进而提高竞争力。当金控公司具备高市场占有率且拥有差异化产品时，就能透过市场力量来定价，进而获得超额利润。此比率越大，对市场的控制力越强，最终会使金控公司获得越高的收益。这与学者 Shepherd（1970）、Demsetz（1973）的研究结论相符。他们认为公司购并后，因市场中竞争厂商减少，公司可以增加市场集中度及其垄断力，并透过价格策略或厂商间协议，影响产品价格及数量，享有独占或寡占市场的超额利润。但是在多角化经营与业务整合过程中所增加的成本会抵消多角化所带来的利益，即金控公司业务整合过程是以暂时丧失营运综效、降低企业获利能力为代价的，这是导致金控公司经营多角化变量对股东权益报酬率、资产报酬率不显著的原因所在。

（5）流动比率（LIQ_{it}）、营业成长率（GRO_{it}）与三个模型的相关关系都不显著。

究其原因，这可能与金融行业的特殊性有关。金融行业的风险较高，行业本身对流动性风险的控制就非常严格，导致各家金控公司之间的流动比率差异不大，因而此变量不具有显著性差异。营业成长率只是代表各公司本年营业额较去年同期的成长性，而不表示营业利润的增长。例如金控公司为了完成短期经营目标，片面追求营业利益的增长，可能会不计成本地通过交叉行销等措施推动信用卡等其他整合性金融产品业务，但这样会造成大量呆账的产生，导致此变量与因变量之间的关系并不显著。

（6）当虚拟变量 $DUM1_i = 1$ 时，即以银行为经营主体形态的金控公司与市场占有率（$SHARE_{it}$）呈显著正相关，与资产报酬率（ROA_{it}）、股东权益报酬率（ROE_{it}）呈正相关，但不具有显著性。

这说明以银行为经营主体形态的金控公司提高市场占有率的能力大于以证券或保险为经营主体形态的金控公司，但是对其他两个因变量没有显著影响。

（7）金控公司组成家数的多少（$DUM2_i$）与市场占有率（$SHARE_{it}$）呈显著正相关，与资产报酬率（ROA_{it}）、股东权益报酬率（ROE_{it}）呈正相关，但不具有显著性。

金控公司由经营不同业务类别的子公司组成，不同业务类别的子公司通过跨业务单元的资源共享与交叉行销，提供全方位、一站式的金融产品及服务，发挥多角化经营优势。金控公司的组成家数多，涉足的业务领域广，其市场占有率必然会超过其他公司，但财务综效、营运综效是公司营运能力的客观反映，说明金控公司在注重扩大市场占有率的同时，却忽视了其营运能力和服务质量的提高。

4. 小结

通过实证分析我们发现，在对衡量金控公司整合综效模型的解析中，自变量 PRO_{it}、TUN_{it} 与因变量 ROE_{it}、ROA_{it}、$SHARE_{it}$ 之间呈显著正相关，而 DIV_{it}、COS_{it}、$DUM1_i$、$DUM2_i$ 仅与 $SHARE_{it}$ 之间有显著正相关性。亦即金控公司的总资产周转率及个人生产力的提高能够带来股东权益报酬率及资产报酬率的提升，市场占有率受到多角化经营状况、营业成本率、总资产周转率、个人生产力、金控公司经营主体形态及组成家数的影响。综效衡量影响因素见表6。

由此可见，对金控公司而言，由于自变量 TUN_{it}、PRO_{it} 对财务及市场综效都具有显著影响，所以金控公司为了更好地体现整体综效情况，首先应注重从集团整体出发，对资源进行集中管理，使所需信息及

表6　　　　　　　　　　　　　　　　　　综效衡量影响因素

变量		数值	对应的金控公司	匹配情况	与之显著相关的因素
ROE_{it}	max	0.14800	国泰金控	3，B，√	PRO_{it}、TUN_{it}、GRO_{it}
	min	−0.53290	日盛金控	1，B，—	
ROA_{it}	max	0.14090	国泰金控	3，B，√	PRO_{it}、TUN_{it}
	min	−0.38100	日盛金控	1，B，—	
$SHARE_{it}$	max	0.26178	中信金控	3，B，√	PRO_{it}、TUN_{it}、DIV_{it}、COS_{it}
	min	0.00018	日盛金控	1，B，—	
TUN_{it}	max	0.30000	新光金控	1，A，√	ROE_{it}、ROA_{it}、$SHARE_{it}$
	min	−0.76000	日盛金控	1，B，—	
PRO_{it}	max	13.66179	中信金控	3，B，√	ROE_{it}、ROA_{it}、$SHARE_{it}$
	min	4.07754	日盛金控	1，B，—	
LIQ_{it}	max	8.46900	国泰金控	3，B，√	—
	min	0.60400	国票金控	1，B，—	
GRO_{it}	max	59.88610	台新金控	2，B，√	—
	min	−91.29570	日盛金控	1，B，—	
DIV_{it}	max	1.10343	国票金控	1，B，—	$SHARE_{it}$
	min	0.11261	台新金控	2，B，√	
COS_{it}	max	1.85400	日盛金控	1，B，—	$SHARE_{it}$
	min	0.03760	开发金控	2，B，√	
$DUM1_i$	max	1	—	—	$SHARE_{it}$
	min	0	—	—	
$DUM2_i$	max	2	—	—	$SHARE_{it}$
	min	0	—	—	

资源流动更加顺畅，以节约时间，降低损耗，提高总资产周转率；其次要规范业务的标准化流程，通过提高招聘人员素质及增加人员培训投入，提高员工个人生产力。

金控公司多角化经营的目的是增强其核心竞争力，金控公司组成家数（$DUM2_i$）越多，多角化程度（DIV_{it}）越高，对其业务整合能力及与之相匹配的管控模式的要求越高，所以母公司在开拓新的业务市场时必须要确定对子公司的合适管理幅度、管控模式等问题，以避免出现整合后综效不佳的情形。

金融业务成本率（COS_{it}）的实证研究情况说明金控公司的业务整合及营运管理水平有待提高，即金控公司今后要从成本角度入手，通过建立严格的成本控制体系，更好地提高其财务综效的水平。

从金控公司的经营主体来看，金控公司的组建宜以银行为经营主体形态，这样有利于发挥其市场综效。

研究发现，在研究时间段内，金控公司长期绩效提升相对显著，而短期绩效特别是财务绩效提升不够明显，这与前人关于金控公司进行整合的目的研究结果一致，符合台湾地区的实际情况。

（作者电子邮箱：jiexw@ vip. 163. com）

◎ **参考文献**

[1] 林君漉. 金融控股法探讨[R]. 金华信银证券研究报告, 2001.

[2] 傅清萍. 金融控股公司之研究[J]. 台湾经济研究月刊, 2001, 24(10).

[3] 杨裴雯. 金融控股公司综效评估分析[D]. 义守大学管理科学研究所硕士论文, 2003.

[4] 张志翔. 台湾金融控股公司之经营策略研究——以建华金融控股公司为例[D]. 台北大学硕士论文, 2001.

[5] 郭贞伶. 金融控股公司经营绩效评估之研究[D]. 中山大学硕士论文, 2002.

[6] 赖宏仁. 金融控股公司综合经营效益研究[D]. 暨南大学硕士论文, 2004.

[7] 毛道维. 企业综合评价的趋势及理论[J]. 经济体制改革, 2001, 2.

[8] 曲亮. 企业经营绩效评估研究综述[J]. 经济师, 2004, 7.

[9] Ohlson, J. A.. Earnings, book values, and dividends in security valuations[J]. *Contemporary Accounting Research*, 1995, 5.

[10] Shepherd, William G.. *Market power and economic welfare*[M]. Random House, 1970, 3.

[11] Demsetz, H.. The market concentration doctrine[J]. *AEI Hoover Policy Studies*, 1973, 6.

Financial Holding Companies in Taiwan Synergy Effect Factors and the Empirical Research

Jie Xiaowen[1]   Li Henghao[2]

(1, 2 Business School of Sichuan University, Chendu, 610065)

Abstract: Based on the analysis of synergy changes in recent years, this article uses 14 Taiwanese financial holding companies' financial statements from 2005 to 2010 and makes an analysis of the influence factors by using measurement models. The research results show that financial holding companies paid more attention to the long-term synergy and the promotion of market share was relatively prominent, while the short-term synergy was not clear enough, especially the financial synergy ascension. The total assets turnover and the improvement of personal productivity of financial holding companies can bring some improvement of ROE and ROA. Market share was influenced by diversification operating conditions, the operating cost rate, total asset turnover, and the personal productivity.

Key words: Financial holding companies; Synergy; Influence factors

师徒双方的敬业程度与工作绩效之间的动态关系[*]

● 汪纯孝[1]　　陈为新[2]　　温碧燕[3]　　王书翠[4]

（1 中山大学服务性企业管理研究中心　广州　5102752；

2，4 上海师范大学旅游学院　上海　200234；3 暨南大学管理学院　广州　510632）

【摘　要】本文采用纵断调研法，在连续的 5 个月时间里，每月一次在 4 个星级酒店收集员工（师傅）和大专院校实习生（徒弟）自评的敬业程度与主管人员评估的工作绩效数据，并使用多层次双人组增长曲线模型分析方法，检验他们的敬业程度与工作绩效之间的动态变化关系。多层次线性模型分析结果表明、在 5 个月时间内，师傅的工作绩效评分较高，但他们的工作绩效没有显著的增长。徒弟的工作绩效有显著的提高。师徒双方不随时间变化的敬业心理特质和随时间变化的敬业心理状态对他们的工作绩效都有显著的影响。但是，与徒弟的伙伴效应相比较，师傅的敬业程度对徒弟的工作绩效有较大的伙伴效应。此外，师傅不随时间变化的敬业心理特质会调节师徒双方的月敬业程度与月工作绩效之间的正相关关系。

【关键词】敬业程度　动态的工作绩效　双人组　增长曲线模型

国内外许多学者的研究结果表明，与不敬业的员工相比较，敬业的员工对他们的工作比较满意，对组织的归属感较强，离职意向较弱，更可能提高工作绩效。在本次研究中，我们根据动态的工作绩效理论，通过每月一次问卷调查，连续 5 个月向 4 家星级酒店的员工（师傅）和他们指导的实习生（徒弟）与主管收集数据，并通过多层次线性模型分析，检验师徒的敬业程度与工作绩效之间的动态变化关系。

1. 文献述评

1.1　员工敬业程度的含义与作用

员工的敬业程度是企业管理理论研究中的一个热点问题。荷兰心理学者 Schaufeli、Bakker 和 Salanova（2006）认为，敬业是人们在工作中的一种正面的、满足的心理状态，是人们的一种持续的、无所不在的情感与认知状态，包括精力充沛、工作热忱、专心致志三个维度。精力充沛指员工在工作中充满活力，有很强的心理适应能力，愿意在工作中投入精力，遇到困难时，仍然会锲而不舍地努力工作。工作热忱

* 本文是上海市教育委员会科研创新项目"管理人员的真诚型领导风格与员工的正面心理资本对员工敬业程度的影响"（项目批准号：12YS197）和国家自然科学基金项目"伦理型领导、员工的集体工作态度和企业的营销效果"（项目批准号：70902020）的阶段性成果。

指员工在工作中高度投入，热爱自己的工作，觉得自己的工作非常重要、能激发自己的灵感、具有挑战性，并为自己从事的工作感到自豪。专心致志指员工聚精会神地工作，沉迷于自己的工作，觉得时间过得很快，很难中断手上的工作（Schaufeli, Salanova, González-Romá, et al. , 2002）。

国内外学者普遍认为，员工的敬业程度与工作绩效存在显著的正相关关系。他们的研究结果表明，（1）敬业的员工经常经历正面情感（Sonnentag, 2003），比较自信、乐观，更能不断地学习和掌握新的工作技能，增加他们的个人工作资源，进而提高他们的工作绩效。（2）敬业的员工是身心比较健康的员工（Bakker, Demerouti, 2008），较少生病（Schaufeli, Bakker, 2004），更能保持充沛的精力（Shirom, 2003），全力以赴做好自己的工作（Bakker, Demerouti, 2008）。（3）敬业的员工会精心雕琢自己的工作（Bakker, 2010）。因此，他们的工作更符合他们的需要和价值观念，更能增强他们的工作动力，提高他们的工作绩效。（4）员工的敬业程度会影响他们的认知活动，有助他们拓宽思路，提高信息处理能力，增强行动意愿，提高工作主动性（Bakker, 2010）。（5）敬业的员工的各种符合社会道德准则的行为（如帮助同事、关心同事、与同事合作）有助团队形成相互合作、相互分享信息、互相帮助的氛围。（6）敬业的员工的敬业程度还会感染同事的敬业程度，间接影响团队和组织的工作绩效。许多欧美学者的研究结果表明，员工的敬业程度会对他们的工作态度和工作绩效产生积极的影响（Bakker, Demerouti, Xanthopoulou, 2011；Christian, Garza, Slaughter, 2011；Schaufeli, 2012）。

近年来，我国企业管理学者开始在实证研究中检验员工敬业程度对员工工作绩效的影响（陈为新，汪纯孝，温碧燕等，2013；陈为新，汪纯孝，刘芳等，2013；刘芳，凌茜，汪纯孝等，2011；温碧燕，2011；刘芳，汪纯孝，张秀娟等，2010）。他们的研究结果也表明员工的敬业程度与工作绩效存在显著的正相关关系。

1.2 员工的敬业心理状态

在早期理论研究中，欧美学者认为员工的敬业程度是员工的一种稳定的个性特质，而不是员工聚焦于某个事物、事件、个人或某种行为的一种短暂的心理状态（Schaufeli, Salanova, González-Romá, et al. , 2002）。德国心理学者 Sonnentag（2003）首先对这类观点提出了挑战。她认为员工的敬业程度也是员工的一种瞬变的心理状态。

欧美学者根据个性特质理论，解释不同的员工为什么会有不同的敬业程度；使用心理状态理论，解释员工的敬业程度为什么会在很短的一段时间内发生变化（Sonnentag, Dorman, Demerouti, 2010）。在大多数实证研究中，欧美学者研究不同员工的敬业程度的差异（个人间差异），以及不同员工的敬业程度存在差异的原因（如员工的工作特点、员工拥有的个人资源）。近年来，欧美学者开始采用日记法，收集员工敬业程度动态变化数据，分析员工敬业程度时高时低（个人内差异）的原因。他们的研究结果既表明不同的员工会有不同的总体敬业程度，又表明同一个员工在不同的时期也会有不同的敬业程度（Bakker, Demerouti, Xanthopoulou, 2011）。员工的敬业程度在同一天或同一周内也可能发生变化（见表1）。虽然员工通常的敬业程度与员工随时间变化的敬业程度存在正相关关系，但员工在不同时刻的工作经历（如同事的支持、员工的自主权、顾客的反馈）解释了动态的员工敬业程度变量的大部分方差（Schaufeli, 2012）。

1.3 员工的敬业程度与工作绩效之间的动态变化关系

员工的工作绩效既有一个相对稳定的成分，又有一个动态变化的成分，同一个员工的工作绩效会随着时间的变化而变化，不同的员工的工作绩效会有不同的变化（Sonnentag, Frese, 2012；Sturman, 2007）。员工的敬业程度也既包括一个相对稳定的类似心理特质的成分，又包括一个动态变化的类似心理状态的成分（Christian, Garza, Slaughter, 2011）。

国内外学者的研究结果表明，员工的敬业程度有助于提高他们的工作绩效。在绝大多数实证研究成果中，他们采用横断调研设计（Schaufeli，2012），同时收集员工敬业程度与工作绩效数据。在他们的研究中，员工的敬业程度和工作绩效都是静态概念，而不是动态概念（Sonnentag，2003；Sturman，2007）。因此，他们的研究成果没有揭示二者之间的动态变化关系。

近年来，国内外学者采用纵断调研设计的实证研究成果明显增加。但是，许多学者只收集两次数据，不仅只能分析线性变化，而且会混淆真实的变化与计量误差（Ployhart，Vandenberg，2010）。在纵断调研中，研究人员至少应向调查对象收集三次数据（Barnett，Brennan，1997；Ployhart，Vandenberg，2010；Singer，Willett，2003）。Schaufeli（2012）指出，研究人员应收集三次以上数据，以便更准确地推断员工敬业程度的影响因素与作用。但是，至今为止，只有少数学者使用多次收集的数据，检验员工敬业程度的作用（Gross，Meier，Semmer，2013）。在这类少量的实证研究中，他们主要采用日记法收集数据。日记法是一种短期的纵断调研方法（Gross，Meier，Semmer，2013），欧美学者采用日记法，每天（或每周）一次（或多次）收集同一批员工敬业程度和工作绩效数据，分析员工的敬业程度和工作绩效之间的动态变化关系。但他们没有通过增长曲线分析，检验他们设定的模型是否正确，揭示员工的工作绩效的个人内变化形式，也没有区分员工敬业程度对员工工作绩效随时间变化的效应与不随时间变化的效应。

欧美学者探讨员工敬业程度变化原因的部分研究成果见表1。

表1　　　　　　　　　　欧美学者探讨员工敬业程度变化原因的部分研究成果

研究者	调研设计	样本	数据分析方法	主要的研究结论
Sonnentag（2003）	日记法，连续5个工作日	6个公益组织的147名员工	多层次线性模型分析	在员工早上觉得疲倦的工作日，员工的敬业程度较低；在上班前已消除疲倦感的工作日，员工的敬业程度较高
Xanthopoulou, Bakker, Demerouti, et al.（2008）	日记法，连续3天	民航公司的44名乘务员	多层次线性模型分析	出境航班同事的支持影响返程航班乘务员的敬业程度，乘务员的敬业程度是其自我效能感与角色内和角色外工作行为之间的正相关关系的中介
Xanthopoulou, Bakker, Demerouti, et al.（2009）	日记法，连续5天	快餐公司的42名员工	多层次线性模型分析	控制员工通常的敬业程度和工作资源之后，员工的日工作资源会通过员工的个人资源影响员工当日的敬业程度；主管的指导会间接影响员工次日的敬业程度，进而影响快餐店次日的收益
Bakker, Bal（2010）	日记法，连续5周的星期五	54名小学教师	多层次线性模型分析	小学教师的周工作资源与周敬业程度存在显著的正相关关系，他们本周的敬业程度与他们本周的工作绩效和下周的工作资源都存在显著的正相关关系
Tims, Bakker, Xanthopoulou（2011）	日记法，连续5天	两个咨询公司的42名员工	多层次线性模型分析	主管人员各天的变革型领导行为与员工各天的敬业程度存在显著的正相关关系，员工各天的乐观情绪是两者之间关系的中介
Ouweneel, Le Blanc, Schaufeli, et al.（2012）	日记法，连续4天，每天两次	某大学的59名职工	多层次线性模型分析	员工各天经历的正面情感会通过他们的期盼间接影响他们当天的精力充沛、工作热忱和专心致志程度

除日记法研究成果之外，国内外学者在较长一段时间（几个月或几年）内多次收集员工敬业程度和工作绩效数据，通过增长曲线分析，探讨员工敬业程度和工作绩效之间关系的实证研究成果极为少见（Christian，Garza，Slaughter，2011；Gross，Meier，Semmer，2013）。我国台湾信息技术管理学者 Yuan、Lin、Shieh 等（2012）采用纵断调研设计，在 9 个月时间里先后三次向信息技术业的销售人员与顾客收集数据。他们使用潜增长模型分析法，检验管理人员动态的变革型领导行为如何影响销售人员动态的敬业程度、服务实绩、他们与顾客之间的动态关系。他们的研究结果表明，管理人员表现的变革型领导行为越多，销售人员就越敬业，越能提高服务实绩，增强他们与顾客之间的关系。

澳大利亚心理学者 Albrecht（2010）指出，虽然员工的敬业程度在短期内会有一些波动，但员工会逐渐根据自己在较长一段时间的"平均"敬业程度，对自己在这段时间的敬业程度作出总体的评估。这个"平均"的敬业程度与 Schaufeli 等人（2002）论述的"员工的敬业程度是员工的持续的、无所不在的正面心理状态"观点是一致的。他认为研究人员既应重视员工敬业程度的波动，也应评估员工在较长一段时间的总体敬业程度，并进一步明确地区分员工比较短暂的敬业心理状态和比较持久的敬业心理特质。

虽然欧美学者的研究结果表明员工的敬业心理特质与敬业心理状态存在显著的正相关关系，但他们极少在实证研究中检验员工敬业程度与工作绩效之间的动态变化关系，更少同时检验员工的两类敬业程度与工作绩效之间的关系（Christian，Garza，Slaughter，2011）。我们试图通过本次研究，对员工比较短暂的敬业心理状态和比较持久的敬业心理特质与员工的动态工作绩效之间的关系提出自己的观点。

1.4 双人组成员敬业程度的相互感染

在家庭、工作场所等环境中，关系密切的两个人的敬业程度会相互感染，即一个人的敬业程度会影响配偶或同事的敬业程度。Bakker、Westman 和 Van Emmerik（2009）指出，人们的敬业程度会通过以下三个途径影响他人的敬业程度：（1）移情，指人们通过换位思考，想象自己处于他人的状况时会产生的感受，进而经历或分享他人的感受。（2）共同的环境，指人们在同一个环境中会产生相同的感受。（3）间接的交互过程，指人们在相互沟通与交往过程中的社交性支持行为或阻碍行为会作为他们的心理感受对伙伴的心理感受的影响的中介。

近年来，国内外学者开始采用双人组研究方法，检验双人组成员的敬业程度如何相互影响（见表2）。在少量的这类研究中，国内外学者侧重探讨双人组成员的敬业程度如何相互感染，极少探讨双人组成员的敬业程度如何影响双方的工作绩效。尽管他们在实证研究中揭示了双人组成员的敬业程度之间的相互影响，但他们从未探讨过员工双人组成员的敬业程度变化如何影响自己和伙伴的工作绩效。我们试图通过本次研究，填补这一学术研究中的空白。

表2　　　　　　　欧美学者探讨双人组成员的敬业程度相互感染的部分研究成果

研究者	调研设计	样本	数据分析方法	主要的研究结论
Bakker，Demerouti，Schaufeli（2005）	方便抽样	323 对荷兰双职工夫妻	分层回归分析	夫妻双方的疲惫程度和敬业程度都会相互感染，夫妻双方的疲惫程度和敬业程度对配偶的疲惫程度和敬业程度有几乎完全相同的影响
Bakker，Demerouti（2009）	横断调研	175 对荷兰双职工夫妻	结构方程模型分析	妻子的敬业程度会感染丈夫的敬业程度，丈夫的移情程度会调节夫妻双方敬业程度之间的关系，与移情程度较低的丈夫相比较，妻子的敬业程度对移情程度较高的丈夫有更大的影响

研究者	调研设计	样本	数据分析方法	主要的研究结论
Bakker, Shimazu, Demerouti, et al. (2011)	横断调研	426 对日本双职工夫妻	结构方程模型分析	在夫妻双方都能从配偶的角度考虑问题的情况下,他们的敬业程度对配偶的感染效应最强
Rodríguez-Muñoz, Sanz-Vergel, Demerout, et al. (2013)	日记法,连续5天	50 对西班牙双职工夫妻	多层次线性模型分析	员工各天的敬业程度既会直接影响他们各天的康乐感,又会通过他们各天的康乐感,间接影响配偶各天的康乐感,夫妻双方的康乐感会相互感染

1.5 行动者和伙伴相互关联模型

两个组织成员之间的人际关系称作双人关系。尽管组织内部普遍存在各类双人组,与个人层次、团队层次、组织层次相比较,企业管理学者最少研究双人关系。他们研究双人关系的少量实证研究往往存在理论、变量的计量方法与统计推论不一致问题。即使某些研究人员分析双人组数据,他们使用的统计分析方法也存在许多问题(Gooty, Yammarino, 2011)。

研究人员应采用双人组研究方法,解释与检验两个成员之间的关系。双人组的两个成员对各类影响双方关系的因素既可能有不同的看法,又可能有一定程度的相似看法。从计量的角度来看,同一个双人组的两个成员描述双方关系的任何变量值都存在"组内关联"(Kenny, Kashy, Cook, 2006)。较高组织层次(如团队)中的各个双人组或某个成员有多个伙伴(如一个师傅有多个徒弟)的各个双人组还存在组间关联。研究人员描述双人关系的理论与检验双人关系的数据分析方法都应反映这两类关联。即使研究人员不研究组内和组间关联,也应在数据分析过程中解释、检验这些关联(Kenny, Judd, 1986; Bliese, Hanges, 2004)。研究人员忽视较低层次观察点之间的关联,就无法正确估计标准误,增大 I 类误差,也就无法作出正确的统计检验(Kenny, Judd, 1986)。研究人员从双人组成员那里获得的嵌套数据的主要特点是各个较低层次的单位(双人组成员)只属于某个较高层次的单位(一个双人组),而不是单层次数据结构中的独立观察点(Gooty, Yammarino, 2011)。研究人员在数据分析过程中忽视较低层次观察点之间的关联,还会增大 II 类误差,降低统计把握度(Bliese, Hanges, 2004)。

根据 Kenny、Kashy、Cook(2006)论述的行动者和伙伴相互关联模型,一个双人组成员的自变量既会影响自己的结果变量(行动者效应),又会影响伙伴的结果变量(伙伴效应)。研究人员估计伙伴效应,可直接估计双人组成员之间的相互影响。

欧美学者提出了多种双人组数据分析方法。在本次研究中,我们采用美国教育心理学者 Raudenbush 等人介绍的多层次线性模型分析方法,分析双人组数据(Barnett, Brennan, 1998; Brennan, Barnett, 1997; Barnett, Marshall, Raudenbush, et al., 1993; Raudenbush, Brennan, Barnett, 1995)。根据 Barnett 和 Brennan(1997)的观点,研究人员采用这种分析方法,可既灵活又稳健地分析双人组成员的工作绩效变化,分析双人组成员的增长曲线之间的关联,检验师徒的敬业程度随时间变化与不随时间变化的效应,把结果变量的方差分解为真实的方差和误差方差,以便估计师徒的敬业程度与潜在的、真实的工作绩效之间的关联强度。

2. 主要假设与依据

企业管理人员和企业管理研究人员都既重视员工的工作绩效水平，又重视员工的工作绩效的增长趋势（Sturman，2007）。美国心理学者 Murphy（1989）指出，在职务过渡阶段，员工不明确工作方法，必须学习工作技能，对自己不熟悉的工作问题作出决策。在职务维持阶段，员工已熟练掌握主要工作技能，不再面临新奇的工作环境和无法预见的职务要求。因此，我们认为，与处于过渡阶段的实习生相比较，处于维持阶段的员工会有较高的工作绩效水平，但他们的平均工作绩效不大会有显著的变化。实习生通过一段时间的工作，会逐渐积累工作经验，掌握工作技能，也就更可能逐渐提高工作绩效。因此，我们假定：

H1a：在徒弟实习期间，徒弟的平均工作绩效会有显著的提高，师傅的平均工作绩效没有显著的提高。

H1b：与徒弟的平均工作绩效水平相比较，师傅的平均工作绩效水平较高。

H1c：师徒的平均工作绩效增长率存在显著的差异，与师傅相比较，徒弟的增长率较高。

国内外学者普遍认为，员工随时间变化的敬业心理状态与不随时间变化的敬业心理特质不仅会提高他们的自己工作绩效，而且有助于提高同事的敬业程度和工作绩效。因此，我们提出以下假设：

H2：师傅和徒弟不随时间变化的敬业程度（师傅和徒弟的平均敬业程度）对他们自己的工作绩效有显著的正向行动者效应（H2a），对伙伴的工作绩效有显著的正向伙伴效应（H2b）。

H3：师傅随时间变化的敬业程度（师傅各月的敬业程度）对他们自己的工作绩效有显著的正向行动者效应（H3a），对徒弟的工作绩效有显著的正向伙伴效应（H3b）。徒弟随时间变化的敬业程度（徒弟各月的敬业程度）对他们自己的工作绩效有显著的正向行动者效应（H3c），对师傅的工作绩效有显著的正向伙伴效应（H3d）。

员工的敬业程度既是一个类似个性特质的概念，又是一个类似心理状态的概念。根据 Albrecht（2010）的论述，虽然员工的敬业程度在较短的一段时间内会有一些波动，却通常不会发生很大的变化。芬兰心理学者 Seppälä、Mauno、Feldt 等（2009）的纵断研究结果表明，员工会长期保持相当稳定的敬业程度。我们认为，比较敬业的员工会在较长的一段时间内保持较高的敬业程度和较好的工作绩效；缺乏敬业精神的员工不大可能突然极大地提高他们的敬业程度和工作绩效。长期比较敬业的员工不仅会保持较高的工作绩效，而且会通过他们对徒弟的指导和感染，影响徒弟的敬业程度和工作绩效。不够敬业的员工会在他们比较敬业的一段时间（例如，一天、一周、一个月）里较好地完成自己的工作任务，但他们不可能长期提高自己和徒弟的工作绩效。因此，我们认为，师傅的平均敬业程度既会调节他们随时间变化的敬业程度与工作绩效之间的正相关关系，又会调节徒弟随时间变化的敬业程度与工作绩效之间的正相关关系。根据上述的论述，我们假定：

H4：师傅的平均敬业程度调节师傅（H4a）和徒弟（H4b）随时间变化的敬业程度与工作绩效之间的正相关关系。

3. 问卷设计与调研过程

在文献研究的基础上，我们设计了调查问卷。（1）使用陈为新、汪纯孝、温碧燕等（2013）编制的酒店员工敬业程度量表中的 21 个计量项目，从体力充沛、认知灵敏度、情感能量、工作责任感、工作热忱和专心致志六个方面，计量员工的敬业程度。（2）选用伍晓奕等人的 8 个计量项目，从工作质量、工作数量、工作速度、工作能力、履行岗位职责、完成管理人员布置的工作任务、协助管理人员工作、出勤率八个方面,计量员工和实习生的工作绩效(Wu,Sturman,Wang,2013)。所有的计量项目都采用李科特7点尺度。

2012年11月至2013年3月期间,我们使用方便抽样法,每月一次在上海市4家星级酒店向99名实习生(徒弟)与他们的师傅(员工)收集问卷,请他们评估自己的敬业程度与正面心理状态,并请师傅评估徒弟的工作绩效,员工的主管评估师傅的工作绩效。

我们共发出495套问卷,收回410套配对问卷(问卷回收率为82.8%)。在这个样本中,只有16个师徒双人组有完整的数据,其余73个师徒双人组至少缺失一份问卷。员工(师傅)和实习生(徒弟)的答卷情况见表3。我们使用师徒双方都至少有2套配对问卷的88个双人组的678套问卷(300套员工答卷和378套实习生答卷),进行数据分析。

表3   员工和实习生的答卷情况

配套问卷数量 双人组成员	1套	2套	3套	4套	5套	数据分析中使用的问卷
实习生	10	5	19	9	55	300
员工	6	19	30	23	16	378

注:每套问卷包括一份员工或实习生自评敬业程度的问卷和一份他人(主管或员工)评估员工或实习生的工作绩效的问卷。

4. 数据分析

4.1 数据质量分析

在本次研究中,答卷者的五次敬业程度(21个计量项目)和工作绩效(8个计量项目)评分的Cronbach's α系数值都在0.92以上,表明两个概念的计量项目都比较可靠。

4.2 多层次线性模型分析

我们按照美国学者Barnett、Marshall、Raudenbush等(1993)介绍的方法,分别把员工和实习生的敬业程度与工作绩效计量项目一分为二,构建两个可靠性和标准差几乎完全相同的"平行的子量表"。我们按照计量项目的标准差,把各组标准差相似的两个计量项目随机分配到两个子量表之后,把这两个子量表中的各个计量项目的求和指标作为子量表的观察值。答卷一次的员工或实习生有2个观察值。因此,我们的层次1样本量是1356,层次2样本量是88。层次1(个人层次)自变量"徒弟行动者的敬业程度"、"师傅伙伴(徒弟的伙伴)的敬业程度"、"师傅行动者的敬业程度"和"徒弟伙伴(师傅的伙伴)的敬业程度"分别是员工和实习生先后五次自评的个人敬业程度[①]。层次1因变量"师徒的工作绩效"是员工(师傅)评估的实习生(徒弟)月工作绩效与主管评估的员工月工作绩效。我们采用正交多项式编码法,为时间编码,以便避免线性增长项与二次增长项之间的共线问题(Ployhart and Vandenburg,2010),分离线性增长率与加

---

① 师徒的敬业程度数据既是双人组中行动者的敬业程度数据,又是同一个双人组中伙伴的敬业程度数据。

速增长率的方差(Ployhart, Holtza and Bliese, 2002)。员工和实习生的线性增长项的编码都是−2、−1、0、1 和 2；加速增长项的编码都是 2、−1、−2、−1 和 2。我们按照 Raudenbush、Brennan 和 Barnett(1995)介绍的方法，输入层次 1 自变量和因变量的数据。

层次 2(双人组层次)变量"师傅的平均敬业程度"和"徒弟的平均敬业程度"分别是师徒的五次敬业程度评分的均值，表示师徒在较长一段时间内比较稳定的敬业程度。

Raudenbush、Brennan 和 Barnett(1995)指出，双人组成员的心理变化曲线有以下两个基本特点：(1)两个成员的心理都会随着时间的推移而发生变化；(2)两个成员的心理变化曲线很可能存在相互关联。他们认为，要正确描述双人组成员的心理变化曲线，研究人员应首先使用层次 1 模型或"双人组内模型"，确定一组增长曲线函数。除时间自变量之外，这个基线模型没有其他解释变量。研究人员可通过基线模型进行如下工作：(1)检验双人组成员相互关联的平均增长曲线之间的差异，对双方的增长曲线的截距、线性增长率和加速增长率进行比较分析；(2)检验计量工具的可靠性；(3)估计双人组成员的增长曲线之间的关联。然后，研究人员可在模型中增加其他解释变量，检验双人组内自变量与因变量之间不随时间变化的关系，对两个成员不随时间变化的关系进行比较分析；检验组内自变量的变化与因变量的变化之间的关系，对两个成员随时间变化的关系进行比较分析。

我们使用软件 HLM 7，采用以下步骤，检验师徒的敬业程度与工作绩效之间的关系。

4.2.1 单向方差分析

我们使用限制性极大似然估计程序，以师徒的工作绩效为因变量，进行单向方差分析。分析结果表明，师徒的工作绩效变量既有较大的组内方差($\sigma^2 = 0.372$)，又有显著的组间方差($\tau_{00} = 0.132$，$\chi^2(87) = 572.765$，$p = 0.000$)，组内相关系数 ICC(1)为 0.262。因此，我们可以把师徒的工作绩效作为因变量，进行多层次线性模型分析。

4.2.2 基线模型分析

我们按照 Raudenbush、Brennan 和 Barnett(1995)的论述，分析以下基线模型。

层次 1 模型：

$$Y_{it} = (徒弟)_{it}[\beta_{s0i} + \beta_{s1i}(线性项)_{it} + \beta_{s2i}(二次项)_{it}] + (师傅)_{it}[\beta_{e0i} + \beta_{e1i}(线性项)_{it} + \beta_{e2i}(二次项)_{it}] + e_{it}$$

层次 2 模型：

$$\beta_{s0i} = \gamma_{s00} + \mu_{s0i} \qquad \beta_{s1i} = \gamma_{s10} + \mu_{s1i} \qquad \beta_{s2i} = \gamma_{s20} + \mu_{s2i}$$

$$\beta_{e0i} = \gamma_{e00} + \mu_{e0i} \qquad \beta_{e1i} = \gamma_{e10} + \mu_{e1i} \qquad \beta_{e2i} = \gamma_{e20} + \mu_{e2i}$$

层次 1 模型是一个计量模型，表示每个个人的各个观察值是真实的数值与误差之和(Wendorf, 2012)。Y_{it} 是双人组 i 的工作绩效子量表 t($t = 1, 2, \cdots, 20$)的数值，$(徒弟)_{it}$ 和 $(师傅)_{it}$ 分别是表示徒弟和师傅的指示变量。$(线性项)_{it}$ 和 $(二次项)_{it}$ 分别是用正交多项式编码的线性对比项和二次对比项。因此，β_{s0i} 和 β_{e0i} 分别是双人组 i 中徒弟和师傅工作绩效的预计评分；β_{s1i} 和 β_{e1i} 分别是双人组 i 中徒弟和师傅工作绩效的月增长率；β_{s2i} 和 β_{e2i} 分别表示徒弟和师傅工作绩效的曲线增长方向和增长程度。e_{it} 是一个随机的计量误差，表示两个平行子量表在任何一个时刻计量真实的工作绩效时的误差。

层次 2 模型相当简单。层次 1 模型中描述双人组 i 的增长曲线的 6 个 β 是层次 2 模型中的结果变量。各个 β 值都是总均数与双人组的随机效应之和。

我们使用完全最大似然法估计程序，先分析线性增长模型(Bliese, Ployhart, 2002)。分析结果(见表 4 中的模型 1)表明，徒弟的工作绩效有显著的线性增长率($\gamma_{s10} = 0.055$，$p = 0.029$)，但师傅的工作绩效没有显著的线性增长率($\gamma_{e10} = 0.019$，$p = 0.442$)，支持 H1a。

然后分析二次项模型，在层次 1 模型中增加二次项(见表 4 中的模型 2)。分析结果表明，在 0.05 显著性水平，徒弟（$\gamma_{s20}=-0.029$，$p=0.094$）和师傅（$\gamma_{e20}=-0.010$，$p=0.638$）的工作绩效都没有显著的加速增长率。

我们使用 HLM 软件的假设检验程序，通过多变量假设检验，检验徒弟和师傅的平均工作绩效是否有相同的增长曲线（H0：$\gamma_{s00}=\gamma_{e00}$，$\gamma_{s10}=\gamma_{e10}$，$\gamma_{s20}=\gamma_{e20}$），以便控制 I 类误差。检验结果表明，徒弟和师傅的平均工作绩效增长曲线不完全相同（$\Delta\chi^2(3)=28.259$，$p=0.000$）。在三组增长曲线参数中，至少有一组参数存在显著的差异。然后，我们通过三个单变量假设检验，检验各组增长曲线参数是否相同。检验结果表明，师徒双方的平均截距（γs_{00} 和 γe_{00}）存在显著的差异（$\Delta\chi^2(1)=27.562$，$p=0.000$）。与徒弟的平均工作绩效相比较，师傅的平均工作绩效较好，支持 H1b；师徒双方的线性增长率（$\Delta\chi^2(1)=0.238$）和加速增长率（$\Delta\chi^2(1)=0.540$）没有显著的差异（$p>0.1$），不支持 H1c。

在表 4 中，二次项模型与线性模型的偏差平方和存在显著的差异（$\Delta\chi^2(13)=185.688$），表明师徒双方的二次项效应显著大于 0。因此，尽管师徒双方的加速增长项都不显著①，我们仍应把二次项模型作为基线模型（Raudenbush，Brennan，Barnett，1995）。我们估计的徒弟和师傅的平均工作绩效增长曲线函数分别是：$E(Y_{it}\mid$ 徒弟$)=5.93+0.47$（线性项）$_{it}-0.029$（二次项）$_{it}$ 和 $E(Y_{it}\mid$ 师傅$)=6.29+0.025$（线性项）$_{it}-0.010$（二次项）$_{it}$。

表 4 基线模型分析结果

模　　型	回归系数	标准误	t 值	自由度	p 值
模型 1：线性模型					
徒弟的工作绩效均数（γ_{s00}）	5.941	0.052	114.103	87	0.000**
师傅的工作绩效均数（γ_{e00}）	6.291	0.049	128.608	87	0.000**
徒弟的线性增长率（γ_{s10}）	0.055	0.025	2.218	87	0.029*
师傅的线性增长率（γ_{e10}）	0.019	0.025	0.773	87	0.442
偏差平方和	2172.267				
估计的参数数量	15				
模型 2：二次项模型					
徒弟的工作绩效均数（γ_{s00}）	5.936	0.053	111.858	87	0.000**
师傅的工作绩效均数（γ_{e00}）	6.291	0.049	127.361	87	0.000**
徒弟的线性增长率（γ_{s10}）	0.041	0.024	1.687	87	0.095*
徒弟的加速增长率（γ_{s20}）	-0.029	0.017	-1.693	87	0.094*
师傅的线性增长率（γ_{e10}）	0.025	0.022	1.132	87	0.261
师傅的加速增长率（γ_{e20}）	-0.010	0.021	-0.473	87	0.638*
偏差平方和	1986.579				
估计的参数数量	28				
$\Delta\chi^2(13)$	185.688**				

注：** 表示 0.01 显著性水平，* 表示 0.05 显著性水平，* 表示 0.1 显著性水平。后同。

---

① 由于师徒双方的二次项都不显著，我们不再检验三次项模型。

在增长曲线分析中，0.6 以上的可靠性系数表明斜率系数估计值是比较精确的（Bryk，Raudenbush，1987)，0.5 以下的可靠性系数表明斜率系数估计值不够可靠，0.25 以下的可靠性系数表明斜率系数估计值不可靠(Bliese，2013)。在多层次线性模型分析中，与截距的可靠性系数相比较，斜率的可靠性系数通常低得多。截距系数估计值的精确性只受组内样本量的影响，但斜率系数估计值的精确性既受组内样本量的影响，又受变量的组内变差的影响。我们用软件 HLM 7 估计的师徒双方的截距估计值的可靠性系数分别为 0.85 和 0.78，师傅的平均线性增长率和加速增长率估计值的可靠性系数分别为 0.49 和 0.58，徒弟的平均线性增长率和加速增长率估计值的可靠性系数分别为 0.73 和 0.69。在我们的数据中，徒弟的观察值较多，师傅的观察值较少，徒弟的各月工作绩效评分有较大的差异，师傅的各月工作绩效评分比较一致，是师傅的平均线性增长率估计值的可靠性系数较低的原因。但这两个可靠性系数仍然超过或接近可以接受的截止值(0.5)。因此，我们的基线模型能比较可靠地区分师傅和徒弟的工作绩效增长率。

基线模型（模型 2）的分析结果表明，不同师傅和不同徒弟的工作绩效增长曲线与师傅和徒弟的平均增长曲线都存在实质性差异($\mu_{e0i} = 0.181$，$\mu_{e1i} = 0.100$，$\mu_{e2i} = 0.023$，$p = 0.000$；$\mu_{s0i} = 0.246$，$\mu_{s1i} = 0.136$，$\mu_{s2i} = 0.096$，$p = 0.000$)；师徒双方增长曲线的截距存在一定程度的正相关关系(γ_{s00} 与 γ_{e00} 的相关系数是 0.29，95%置信区域在 0.056~0.539)，但双方工作绩效的线性增长率和加速增长率却几乎不存在相关关系(γ_{s10} 与 γ_{e10} 的相关系数是 0.02，γs_{20} 与 γe_{20} 的相关系数是 0.06)。

4.2.3 师徒的敬业程度与工作绩效之间的关系分析

要理解师徒的敬业程度变化与他们的工作绩效变化之间的关系，研究人员应分解师徒敬业程度与工作绩效之间的稳定效应和随时间变化的效应[①]。

我们先分别分析师徒敬业程度与他们的工作绩效之间随时间变化的效应和不随时间变化的效应，再同时分析两类效应。

(1)师徒的敬业程度与工作绩效之间不随时间变化的效应。我们在基线模型中增加层次 2 自变量"徒弟的平均敬业程度"和"师傅的平均敬业程度"之后，检验师徒敬业程度的稳定效应。检验结果（见表 5 中的模型 3）表明，师徒的平均敬业程度与双方的工作绩效都存在显著的正相关关系($\gamma_{s01} = 0.230$，$\gamma_{s02} = 0.341$，$\gamma_{e01} = 0.168$，$\gamma_{e02} = 0.260$，$p = 0.000$)，支持 H2a 和 H2b。师徒的平均敬业程度分别解释了师傅和徒弟工作效绩的 39.88% 和 19.32% 组间方差。我们的单变量假设检验结果表明，师徒双方的平均敬业程度与各方工作绩效之间不随时间变化的效应都没有显著的差异($\Delta \chi^2(1)$ 分别为 1.176 和 0.778，$p > 0.1$)。因此，我们不能否定原假设 $\gamma_{s01} = \gamma_{s02}$ 和 $\gamma_{e01} = \gamma_{e02}$。

(2)师徒的敬业程度与工作绩效之间随时间变化的效应。我们在基线模型中增加层次 1 自变量"徒弟行动者的敬业程度"、"师傅伙伴的敬业程度"、"师傅行动者的敬业程度"和"徒弟伙伴的敬业程度"之后（见表 5 中的模型 4），师徒双方随时间变化的敬业程度分别与徒弟随时间变化的工作绩效存在显著的伙伴效应($\gamma_{s40} = 0.209$，$p = 0.006$)和行动者效应($\gamma_{s30} = 0.118$，$p = 0.005$)，行动者效应与伙伴效应没有显著的差异($\Delta \chi^2(1) = 0.945$，$p > 0.1$)。师徒随时间变化的敬业程度解释了徒弟工作绩效的 24.40% 组内方差。师傅随时间变化的敬业程度对他们的工作绩效也有显著的行动者效应($\gamma_{e30} = 0.351$，$p = 0.000$)，但徒弟随时间变化的敬业程度对师傅的工作绩效没有显著的伙伴效应($\gamma_{e40} = 0.062$，$p = 0.114$)。行动者效应与伙伴效应存在显著的差异($\Delta \chi^2(1) = 13.821$，$p < 0.01$)，与伙伴效应相比较，行动者效应较大。师徒随时间变化的敬业程度解释了师傅工作绩效的 30.58% 组内方差。这些分析结果支持 H3a、H3b 和 H3c，不支持 H3d。

---

① Barnett, Rosalind C., and Robert T. Brennan. Change in job conditions, change in psychological distress, and gender: A longitudinal study of dual-earner couples[J]. *Journal of Organizational Behavior*, 1997, 18(3): 253-274.

表 5　　　　　　　　　　　　　师徒的敬业程度与工作绩效之间的关系

模　　型	回归系数	标准误	t 值	自由度	p 值
模型3：师徒的敬业程度与工作绩效之间的不随时间变化的效应					
徒弟的工作绩效均数(γ_{s00})	5.937	0.042	140.333	85	0.000**
徒弟的平均敬业程度(γ_{s01})	0.230	0.058	3.989	85	0.000**
师傅的平均敬业程度(γ_{s02})	0.341	0.069	4.940	85	0.000**
师傅的工作绩效均数(γ_{e00})	6.289	0.045	138.965	85	0.000**
徒弟的平均敬业程度(γ_{e01})	0.168	0.058	2.889	85	0.005**
师傅的平均敬业程度(γ_{e02})	0.260	0.070	3.693	85	0.000**
徒弟的线性增长率(γ_{s10})	0.042	0.024	1.753	87	0.083+
徒弟的加速增长率(γ_{s20})	−0.029	0.017	−1.693	87	0.094+
师傅的线性增长率(γ_{e10})	0.020	0.022	0.918	87	0.361
师傅的加速增长率(γ_{e20})	−0.010	0.021	−0.497	87	0.620
模型4：师徒的敬业程度与工作绩效之间的随时间变化的效应					
徒弟的工作绩效均数(γ_{s00})	6.187	0.278	22.252	87	0.000**
师傅的工作绩效均数(γ_{e00})	5.932	0.314	18.882	87	0.000**
徒弟的线性增长率(γ_{s10})	0.038	0.021	1.847	87	0.068+
徒弟的加速增长率(γ_{s20})	−0.021	0.018	−1.173	87	0.244
师傅的线性增长率(γ_{e10})	0.005	0.021	0.226	87	0.822
师傅的加速增长率(γ_{e20})	−0.011	0.020	−0.522	87	0.603
徒弟(行动者)的敬业程度(γ_{s30})	0.118	0.041	2.868	87	0.005**
师傅(伙伴)的敬业程度(γ_{s40})	0.209	0.075	2.805	87	0.006**
师傅(行动者)的敬业程度(γ_{e30})	0.351	0.054	6.482	87	0.000**
徒弟(伙伴)的敬业程度(γ_{e40})	0.062	0.039	1.549	87	0.114
模型5：师徒的敬业程度与工作绩效之间的不随时间变化和随时间变化的效应					
徒弟的工作绩效均数(γ_{s00})	6.156	0.302	20.390	85	0.000**
徒弟的平均敬业程度(γ_{s01})	0.076	0.079	0.969	85	0.335
师傅的平均敬业程度(γ_{s02})	0.171	0.089	1.929	85	0.057+
师傅的工作绩效均数(γ_{e00})	5.980	0.347	17.208	85	0.000**
徒弟的平均敬业程度(γ_{e01})	0.067	0.066	1.008	85	0.316
师傅的平均敬业程度(γ_{e02})	0.082	0.083	0.978	85	0.331
徒弟的线性增长率(γ_{s10})	0.039	0.021	1.854	87	0.067+
徒弟的加速增长率(γ_{s20})	−0.023	0.018	−1.275	87	0.206
师傅的线性增长率(γ_{e10})	0.004	0.021	0.179	87	0.858
师傅的加速增长率(γ_{e20})	−0.010	0.020	−0.503	87	0.616
徒弟(行动者)的敬业程度(γ_{s30})	0.104	0.044	2.361	87	0.020*
师傅(伙伴)的敬业程度(γ_{s40})	0.187	0.076	2.454	87	0.016*

模 型	回归系数	标准误	t 值	自由度	p 值
师傅(行动者)的敬业程度(γ_{e30})	0.320	0.062	5.196	87	0.000**
徒弟(伙伴)的敬业程度(γ_{e40})	0.047	0.043	1.100	87	0.274
偏差平方和			1556.101		
估计的参数数量			70		
模型6：交互效应模型					
徒弟的工作绩效均数(γ_{s00})	6.227	0.300	20.776	85	0.000**
徒弟的平均敬业程度(γ_{s01})	0.068	0.078	0.871	85	0.386
师傅的平均敬业程度(γ_{s02})	0.615	0.270	2.273	85	0.026*
师傅的工作绩效均数(γ_{e00})	5.813	0.350	16.654	85	0.000**
徒弟的平均敬业程度(γ_{e01})	0.062	0.065	0.935	85	0.343
师傅的平均敬业程度(γ_{e02})	−0.425	0.321	−1.322	85	0.190
徒弟的线性增长率(γ_{s10})	0.041	0.021	1.983	87	0.050*
徒弟的加速增长率(γ_{s20})	−0.024	0.018	−1.336	87	0.185
师傅的线性增长率(γ_{e10})	0.002	0.020	0.122	87	0.903
师傅的加速增长率(γ_{e20})	−0.013	0.020	−0.661	87	0.511
徒弟(行动者)的敬业程度(γ_{s30})	0.098	0.043	2.258	86	0.026*
师傅的平均敬业程度×徒弟(行动者)的敬业程度(γ_{s31})	0.139	0.064	2.163	86	0.033*
师傅(伙伴)的敬业程度(γ_{s40})	0.197	0.075	2.613	87	0.011*
师傅(行动者)的敬业程度(γ_{e30})	0.355	0.060	5.922	86	0.000**
师傅的平均敬业程度×师傅(行动者)的敬业程度(γ_{e31})	0.281	0.078	3.614	86	0.001**
徒弟(伙伴)的敬业程度(γ_{e40})	0.047	0.042	1.101	87	0.274
偏差平方和			1543.399		
估计的参数数量			72		
$\Delta\chi^2(2)$			12.701**		

（3）同时检验师徒的敬业程度与工作绩效之间的随时间变化和不随时间变化的效应。我们在模型5（见表5）中同时检验师徒的敬业程度与工作绩效之间的随时间变化和不随时间变化的效应。控制层次2自变量"师徒的平均敬业程度"之后，模型4中显著的随时间变化的效应在模型5中仍然显著，不显著的随时间变化的效应仍然不显著。但是，我们控制层次1的4个自变量之后，在0.1显著性水平，师傅的平均敬业程度对徒弟的工作绩效仍然有显著的不随时间变化的伙伴效应（$\gamma_{s02}=0.171$，$p=0.057$），对他们自己的工作绩效则不再有显著的行动者效应（$\gamma_{e02}=0.082$，$p=0.331$），徒弟的平均敬业程度对他们自己的工作绩效也不再有显著的行动者效应（$\gamma_{s01}=0.076$，$p=0.335$），对师傅的工作绩效也不再有显著的伙伴效应（$\gamma_{e01}=0.067$，$p=0.316$）。

4.2.4 交互效应分析

我们在模型 5 中增加跨层次交互项，分别检验师傅的平均敬业程度与师徒随时间变化的敬业程度对各方随时间变化的工作绩效有显著的交互效应。检验结果（见表 5 中的模型 6）表明，师傅的平均敬业程度与他们随时间变化的敬业程度对他们自己的工作绩效有显著的交互效应（$\gamma_{e31} = 0.281$，$p = 0.001$），师傅的平均敬业程度与徒弟随时间变化的敬业程度对徒弟的工作绩效也有显著的交互效应（$\gamma_{z31} = 0.139$，$p = 0.033$），支持 H4a 和 H4b。两个交互效应分别解释了师徒随时间变化的行动者敬业程度斜率的 7.8% 和 25.5%。与模型 5 相比较，模型 6 与数据的拟合程度较高（$\Delta\chi^2(2) = 12.701$，$p < 0.01$）。

我们的简单斜率分析结果表明，无论师傅的平均敬业程度较高（师傅的平均敬业程度的总均值+标准差）还是较低（师傅的平均敬业程度的总均值-标准差），师傅随时间变化的敬业程度与随时间变化的工作绩效都存在显著的正相关关系。但是，如图 1（a）所示，与师傅的平均敬业程度较低的情况（简单斜率 = 0.184，$t = 2.825$，$p = 0.001$）相比较，在师傅的平均敬业程度较高（简单斜率 = 0.526，$t = 6.094$，$p = 0.000$）的情况下，师傅随时间变化的敬业程度对他们随时间变化的工作绩效有更大的正向影响。

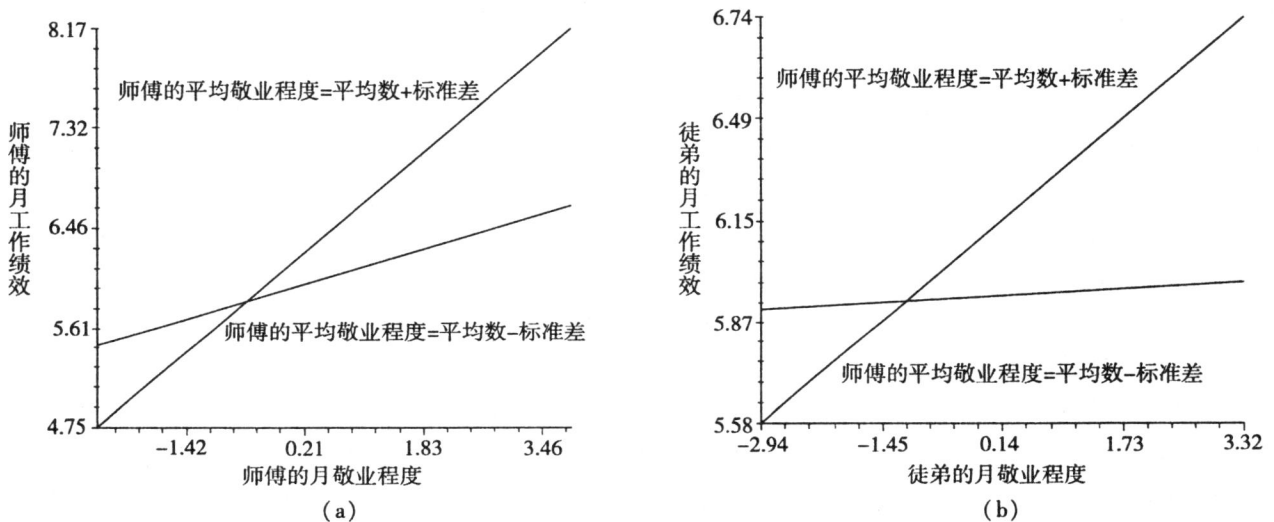

图 1　师傅的平均敬业程度与师徒的月敬业程度对师徒的月工作绩效的交互效应

如图 1（b）所示，在师傅的平均敬业程度较高的情况下，徒弟随时间变化的敬业程度与随时间变化的工作绩效存在显著的正相关关系（简单斜率 = 0.182，$t = 3.227$，$p = 0.002$）；在师傅的平均敬业程度较低的情况下，徒弟随时间变化的敬业程度与他们随时间变化的工作绩效之间没有显著的正相关关系（简单斜率 = 0.013，$t = 0.213$，$p = 0.832$）。

5. 研究结论与今后的研究方向

5.1　讨论与结论

我们通过多层次双人组增长曲线分析与假设检验，得出了以下研究结论。

第一，根据动态的工作绩效理论，同一个员工的工作绩效会随着时间的变化而变化，不同的员工也会有不同的工作绩效增长曲线，但员工的工作绩效也有一个相对稳定的成分（Sturman，Cheramie，Cashen，2005）。我们发现：（1）徒弟的工作绩效有显著的线性增长率，但师傅的工作绩效没有显著的变化。尽管师徒的工作绩效都会发生变化，但徒弟更可能逐渐提高工作绩效，师傅更可能保持相对稳定的工作绩效。(2)不同的师傅和不同的徒弟有不同的工作绩效增长率。(3)师徒双方的工作绩效水平存在显著的差异，与师傅评估的徒弟工作绩效相比较，主管对师傅工作绩效的评分较高。但是，与我们的假设不同，双方工作绩效的增长趋势没有显著的差异。我们认为，尽管实习生的工作绩效有显著的线性增长率，但他们不会像新员工那样尽力迅速提高自己的工作绩效，管理人员也不会像重视新员工的工作绩效那样重视他们的工作绩效。他们的工作绩效提高幅度不大，是他们显著的线性增长率与员工不显著的线性增长率没有显著差异的主要原因。(4)与我们预期的情况不同，师徒双方工作绩效的线性增长率和加速增长率都几乎不存在相关关系。在我们的样本中，只有 16 对双人组有完整的数据。缺失值过多，可能是师徒双方的工作绩效增长率几乎不存在关联的主要原因。

第二，我们的研究结果表明，师徒在较长一段时间内比较稳定的敬业程度和他们随时间变化的敬业程度与他们随时间变化的工作绩效都存在显著的正相关关系。但是，我们控制师徒双方随时间变化的效应之后，师徒的平均敬业程度对他们自己的工作绩效不再有显著的行动者效应。我们控制师徒的平均敬业程度之后，他们各月的敬业程度对本月的工作绩效仍然存在显著的行动者效应。因此，我们认为，师徒的敬业心理特质和敬业心理状态都会影响他们的工作绩效，但他们随时间变化的敬业心理状态更可能影响他们随时间变化的工作绩效。

第三，欧美学者的研究结果表明，双人组成员的敬业程度会通过相互感染，间接影响伙伴的工作绩效。但他们没有对行动者效应与伙伴效应作过比较分析。我们认为，在师徒双人组里，师傅是徒弟的领导者和导师(Kram，Ragins，2007)。师傅需为徒弟树立敬业的榜样，指导、激励、帮助徒弟提高敬业程度和工作绩效。我们控制伙伴效应之后，师徒的敬业程度对他们的工作绩效仍然有显著的行动者效应。我们控制行动者效应之后，师傅的敬业程度对徒弟的工作绩效仍然有显著的伙伴效应，徒弟的敬业程度对师傅的工作绩效不再有显著的伙伴效应。我们的研究结果表明，师徒的敬业程度都会影响对方的工作绩效。但是，与徒弟的伙伴效应相比较，师傅的敬业程度更可能影响徒弟的工作绩效。

第四，师傅的平均敬业程度会调节他们自己和徒弟随时间变化的敬业程度与工作绩效之间的正相关关系。虽然师傅各月的敬业程度和工作绩效都会有一些波动，但是，敬业的师傅不仅比缺乏敬业精神的师傅更可能保持较高的工作绩效，而且更可能通过他们的长期言传身教，影响徒弟的敬业程度和工作绩效。比较缺乏敬业精神的师傅既不可能长期保持良好的工作绩效，又无法为徒弟树立敬业的榜样，也就无法明显地提高徒弟的工作绩效。

5.2 理论贡献与应用价值

我们根据动态的工作绩效理论，首次使用多层次双人组成员增长曲线模型分析方法，检验双人组成员的敬业程度变化与工作绩效变化之间的关系。我们发现，徒弟(新员工)更可能逐渐提高工作绩效水平，师傅(老员工)更可能保持比较稳定的工作绩效水平。师徒比较稳定的敬业心理特质和比较易变的敬业心理状态对他们自己和伙伴随时间变化的工作绩效都有显著的正向效应。但是，与徒弟的伙伴效应相比较，师傅的敬业程度对徒弟的工作绩效有更大的伙伴效应。此外，师傅在较长一段时间(5 个月时间)内相对稳定的敬业程度还会调节师徒双方随时间变化的敬业程度与工作绩效之间的正相关关系。这些原创性研究成果既为动态的工作绩效理论提供了新的证据，又为学术界进一步深入探讨员工敬业程度与工作绩效之间的关系提供了新的思路。

我们的研究结果表明，师傅的敬业程度越高，他们和徒弟的工作绩效水平就越高。徒弟的敬业程度越高，他们的工作绩效也越好。因此，我们认为，酒店管理人员应尽力选聘精力充沛、工作热忱、专心致志、工作责任感强的新员工，并安排敬业的老员工指导新员工工作，通过老员工的言传身教，感染新员工的敬业程度。管理人员不仅应根据老员工的敬业程度和工作绩效，而且应根据他们指导的新员工的敬业程度和工作绩效，奖励优秀的老员工，激励他们尽力做好新员工的指导工作，提高新员工的敬业程度和工作绩效。

要激励广大员工提高的敬业程度，管理人员应为他们树立敬业的榜样，进而感染员工的敬业程度，并采取一系列有效的管理措施，增加员工的工作资源和个人资源，激励员工提高敬业程度和工作绩效。

5.3　局限性与今后的研究方向

第一，我们采用方便抽样法收集数据，我们的样本可能缺乏代表性。我们先后五次向99对师徒与主管人员收集数据。但是，在我们使用的88对师徒（176人）的数据中，只有16对师徒的完整数据。这必然会影响我们的增长曲线参数估计值的可靠性。此外，实习生并不是新员工。他们与新员工的敬业程度和工作绩效都可能存在差异。因此，我们认为，企业管理研究人员应在今后的实证研究中，采用随机抽样法，向新老员工组成的师徒双人组收集数据，对我们的研究结果进行重复性检验。

第二，许多调查对象没有提供他们的性别、年龄、工龄和学历。因此，我们无法在数据分析过程中控制这些变量对师徒敬业程度和工作绩效的影响。

第三，我们只检验师徒的敬业程度与他们的工作绩效之间的关系。但是，师徒的共同工作环境可能会影响他们的敬业程度与他们的工作绩效。在今后的实证研究中，我国企业管理学者应检验员工共同的工作环境（例如，管理人员的领导风格、组织氛围、组织公平性、组织的凝聚力、组织的支持）、员工与同事之间的交往（例如，同事的社交性支持、同事的信任感）如何影响员工与同事的敬业程度和工作绩效之间的动态变化关系。

第四，我们只使用一个样本的数据，检验我们提出的假设，也就无法判断研究结果的普遍适用性。Bakker 和 Xanthopoulou（2009）的研究结果表明，在不可辨明成员的员工双人组中，行动者的敬业程度会通过伙伴的敬业程度，间接影响伙伴的工作绩效。我们的研究结果表明，在可辨明成员的师傅双人组中，虽然师徒的敬业程度都会影响对方的工作绩效，但师傅的敬业程度更可能对徒弟的工作绩效产生更大的影响。我们认为，在中基层管理人员（部门经理和主管）与普通员工、新员工与老员工、中年员工与青年员工、正式工与临时工组成的多类双人组中，各个成员的敬业程度对伙伴的工作绩效也很可能会有不同的影响。在今后的研究中，我国企业管理学者应在其他旅游企业向不同类别的员工双人组收集数据，检验员工的敬业程度与工作绩效之间的关系，对本次研究结果的普遍适用性进行实证检验。

第五，我们通过多层次双人组成员增长曲线分析，分解师徒敬业程度与工作绩效之间的稳定效应与随时间变化的效应（Barnett，Brennan，1997）。但是，我们只在五个月时间内收集数据。研究人员今后应长期向不同行业的员工收集数据，以便更准确地判断员工的敬业程度是不是员工的一种长期稳定的心理状态（Christian，Garza，Slaughter，2011）。

第六，在本次研究中，师傅和徒弟都只是同一个双人组的成员。但是，同一个师傅可能会指导多个徒弟，同一个徒弟也可能会接受多个师傅的指导（即双人组的一个成员有多个伙伴）。在今后的研究中，我国企业管理学者应使用多层次交叉分类分析方法（Gooty，Yammarino，2011），检验同一个师傅与多个徒弟的敬业程度和工作绩效之间的关系。

第七，我们在本次研究中只探讨员工和实习生的敬业程度对他们的工作绩效的影响。但是，员工的工作绩效也可能会影响员工的敬业程度。工作绩效较好的员工不仅更可能增加个人的资源，而且更可能精心雕琢自己的职务，增加自己的工作资源，增大工作职务的挑战性，进一步提高自己的敬业程度（Bakker，2010）。在今后的研究中，我国企业管理学者应探讨员工的敬业程度和工作绩效是否存在互为因果关系。

（作者电子邮箱：elynchen@ shnu. edu. cn）

◎ 参考文献

[1] Albrecht, Simon L. . Employee engagement: 10 key questions for research and practice. In: Albrecht, Simon L. . *Handbook of employee engagement: Perspectives, issues, research and practice*[M]. Northampton, MA: Edwin Elgar, 2010.

[2] Bakker, Arnold B. . Engagement and "job crafting": Engaged employees create their own great place to work. In: Albrecht, Simon L. . *Handbook of employee engagement: Perspectives, issues, research and practice*[M]. Northampton, MA: Edwin Elgar, 2010.

[3] Bakker, Arnold B. , and P. Matthijs Bal. Weekly work engagement and performance: A study among starting teachers[J]. *Journal of Occupational and Organizational Psychology*, 2010, 83(1).

[4] Bakker, Arnold B. , and Evangelia Demerouti. The crossover of work engagement between working couples: A closer look at the role of empathy[J]. *Journal of Managerial Psychology*, 2009, 24(3).

[5] Bakker, Arnold B. , and Evangelia Demerouti. The spillover-crossover model. In: Grzywacz, Joseph G. , and Evangelia Demerouti. *New frontiers in work and family research* [M]. New York, NY: Psychology Press, 2013.

[6] Bakker, Arnold B. , Evangelia Demerouti, and Wilmar B. Schaufeli. Crossover of burnout and work engagement among working couples[J]. *Human Relations*, 2005, 58(5).

[7] Bakker, Arnold B. , Evangelia Demerouti, and Despoina Xanthopoulou. How do engaged employees stay engaged [J]. *Ciencia and Trabajo*, 2011, 13.

[8] Bakker, Arnold B. , Arihito Shimazu, Evangelia Demerouti, Kyoko Shimada, and Norito Kawakami. Crossover of work engagement among Japanese couples: Perspective taking by both partners[J]. *Journal of Occupational Health Psychology*, 2011, 16(1).

[9] Bakker, Arnold B. , Mina Westman, and I. J. Hietty Van Emmerik. Advancements in crossover theory[J]. *Journal of Managerial Psychology*, 2009, 24(3).

[10] Bakker, Arnold B. , and Despoina Xanthopoulou. The crossover of daily work engagement: The test of an actor-partner interdependence model[J]. *Journal of Applied Psychology*, 2009, 94(6).

[11] Barnett, Rosalind C. , and Robert T. Brennan. change in job conditions, change in psychological distress, and gender: A longitudinal study of dual-earner couples[J]. *Journal of Organizational Behavior*, 1997, 18(3).

[12] Barnett, Rosalind C. , Nancy L. Marshall, Stephen W. Raudenbush, and Robert T. Brennan. Gender and the relationship between job experiences and psychological distress: A study of dual-earner couples [J]. *Journal of Personality and Social Psychology*, 1993, 64(5).

[13] Bliese, Paul D. . Multilevel modeling in R (2.5), a brief introduction to R: The multilevel package and the NLME package[EB/OL]. http://cran. rproject. org/doc/contrib/Bliese Multilevel. pdf.

[14] Bliese, Paul D. , and Paul J. Hanges. Being both too liberal and too conservative: The perils of treating grouped data as though they were independent[J]. *Organizational Research Methods*, 2004, 7(4).

[15] Bliese, Paul D. , and Robert E. Ployhart. Growth modeling using random coefficient models: Model building, testing, and illustrations[J]. *Organizational Research Methods*, 2002, 5(4).

[16] Bryk, Anthony S. , and Stephen W. Raudenbush. Application of hierarchical linear models to assessing

change[J]. *Psychological Bulletin*, 1987, 101(1).

[17]Christian, Michael S. , Adela S. Garza, and Jerel E. Slaughter. Work engagement: A qualative review and test of its relations with task and contextual performance[J]. *Personnel Psychology*, 2011, 64(1).

[18]Gooty Janak, and Francis J. Yammarino. Dyads in organizational research: Conceptual issues and multilevel analysis[J]. *Organizational Research Methods*, 2011, 14(3).

[19]Gross, Sven, Laurenz L. , Meier and Norbert K. Semmer. *Latent growth modeling applied to diary data: The trajectory* of vigor across a working week as an illustrative example. In: Bakker, Arnold B. , and Kavin Daniels . *Day in the life of a happy worker*[M]. New York, NY: Psychology Press, 2013.

[20]Kenny, David A. , and *Charles* M. Judd. Consequences of violating the independence assumption in analysis of variance[J]. *Psychological Bulletin*, 1986, 99(3).

[21]Kenny, David. A. , Deborah A. Kashy, and William L. Cook. *Dyadic data analysis*[M]. New York, NY: Guilford Press, 2006.

[22]Kram, Kathy E. , and Belle Rose Ragins. The landscape of mentoring in the 21st century. In: Ragins, Belle Rose, and Kathy E. Kram. *The handbook of mentoring at work: Theory, research, and practice*[M]. Thousand Oaks, CA: Sage Publications, 2007.

[23]Murphy, Kevin R. Is the relationship between cognitive ability and job performance stable over time[J]. *Human Performance*, 1989, 2(3).

[24] Ohly, Sandra, Sabine Sonnentag, Cornelia Niessen, and Dieter Zapf. Diary studies in organizational research: An introduction and some practical recommendations[J]. *Journal of Personnel Psychology*, 2010, 9(2).

[25]Ouweneel, Else, Pascale M. Le Blanc, Wilmar B. Schaufeli, and Corine I van Wijhe. Good morning, good day: A diary study on positive emotions, hope, and work engagement[J]. *Human Relations*, 2012, 65(9).

[26]Ployhart, Robert E. , Brian C. Holtza, and Paul D. Bliese. Longitudinal data analysis: Applications of random coefficient modeling[J]. *The Leadership Quarterly*, 2002, 13(4).

[27]Ployhart, Robert E. , and Robert J. Vandenberg. Longitudinal research: The theory, design, and analysis of change[J]. *Journal of Management*, 2010, 36(1).

[28]Raudenbush, Stephen W. , Robert T. Brennan, and Rosalind C. Barnett. A multivariate hierarchical model for studying psychological change within married couples[J]. *Journal of Family Psychology*, 1995, 9(2).

[29]Reijseger, Gaby, Wilmar B. Schaufeli, and Maria C. W. Peeters. Ready, set, go! A model of the relation between work engagement and job performance. In: Gonçalves, Sónia P.. *Occupational health psychology: From burnout to well-being*[M]. London: Scientific and Academic Publishing, 2012.

[30]Salanova, Marisa, Wilmar B. Schaufeli, Despoina Xanthopoulou, and Arnold B. Bakker. The gain spiral of resources and work engagement: Sustaining a positive worklife. In: Bakker, Arnold B. , and Michael P. Leiter. *Work engagement: A handbook of essential theory and research* [M]. New York, NY: Psychology Press, 2010.

[31]Schaufeli, Wilmar B.. Work engagement: What do we know and where do we go[J]. *Romanian Journal of Applied Psychology*, 2012, 14(1).

[32]Schaufeli, Wilmar B. , Marisa Salanova, Vicente González-Romá, and Arnold B. Bakker. The measurement of engagement and burnout: A two sample confirmatory factor analytic approach[J]. *Journal of Happiness Studies*, 2002, 3(1).

[33] Seppälä, Pila, Saija Mauno, Taru Feldt, Jari Hakanen, Ulla Kinnunen, Asko Tolvanen, and Wilmar Schaufeli. The construct validity of the utrecht work engagement scale: Multisample and longitudinal evidence [J]. *Journal of Happiness Studies*, 2009, 10(4).

[34] Simbula, Silvia, Dina Guglielmi, and Wilmar B. Schaufeli. A three-wave study of job resources, self-efficacy, and work engagement among italian school teachers [J]. *European Journal of Work and Organizational Psychology*, 2011, 20(3).

[35] Singer, Judith D., and John B. Willett. *Applied longitudinal data analysis: Modeling change and event occurence*[M]. New York, NY: Oxford University Press, 2003.

[36] Sonnentag, Sabine. Recovery, work engagement, and proactive behavior: A new look at the interface between nonwork and work [J]. *Journal of Applied Psychology*, 2003, 88(3).

[37] Sonnentag, Sabine, Christian Dorman, Evangelia Demerouti. Not all days are created equal: The concept of state work engagement. In: Bakker, Arnold B., and Michael P. Leiter. *Work engagement: A handbook of essential theory and research*[M], New York, NY: Psychology Press, 2010.

[38] Sonnentag, Sabine, and Michael Frese. Dynamic performance. In: Kozlowski, Steve W. J.. *The Oxford handbook of organizational psychology*[M]. New York, NY: Psychology Press, 2012.

[39] Sturman, Michael C.. The past, present, and future of dynamic performance resarch. In: Martocchio, Joseph J.. *Research in personnel and human resources management* [M]. Oxford: *Elsevier* Science Ltd., 2007.

[40] Sturman, Michael C., Robin A. Cheramie, and Luke H. Cashen. The impact of job complexity and performance measurement on the temporal consistency, stability, and test-retest reliability of employee job performance ratings[J]. *Journal of Applied Psychology*, 2005, 90(2).

[41] Tims, Maria, Arnold B. Bakker, and Despoina Xanthopoulou. Do transformational leaders enhance their followers' daily work engagement[J]. *The Leadership Quarterly*, 2011, 22(1).

[42] Wendorf, Craig A.. Comparisons of structural equation modeling and hierarchical linear modeling approaches to couples' data[J]. *Structural Equation Modeling: A Multidisciplinary Journal*, 2002, 9(1).

[43] Wu, Xiaoyi, Michael C. Sturman, and Chunben Wang. The motivational effects of pay fairness: A longitudinal study in Chinese star-level hotels[J]. *Cornell Hospitality Quarterly*, 2013, 54(2).

[44] Xanthopoulou, Despoina, Arnold B. Bakker, Evangelia Demerouti, and Wilmar B. Schaufeli. Reciprocal relationships between job resources, personal resources, and work engagement[J]. *Journal of Vocational Behavior*, 2009, 74(3).

[45] Xanthopoulou, Despoina, Arnold B. Bakker, Ellen Heuven, Evangelia Demerouti, and Wilmar B. Schaufeli. Working in the sky: A diary study on work engagement among flight attendants[J]. *Journal of Occupational Health Psychology*, 2008, 13(4).

[46] Yuan, Benjamin J. C., Michael B. H. Lin, Jia-Horng Shieh, and Kuang-pin Li. Transforming employee engagement into long-term customer relationships: Evidence from information technology salespeople in Taiwan[J]. *Social Behavior and Personality*, 2012, 40(9).

[47] 刘芳, 汪纯孝, 张秀娟, 陈为新. 酒店管理人员的真诚型领导风格对员工工作绩效的影响[J]. 旅游科学, 2010, 24(4).

[48] 刘芳, 凌茜, 汪纯孝, 于立扬. 饭店员工敬业程度影响因素的纵断研究[J]. 旅游科学, 2011, 25(2).

[49]温碧燕. 有满意的员工就会有满意的顾客吗？[J]旅游学刊，2011，26(5).

The Dynamic Relationship between Work Engagement and Job Performance of Mentor-Protégé Dyads

Wang Chunxiao[1]   Chen Weixin[2]   Wen Biyan[3]   Wang Shucui[4]

(1 Service-type Business Management Research Center of Sun Yat-Sen University;

2, 4 Tourism School of Shanghai Normal University ; 3 Management School of Jinan University)

Abstract: The authors have carried out a 5-wave longitudinal study to collect data from dyadic members of employees(mentors) and undergraduate students(protégés) in the internship program of four star-level hotels over five consecutive months, and investigated the dynamic relationship between their self-evaluated work engagement and performance rated by their mentors and supervisors with HLM dyadic growth modeling. The results of HLM analysis indicate that the mentors had a higher average performance rating, but no significant increase in their performance, the protégés' performance improved significantly during the five months. Both trait and state work engagement of the dyadic members have significant time-invariant and time-variant effects on their job performance. However, compared with the partner effect of the protégés, the mentors'work engagement had a larger partner effect. The authors also found that the mentors'trait work engagement moderated the positive relationship between both partner's state work engagement and their job performance.

Key words: Work engagement; Dynamic performance; Dyads; Growth modeling

"我是谁"与心理模拟对消费者延迟反转的交互作用研究[*]

● 李　晓[1]　黄　磊[2]　张笑寒[3]

(1, 2, 3 武汉大学经济与管理学院　武汉　430072)

【摘　要】企业如何设计营销策略，引导消费者的延迟购买意向发生反转从而提早或者现在购买呢？基于心理模拟理论，本文通过心理模拟操控(结果模拟 vs 过程模拟)和基于"我是谁"的信息处理模式("我喜欢"的本我 vs"我应该"的超我)，探索了心理模拟与信息处理模式对消费者延迟意向反转的交互作用和产品类型、时间距离在交互效应中的调节作用。三个实验的结论表明：第一，心理模拟与信息处理模式对延迟反转意向存在交互作用："我喜欢"(vs"我应该")模式下，过程(vs 结果)模拟操控更能促进反转意向。第二，产品类型具有调节作用。第三，时间距离具有调节作用。

【关键词】延迟购买意向　反转意向　心理模拟　信息处理模式

1. 引言

延迟购买意向作为一种普遍现象广泛存在于消费者决策当中。消费者延迟偏好体现在对现在和未来进行成本和收益的权衡，并且倾向于未来时间的购买。延迟偏好把现在拥有的消费能力保留到未来，对于提高企业即期销售构成了威胁。消费者延迟偏好并非一成不变的，它具有动态性和权变性，本来计划延迟购买的决策可以发生反转，提早或现在购买。一直以来企业对于如何提高即期销售投入了大量的尝试。企业如何设计营销策略，引导消费者的延迟购买意向发生反转从而提早或者现在购买呢？

心理模拟因其对消费者态度和行为的重要作用而广泛应用到营销实践当中(Pham and Taylor, 1999; Escalas Jennifer Edson, Mary Frances Luce, 2004; Min Zhao, Steve Hoeffler, and Gal ZauberMan, 2011, 2012)。已有文献(Min Zhao, Steve Hoeffler, and Gal ZauberMan, 2011, 2012)表明：心理模拟(结果模拟 vs 过程模拟)与信息处理模式(情感维度 vs 认知维度)对产品评价有交互作用，这种操控可否作为促进消费者延迟偏好反转的一个值得尝试的操作模式呢？进一步，情感维度和认知维度可以通过什么来操控或唤起呢？情感维度和认知维度的主体是消费者自我，那么，情感维度和认知维度可不可以通过消费者不同的自我来操控呢？本文引用弗洛伊德三大心理动力系统理论，即本我(id)、自我(ego)和超我(superego)，本我遵循"我喜欢"原则，与情感维度相对应；超我遵循"我应该"原则，与认知维度相对应，把"我喜欢"

*　本研究获国家自然科学基金项目"消费者的延迟偏好反转研究——心理模拟视角"(项目批准号：71172211)和中央高校基本科研业务费的资助。

vs"我应该"作为本文的信息处理模式。基于心理模拟(结果模拟 vs 过程模拟)和"我是谁"的信息处理模式("我喜欢"的本我 vs"我应该"的超我),本文探索了心理模拟与信息处理模式对消费者延迟意向反转的交互作用。交互作用还受到其他重要因素的影响。本文引入了两个对产品使用过程和使用结果的关注焦点有重要影响的变量作为调节,即产品类型和时间距离。消费者在面对功能型产品时,更多的是在考虑其使用过程;面对享乐型产品时,更多的是考虑其使用结果。对于时间距离,近未来前提下消费者更加关注产品的使用过程,远未来前提下为使用结果。

消费者的延迟偏好对于企业来说是"危",而消费者延迟偏好的反转现象则又为企业提供了"机",即消费者的延迟和反转为企业的"危"与"机"的管理提出了新的课题。本文通过引入心理模拟和"我喜欢"的本我、"我应该"的超我的信息处理模式,试图研究其交互作用下对消费者延迟偏好反转意向的影响。在这个过程中,本文主要想解决以下几个问题:第一,过程的心理模拟和结果的心理模拟与"我喜欢"的本我和"我应该"的超我的信息处理模式对消费者的延迟偏好反转意向是否有直接的影响?第二,过程模拟和结果模拟与信息处理模式之下的"我喜欢"的本我和"我应该"的超我具体怎样完成交叉匹配?第三,产品类型与时间距离是否会起到调节作用?

2. 文献综述

2.1 消费者的延迟偏好和反转行为

消费者的延迟偏好可以理解为对于某一项产品,消费者同时具有购买意向和购买能力,却偏好在靠后的时间进行购买[①]。导致消费者产生延迟偏好的宏观原因有:第一,市场因素,如不确定性、预期、流动性约束和风险;第二,产品因素,如耐用品生命周期较长,消费者期待质量的完善和降价;第三,文化因素,勤俭节约的中国传统文化[②]。微观原因有:理性搜寻[③]、权衡困难[④]、负性情绪、个体差异。

Lichtenstein 和 Slovic 在 1973 年提出偏好反转这一现象和概念。偏好反转发生在众多领域,延迟偏好反转是表现形式之一。对其解释基本集中在三个领域:第一,心理学领域,如特定的人格;第二,传统经济学领域,如时间贴现率的变化;第三,行为经济学领域,如认知偏差、二元偏好、调节聚焦理论。消费者的延迟偏好并非一成不变这一事实构成了研究消费者延迟偏好反转的基本前提,而接下来需要思考的问题则是如何促进消费者延迟偏好的反转,探索可执行的方法是下文引入心理模拟的主要出发点。

2.2 心理模拟

"心理模拟是指对某个事件或者一系列事件的模拟心理表征"[⑤]。具体可理解为对假设情境的感知构建,包括对未来可能发生的事件的排演,对未来不太可能发生的事件的想象,现实地体验过去经历的事

---

①　Dhar Ravi. Context and task effects on choice deferral[J]. *Marketing Letters*, 1997, 8(1): 119-130.

②　Raquel Carrasco, José M. Labeaga and J. David López-Salido. Consumption and habits: Evidence from panel data[J]. *The Economic Journal*, 2005, 115 (1): 144-165.

③　Karni Edi, Schwartz Aba. Search theory: The case of search with uncertain recall[J]. *Journal of Economic Theory*, 1977, 16(1): 38-52.

④　Tversky, A., Shafir, E.. Choice under conflict: The dynamics of deferred decision[J]. *Psychological Science*, 1992(6): 358-361.

⑤　Taylor, Shelley E., Sherry K. Schneider. Coping and the simulation of events[J]. *Social Cognition*, 1989, 7 (2): 174-194.

件，或是重建过去的事件。心理模拟已被广泛应用到营销实践中，如新产品开发、广告、消费者决策。

Pham 和 Taylor(1999)将心理模拟划分为结果模拟和过程模拟。结果模拟侧重于使用一项产品所期望产生的后果，鼓励关注目标完成之后的满意结果。过程模拟要求个体想象完成一项目标所需的过程和步骤。先前的研究认为过程模拟比结果模拟更加有效，主要体现在目标执行、自我调节和绩效方面①。已有越来越多的事实表明，心理模拟可以有效促进思想和行动之间的联结和转化。已经不能忽视心理模拟对行为意向的操控作用，本文将其引入并通过与本我和超我的信息处理模式进行交互来探求其对消费者反转意向的影响。

2.3 信息处理模式

信息处理模式源于认知心理学，"认知的"和"情感的"是最常见的信息处理模式的划分方式。情感和认知是同一个人思考和行为并存的导向与维度，正如自我同时并存的本我(id)和超我(superego)两个人格。自我概念是所有问题的始源，是人们进行思考和行为的根本出发点，回答"我是谁"不仅加深了对自我的认识，同时影响着个体的行为和表现。自我概念来源于弗洛伊德的本我(id)、自我(ego)和超我(superego)的三维度人格理论。认知心理学将自我理解为处理自身信息的概念系统，每个人对"我是谁"都有不同的解释。具体来说，本我(id)、自我(ego)和超我(superego)是三种截然不同的信息处理方式，解释了"我"的三个层面。

根据弗洛伊德的观点，本我(id)受"快乐原则"支配。其思考模式和行为方式均本着"我喜欢"的出发点。"我喜欢"追求情感的愉悦和感官的享受，满足随时产生的需求，本我与情感的处理模式是相对应的。超我(superego)作为道德的检察官其思考模式和行为方式遵循的是"我应该"的导向。"我应该"是有良心的、追求完美的、理性思考的、与认知的处理模式相对应。自我(ego)是本我和超我两者的调和，遵循可实行原则。因此，自我也是暧昧的。为了便于实验和研究，自我并不在本文的研究范围之内。

综上所述，自我是个体进行所有购买决策和行为的出发点，也是对所有信息进行处理的中转站。信息处理模式源于认知心理学，与此同时，认知心理学将自我的概念界定为处理自身信息的系统，即本我、超我和自我是三种不同的处理关于自身信息的模式。本我遵循"我喜欢"模式，着重于通过情感维度的信息处理；超我遵循"我应该"模式，着重于认知维度的信息处理。将其与心理模拟进行交互，探索分别在本我和超我不同的信息处理模式下，过程模拟和结果模拟对消费者反转意向的影响的差异。在这个作用过程中，有两个变量可以调节消费者对产品使用过程和使用结果的关注焦点，即产品类型和时间距离。

2.4 产品类型

依据其主要提供的价格和特性，产品主要分为功能型和享乐型。Hirschman 和 Holbrook(1982)将享乐型产品定义为：其消费过程主要可以被形容为对感官的愉悦、幻想和有趣的情感和感官体验。Strahilevitz 和 Myers(1998)将功能型产品定义为：其消费过程更加具有认知导向和目标导向，且是工具性的，功能型产品帮助消费者完成一项功能的或者实际的任务。Bazerman、Tenbrunsel 和 Wade Benzoni (1998)认为划分功能型和享乐型产品产品可依据消费者的偏好，即情感的偏好"我想要"和认知的偏好"我应该"②。

Babin 和 Griffen(1994)认为当消费者期望从功能型产品中获得功效性利益的时候，以最小的学习成本

---

① Taylor, Shelley E., Lien B. Pham, Inna D. Rivkin, David A. Armor. Harnessing the imagination: Mental simulation, self regulation and coping[J]. *American Psychologist*, 1998, 53 (4): 429-439.

② Shiv Baba, Joel Huber. The impact of anticipating satisfaction on consumer choice[J]. *Journal of Consumer Research*, 2000, 27(9): 202-216.

和努力去掌握产品的使用是非常重要的。因此，消费者自然会更加关注产品的使用过程和预期的学习成本。享乐型产品会给人们带来体验性的利益，如有趣、愉悦、兴奋。由此，我们认为消费者侧重享乐型产品的体验性利益和最终结果。

2.5 时间距离

消费者的购买决策和行为无一不是在时间的大背景下进行的。根据时间构建理论(Temporal Construal Theory，TCT)①，远未来时间的构建更加抽象，并且包含着与事件的中心意义相关的特征；而近未来的构建更加具体，包含外围的特征。具体来说：基于可行性考虑，个体会用具体的词汇或者说语言来描绘近期或者临近的事件；而基于期望性考虑，个体则会用更加抽象的词汇或者说语言来描绘远期或者不是那么临近的事件。高解释水平具有一般的、泛化的、去情境化的特点，其与远期未来的事件相匹配；低解释水平具有具体的、情境化的、细节的特点，其与近期未来的事件相匹配。

因此，我们认为时间距离通过解释水平的作用会对消费者关注的焦点进行转移。在产品评价中，当在近未来时间距离下评价产品的时候，消费者更加关注产品的使用过程和学习成本；当消费者在远未来时间距离下评价产品的时候，就会更加关注产品的利益。事实上，Raquel Castaño(2008)已经明确提出对于远距离下要购买的产品，结果模拟通过减少消费者对产品性能的不确定性对促使产生积极的情感和增加购买意向更为有效；对于近距离下要购买的产品，过程模拟通过减少消费者在转换成本和情感上的不确定性对减轻焦虑和增强行为意向更为有效。

3. 模型与假设

3.1 理论模型

文献综述部分已经对反转意向、心理模拟、"我喜欢"的本我和"我应该"的超我，以及时间距离和产品类型这几个变量进行了介绍，并分析了这几个变量之间的逻辑关系。据此建立模型，如图1所示。

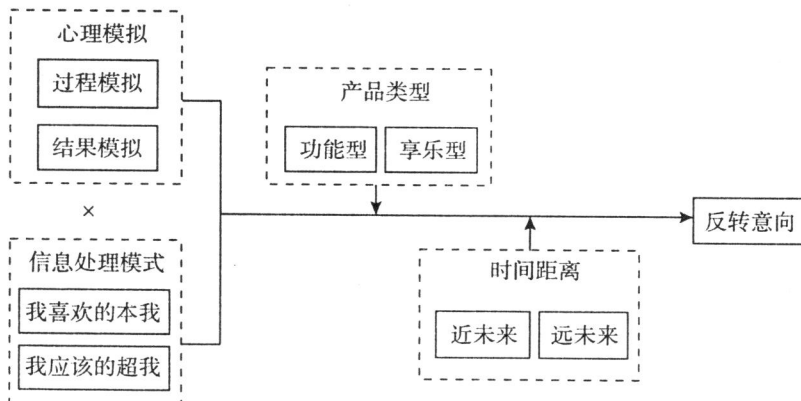

图1 反转意向影响因素模型

模型以心理模拟和信息处理模式为自变量。结果模拟通过引导被试进行有关产品使用结果的想象来实现操

① Trope, Y. Liberman, N.. Temporal construal[J]. *Psychological Review*, 2003, 110(3): 403-412.

控，过程模拟通过引导被试进行有关产品使用过程的想象来实现操控。根据认知心理学和弗洛伊德的三大心理动力系统，"我喜欢"的本我与情感的处理模式相对应；"我应该"的超我与认知的处理模式相对应。产品类型和时间距离作为调节变量。根据文献综述，对于功能型产品，消费者更加关注产品的使用过程；对于享乐型产品，消费者更加关注使用结果。在时间距离方面，根据时间构建理论，近未来的时间距离与过程模拟是相对的，远未来的时间距离与结果模拟是相对的。最终以反转意向为因变量建立模型。

3.2 研究假设

根据 Mukherjee 和 Hoyer(2001)的研究，消费者在缺省状态下的默认关注焦点是产品的使用过程，并验证在认知处理模式下模拟消费者忽略的方面(使用过程或使用结果)会带来更高的产品评价。时隔十年，Min Zhao、Steve Hoeffler 和 Gal ZauberMan(2011)指出，消费者对产品关注焦点的转移会造成消费者偏好的反转，并最终得出结论：在认知的信息处理模式下，模拟被忽略的方面会带来更高的产品评价；在情感的信息处理模式下，模拟被关注的方面会带来更高的产品评价。

实验一并没有对产品类型和时间距离进行操控，因此消费者是在缺省状态下进行的实验，即消费者的默认关注焦点是产品的使用过程。根据 Min Zhao、Steve Hoeffler 和 Gal ZauberMan 的结论，在认知的信息处理模式下，模拟被忽略的方面会带来更高的产品评价；在情感的信息处理模式下，模拟被关注的方面会带来更高的产品评价。Murkherjee 和 Hoyer(2001)的研究表明，默认状态下消费者的关注焦点是使用过程，忽略使用结果。可推知：在"我喜欢"的本我模式下，模拟被关注的使用过程；在"我应该"的超我模式下，模拟被忽略的使用结果。由此提出：

假设 H1：心理模拟与信息处理模式对反转意向影响存在交互效应。

假设 H1a：在"我喜欢"的本我处理模式下，过程模拟比结果模拟对反转意向具有更加积极的作用。

假设 H1b：在"我应该"的超我处理模式下，结果模拟比过程模拟对反转意向具有更加积极的作用。

具体可解释为：情感导向(而非认知导向)会使消费者对产品的评价不会那么苛刻，产生更少的负面思想和更多的感情回应。由此，对于产品的评价也会变高①。

对于功能型产品，消费者更加关注的是它的使用过程；对于享乐型产品，消费者更多关注的是结果。在本我的处理模式下，有关产品利益的心理表征是非常抽象的，消费者很难想象产品的利益，而结果模拟会帮助消费者把产品利益的心理表征变得更加突出和生动。由此提出：

假设 H2：产品类型调节了信息处理类型和心理模拟对反转意向的交互作用。

假设 H2a：对于功能型产品，在"我喜欢"的本我处理模式下，过程模拟比结果模拟对反转意向具有更加积极的作用。

假设 H2b：对于功能型产品，在"我应该"的超我处理模式下，结果模拟比过程模拟对反转意向具有更加积极的作用。

假设 H2c：对于享乐型产品，在"我喜欢"的本我处理模式下，结果模拟比过程模拟对反转意向具有更加积极的作用。

假设 H2d：对于享乐型产品，在"我应该"的超我处理模式下，过程模拟比结果模拟对反转意向具有更加积极的作用。

在近未来的时间距离下，消费者更加关注产品的使用过程；在远未来的时间距离下，消费者更加关注产品的使用结果。远距离下购买产品，结果模拟通过减少消费者对产品性能的不确定性促使产生积极

---

① Escalas Jennifer Edson, Mary Frances Luce. Understanding the effects of process-focused versus outcome-focused thought in response to advertising[J]. *Journal of Consumer Research*, 2004, 31(9)：274-285.

的情感和增加购买意向；近距离下购买产品，过程模拟通过减少消费者在转换成本和情感上的不确定性减轻焦虑增强行为意向。由此提出：

假设 H3：时间距离调节了信息处理模式和心理模拟对反转意向的交互作用。

假设 H3a：对于近未来的时间距离，在"我喜欢"的本我处理模式下，过程模拟比结果模拟对反转意向具有更加积极的作用。

假设 H3b：对于近未来的时间距离，在"我应该"的超我处理模式下，结果模拟比过程模拟对反转意向具有更加积极的作用。

假设 H3c：对于远未来的时间距离，在"我喜欢"的本我处理模式下，结果模拟比过程模拟对反转意向具有更加积极的作用。

假设 H3d：对于远未来的时间距离，在"我应该"的超我处理模式下，过程模拟比结果模拟对反转意向具有更加积极的作用。

4. 实验设计与数据分析

4.1 实验一

实验一意在验证假设 H1："我喜欢"的本我处理模式和"我应该"的超我处理模式对过程模拟与结果模拟的作用相分离，探索不同组合匹配对反转意向不同程度的影响。

实验对象为 167 名武汉大学本科生。采取 2（心理模拟：过程模拟 vs 结果模拟）× 2（信息处理模式：我喜欢 vs 我应该）的组间设计。

首先，我们请被试想象进入延迟购买的角色，即想象某件产品在具有购买意向和购买能力的前提下延迟购买。然后，给被试提供产品的相关信息。对比产品为某品牌电子词典（功能型）和苹果 IPAD（享乐型）。之后，请被试在九点量表下分别判断某品牌电子词典和苹果 IPAD 是"实用性强的"还是"享乐性强的"以验证产品类型操纵的有效性。

被试被随机分到四种情况之一："我喜欢"的本我处理模式/过程模拟、"我喜欢"的本我处理模式/结果模拟、"我应该"的超我处理模式/过程模拟、"我应该"的超我处理模式/结果模拟。利用一定的语句引导被试进入不同的情境。然后通过七点量表验证被试在回答上述问题时主要考虑我喜欢/我应该，结果/过程。最后，填写七点反转意向量表（1 表示完全不同意，7 表示完全同意）。

根据数据分析：M（某电子词典）= 3.0864 < M（苹果 IPAD）= 6.4198，F = 22.411，P = 0.000，即被试认为与苹果 IPAD 相比，某电子词典显著地更倾向于功能型产品。据此可知，本实验对产品类型的操控是有效的。M（"我喜欢"的本我）= 3.2800 < M（"我应该"的超我）= 4.4848，且 F = 19.166，P = 0.000，表明"我喜欢"的本我处理模式下的被试比"我应该"的超我处理模式下的被试汇报出更多的"我喜欢"的本我意识。M（结果模拟）= 3.2787 < M（过程模拟）= 4.1897，且 F = 10.267，P = 0.002 < 0.05，表明处于结果模拟情境下的被试比处于过程模拟情境下的被试显著地进行了更多的关于结果的思考。反转意向 Cronbach's Alpha = 0.827 > 0.7。四个题项为：计划赶不上变化，我不想继续延迟了；虽然还有一些因素不确定，但是我打算现在就买该产品；虽然有一点点风险，但是我打算这几天就购买该产品；虽然有点冲动，但是不我打算再拖了，近期抽空去买该产品。

"我喜欢"的本我与"我应该"的超我所代表的信息处理模式和心理模拟到反转意向的主效应不成立，但存在显著的交互作用（F = 8.921，P = 0.004）。在"我喜欢"的本我处理模式下，过程模拟对反转意向的作用大于结果模拟（4.129 vs 3.583），但 F = 3.068，P = 0.1 > 0.085 > 0.05，只具有边际显著性，与假设 1a

相一致。同样，在"我应该"的超我处理模式下，结果模拟对反转意向的作用大于过程模拟（4.293 vs 3.317），$F=5.493$，$P=0.024<0.05$，假设 1b 成立。

信息处理模式与心理模拟对反转意向的交互作用见图 2。

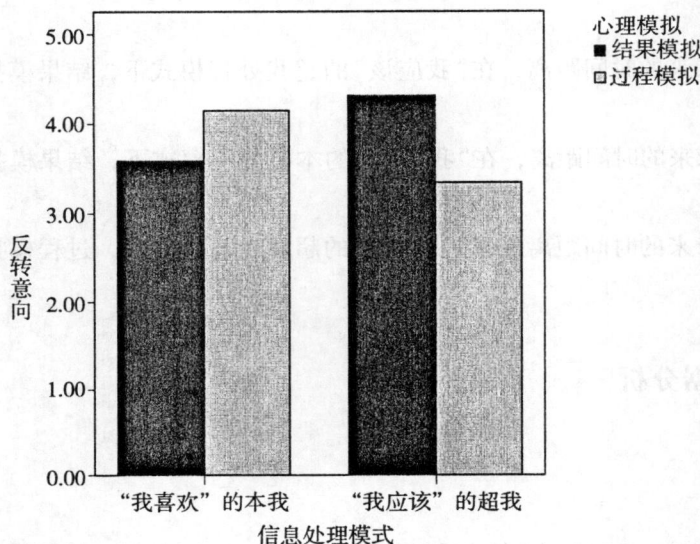

图 2　信息处理模式与心理模拟对反转意向的交互作用

实验一首先验证了对产品类型操控的有效性，为接下来的实验二测量产品类型的调节作用奠定了基础。同时，也证实了对信息处理模式和心理模拟操控的有效性，并且在保证因变量反转意向的信效度良好的情况下进行了方差分析。无论是信息处理模式还是心理模拟对反转意向的主效应都不成立，但两者对反转意向存在交互作用。其中，在"我喜欢"的本我处理模式下只具有边际显著性，与假设 1a 相一致；在"我应该"的超我处理模式下显著，假设 1b 成立。

4.2　实验二

实验二意在验证假设 H2：产品类型调节信息处理模式与心理模拟对反转意向的交互作用。

实验对象为 318 名武汉大学本科生。采取 2（心理模拟：过程模拟 vs 结果模拟）×2（信息处理模式：我喜欢 vs 我应该）×2（产品类型：功能型 vs 享乐型）的组间设计。同样，我们首先请被试想象进入延迟购买的角色。接下来被试根据产品类型分成两组，对比产品为联想乐 PAD 和苹果 IPAD。提供各自的产品信息后，对产品特性操控的有效性进行了九点量表测量。接下来，被试被分到与实验一相同的四种情境。最后，测量反转意向。

根据数据分析：M（联想乐 PAD）$=4.5912<M$（苹果 IPAD）$=6.1887$，$F=49.439$，$P<0.001$，可知本实验对产品功能型和享乐型的操控是有效的，即被试明显认为联想乐 PAD 是功能性更强的，苹果 IPAD 是享乐性更强的。反转意向 Cronbach's Alpha $=0.854$。实验二同样已经证得对"我喜欢"的本我和"我应该"的超我的信息处理模式，以及结果模拟和过程模拟的心理模拟的操控是有效的，在本实验中，M（"我喜欢"的本我）$=3.38<M$（"我应该"的超我）$=4.92$，$F=21.069$，$P=0.000$；M（结果模拟）$=3.78<M$（过程模拟）$=5.11$，$F=14.343$，$P<0.001$。与预测相一致，产品类型对信息处理模式与心理模拟的交互存在调节作用，$F=9.181$，$P=0.006$。

（1）功能型产品。与实验一相同，信息处理模式和心理模拟对反转意向的主效应都不成立，交互作用成立，$F=9.181$，$P=0.003$。对于功能型产品，在"我喜欢"的本我处理模式下，过程模拟对反转意向的作用大于结果模拟（4.207 vs 3.368），$F=6.326$，$P=0.015$，假设 H2a 成立。同样，在"我应该"的超我处理模式下，结果模拟对反转意向的作用大于过程模拟（3.750 vs 2.975），$F=6.510$，$P=0.015$，假设 H2b 成立。功能型产品的反转意向见图3。

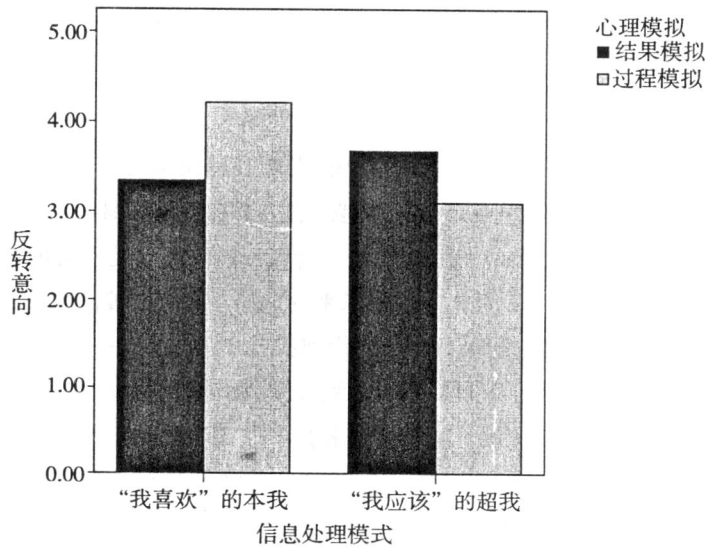

图3　功能型产品的反转意向

（2）享乐型产品。信息处理模式和心理模拟对反转意向都不存在主效应，交互作用成立，$F=14.403$，$P<0.001$。在"我喜欢"的本我处理模式下，结果模拟对反转意向的作用大于过程模拟（4.327 vs 3.485），$F=7.385$，$P=0.009$，假设 H2c 成立。同样，在"我应该"的超我处理模式下，过程模拟对反转意向的作用大于结果模拟（4.342 vs 3.379），$F=7.007$，$P=0.011$，假设 H2d 成立。享乐型产品的反转意向见图4。

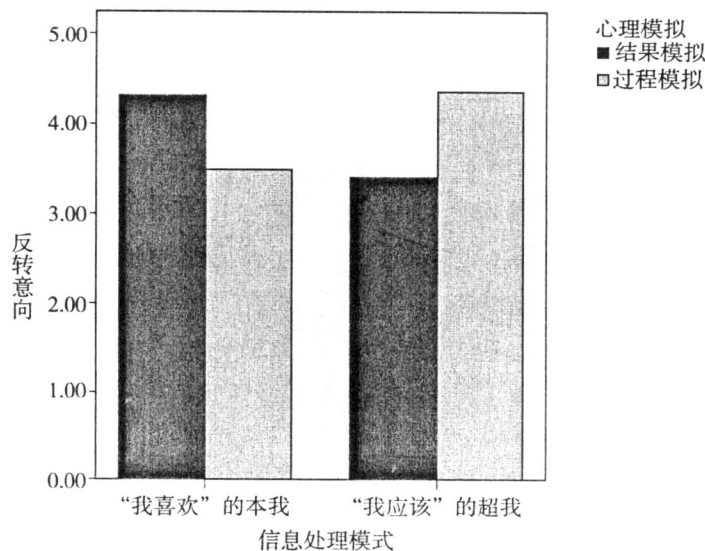

图4　享乐型产品的反转意向

对于功能型产品，在"我喜欢"的本我处理模式下，过程模拟对反转意向的作用显著地大于结果模拟；在"我应该"的超我处理模式下，结果模拟对反转意向的作用显著地大于过程模拟。这与实验一的结果类似，而实验一并没有进行产品类型的操控，这说明被试在默认的缺省状态下倾向于功能型产品的认知。

而对于享乐型产品，在"我喜欢"的本我处理模式下，结果模拟对反转意向的作用显著地大于过程模拟；在"我应该"的超我处理模式下，过程模拟对反转意向的作用显著地大于结果模拟。这个结论与功能型产品的结论是相反的，表明产品类型可以调节信息处理模式与心理模拟对反转意向的交互作用。

4.3　实验三

实验三意在验证假设 H3：时间距离调节信息处理模式与心理模拟对反转意向的交互作用。

实验对象为 318 名武汉大学本科生。采取 2(心理模拟：过程模拟 vs 结果模拟)×2(信息处理模式：我喜欢 vs 我应该)×2(时间距离：近未来 vs 远未来)的组间设计。首先，被试进入延迟角色。产品选择 SPSS 数据分析软件，通过对交作业的时间远近的设定实现近未来和远未来的操控。接下来被试会看到相同的一段关于 SPSS 软件的广告信息描述。随后，通过九点量表来验证对时间距离操控的有效性——你认为现在距离交作业的时间"很短"或"很长"。接下来两组被试被分到四种情境。最后，填写反转意向量表。

根据数据分析：时间距离的操控有效，M(近未来) = 4.136 < M(远未来) = 5.691，F = 45.111，P < 0.001。反转意向 Cronbach's Alpha = 0.814。同样，关于信息处理模式与心理模拟的操控均已在前面的两个实验中被证实是有效的，M("我喜欢"的本我) = 3.378 < M("我应该"的超我) = 4.728，F = 48.772，P < 0.001；M(结果模拟) = 3.195 < M(过程模拟) = 4.822，F = 84.746，P < 0.001。由三因素的方差分析可知，时间距离对信息处理模式与心理模拟的交互存在调节作用，F = 12.655，P < 0.001。在近未来和远未来两种时间距离下，具体结果分别如下：

(1)近未来的时间距离。信息处理模式与心理模拟对反转意向存在显著的交互作用，F = 19.362，P < 0.001。同样，其分别对反转意向主效应不显著。在"我喜欢"的本我处理模式下，过程模拟对反转意向的作用大于结果模拟(4.765 vs 3.923)，F = 10.292，P = 0.003，假设 H3a 成立。同样，在"我应该"的超我处理模式下，结果模拟对反转意向的作用大于过程模拟(4.694 vs 3.466)，F = 12.202，P = 0.001，假设 H3b 成立。近未来的反转意向见图 5。

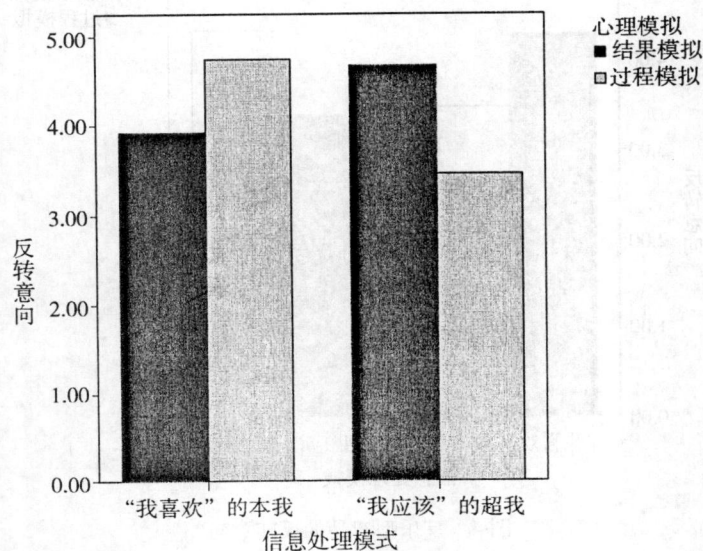

图 5　近未来的反转意向

56

（2）远未来的时间距离。信息处理模式和心理模拟对反转意向不存在主效应，两者对反转意向存在交互效应，$F = 21.611$，$P < 0.001$，具体表现为：在"我喜欢"的本我处理模式下，结果模拟对反转意向的作用大于过程模拟（4.902 vs 3.620），$F = 14.705$，$P < 0.001$，假设 H3c 成立。同样，在"我应该"的超我处理模式下，过程模拟对反转意向的作用大于结果模拟（4.909 vs 3.555），$F = 11.157$，$P = 0.004$，假设 H3d 成立。远未来的反转意向见图6。

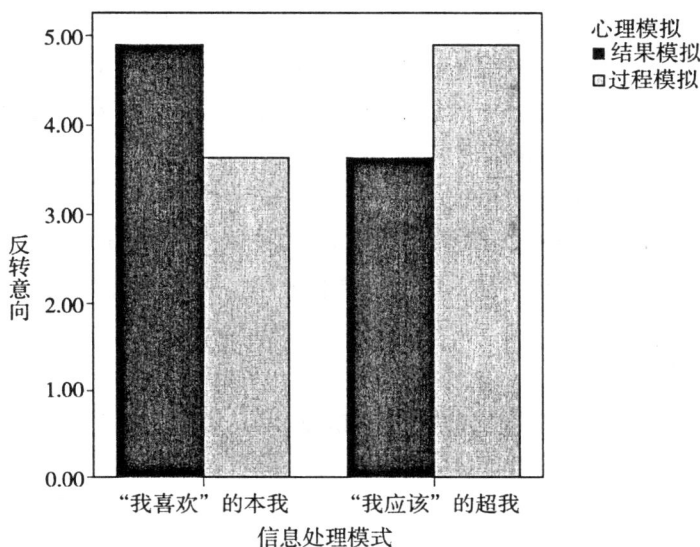

图6　远未来的反转意向

对于近未来时间距离，在"我喜欢"的本我处理模式下，过程模拟对反转意向的作用显著大于结果模拟；在"我应该"的超我处理模式下，结果模拟对反转意向的作用显著地大于过程模拟。这与实验一以及实验二的功能型产品的结果类似，而实验一并没有进行时间距离的操控，这说明被试在默认的缺省状态下倾向于距现在这一时点较近的时间距离。

而对于远未来时间距离，在"我喜欢"的本我处理模式下，结果模拟对反转意向的作用显著地大于过程模拟；在"我应该"的超我处理模式下，过程模拟对反转意向的作用显著地大于结果模拟。与享乐型产品和功能型产品两组的结果类似，远未来时间距离的结论与近未来时间距离的结论是相反的，表明时间距离可以调节信息处理模式与心理模拟对反转意向的交互作用。

5. 结论与展望

5.1　结果讨论与营销建议

本文的实验结果表明：心理模拟和信息处理模式交互影响反转行为意向，尤其是在"我喜欢"的本我处理模式下，过程模拟会对反转意向具有更加积极的作用；在"我应该"的超我处理模式下，结果模拟会对反转意向具有更加积极的作用。特别的是，产品类型在心理模拟与信息处理模式的交互效应中具有调节作用：如果产品类型是功能型，在"我喜欢"的本我处理模式下，过程模拟会对反转意向具有更加积极的作用；在"我应该"的超我处理模式下，结果模拟会对反转意向具有更加积极的作用。如果产品类型是享乐型，在"我喜欢"的本我处理模式下，结果模拟会对反转意向具有更加积极的作用；在"我应该"的超我处理模式下，过程模拟会对反转意向具有更加积极的作用。除此之外，时间距离对心理模拟和信息处理模式也起着重要的调节作用：对于近未来的时间距离，在"我喜欢"的本我处理模式下，过程模拟会对反转意向具有更加积极的作用；在"我应该"的超我处理模式下，结果模拟会对反转意向具有更加积极的作用。对于远未来的时间距离，在"我喜欢"的本我处理模式下，结果模拟会对反转意向具有更加积极的作用；在"我应该"的超我处理模式下，过程模拟会对反转意向具有更加积极的作用。

据此本文总结出几点营销建议：

第一，可灵活地在不同的信息处理模式下采用不同的心理模拟。特别是在广告策略中，如果想强调某产品可以使消费者的感官得以满足，感情获得愉悦，则可在广告中展示产品的使用过程；如果想强调通过使用该产品可以使消费者的生活更具有效率、更体现道德情操，则可在广告中展示产品的使用结果。

第二，对于不同的产品类型采用不同的组合。

第三，对于不同的时间距离采用不同的组合。

此外，我们更希望消费者能够即时消费，所以，可以帮助消费者把远未来的时间距离框定到近未来的时间距离，再利用近未来的时间距离下的策略进行信息的传播和营销的说服。

5.2　研究不足与未来展望

由于人力、物力、财力有限，本文得出的结果也相应具有一定的局限性，在未来的研究中可着眼于以下几个方面：

第一，对消费者总体进行划分，针对不同的样本群体进行实验，以提高理论和结论的适用性和实用性。

第二，探索更多的促进消费者延迟反转的变量和方法。以本我、自我和超我为例，考虑到与信息处理模式的对应关系，以及本我和超我之间的对立和制衡关系，本文仅仅选取了本我和超我两个维度。事实上，自我可代表另一个维度，"我喜欢"原则下的本我、"我能够"原则下的自我、"我应该"原则下的超我，三者可共同作为信息处理的方式。

第三，时间距离也可以向后延伸，即近过去和远过去。根据 Ran Kivetz 和 Anat Keinan（2006）的研究，我们得知自控困境下的自控后悔可能导致反转。

第四，提出更具有中国特色的变量，如有关自我的相对概念，即关系中的自我、团体中的自我、集体中的自我等等。

（作者电子邮箱：lix@whu.edu.cn）

◎ 参考文献

[1] Batra, R., and Ahtola, O. T.. Measuring the hedonic and utilitarian sources of consumer attitudes[J]. *Marketing Letters*, 1991, 2(2).

[2] Debora Viana Thompson, and Rebecca W. Hamilton. The effects of information processing mode on consumers' responses to comparative advertising[J]. *Journal of Consumer Research*, 2006, 32.

[3] Engel, S. A., Glover, G. H., and Wandell, B. A.. Retinotopic organization in human visual cortex and the spatial precision of functional MRI[J]. *Cerebral Cortex*, 1997, 7(2).

[4] Kivetz, Ran, and Anat Keinan. Repenting hyperopia: An analysis of self-control regrets[J]. *Journal of Consumer Research*, 2006, 33(9).

[5] Markus, Hazel R., and Kitayama, Shinobu. Culture and the self: Implications for cognition, emotion, and

motivation[J]. *Psychological Review*, 1991, 98(2).

[6] Marilynn B. Brewer, and Wendi Gardner. Who is this "we"? Levels of collective identity and self representations[J]. *Journal of Personality and Social Psychology*, 1996, 71(1).

[7] Ruth Ann Smith, Michael J. Houston, and Terry L. Chllders. Verbal versus visual processing modes: An empirical test of the cyclical processing hypothesis[J]. *Advances in Consumer Research*, 1984, 11.

[8] Stephanie Feiereisen, Veronica Wong, and Amanda J. Broderick. Analogies and mental simulations in learning for really new products: The role of visual attention[J]. *Journal of Product Innovation Management*, 2008, 25(6).

[9] Trope, Y., and Liberman, N.. Construal-level theory of psychological distance[J]. *Psychological Review*, 2010, 117(2).

[10] Tversky, A., and Shafir, E.. Choice under conflict: The dynamics of deferred decision[J]. *Psychological Science*, 1992, 6.

[11] Zeithaml, Valarie A.. Consumer perceptions of price, quality, and value: A means-end model and synthesis of evidence[J]. *Journal of Marketing*, 1988, 52.

The Study on Interaction Effects between "Who am I" and Mental Simulation on Consumers' Deferral Reversals

Li Xiao[1] Huang Lei[2] Zhang Xiaohan[3]

(1, 2, 3 Economics and Management School of Wuhan University, Wuhan, 430072)

Abstract: Deferral purchasing behavior has gained lots of attention in consumer behavior research domain. Based on mental simulation theory and the information processing modes about "who I am" (id mode with "I like" vs. superego mode with "I should"), this paper aims to explore the interaction effects between mental simulation and processing modes on reversal intention and to explain how product type and temporal frame moderate the interaction effects. Based on three experiments and data analysis, we can draw the conclusion: Firstly, the interaction effects between mental simulation and processing modes on reversal intention are significant. In the mode of "I like" (vs. "I should"), process simulation(vs. outcome simulation) result in higher reversal intention. Secondly, pro-duct type has moderating effect. Thirdly, temporal frame has moderating effect.

Key words: Deferral purchase intention; Reversal intention; Mental simulation; Information processing modes

榜样式领导研究现状综述

● 董 鹏[1]　刘 源[2]

（1 卡莱（梅州）橡胶制品有限公司计划部　梅州　514759；2 北京大学光华管理学院　北京　100093）

【摘　要】标杆式领导，作为一种在社会两难情境（个人利益和集体利益）下推动公共合作的手段，为人们从行为视角研究激励有效性问题提供了有价值的证据，近年来正不断引起研究者的关注。本文在介绍标杆式领导的概念和研究范式的基础上，对标杆式领导目前的研究领域和研究内容进行了归纳和分析，并对未来的研究方向进行了展望。在中国文化背景下对标杆式领导的激励作用进行研究，对于提高我国管理理论中激励的研究水平，以及在实际应用中提高管理水平具有重要的意义。

【关键词】榜样式领导　公共物品实验　公共合作　激励

1. 引言

合作不仅对于组织成功，同时对于组织中的每个成员都具有重要意义，而领导者的核心作用之一，就是激励组织中每个成员为组织的目标而共同合作（Chemers, 2001；Hogan, et al., 1994）。从群体选择理论的角度来看，一个团队或组织合作水平将成为其能否成功的关键。然而，在实际管理过程中，要让组织中每个成员都表现出合作的意愿和行为并不容易。因为合作本身需要每个成员付出诸如时间、努力、资源等方面的代价，人类的自私动机通常会使人们倾向于不合作，特别是当一个人可以享受集体努力的成果而不用做出贡献的时候（Komorita and Parks, 1994；Kramer, 1991）。因此，当组织中的领导者具有激励他人超越自私的能力时，就会对组织的效率产生重要的影响（Bass, 1985）。这种具有激发合作作用的榜样式领导行为（leading by example），被认为是一种推动合作的重要手段。

以往发表的一系列与合作有关的公共物品游戏研究结果表明，在个人利益和集体利益冲突的社会两难情境中，搭便车者的出现往往是导致人们之间低合作水平的重要因素，并且，如果游戏参与者之间的搭便车行为重复互动，人们的合作水平甚至会随着时间的推移而稳定地下降（Ledyard, 1995）。但是，在现实生活中常常可以看到这种现象，如果一个群体中有人率先做出贡献，这种榜样作用往往会激发其他人也做出相同的贡献行为。研究发现，跟随者（second mover）对首先行动者（first mover）的榜样式领导行为的反应通常是强烈的。榜样式领导的作用使群体的合作水平得到了提升（Meidinger, et al., 2002；Potters, et al., 2007；Moxnes and van der Heijden, 2003；Gächter and Renner, 2004；Güth, et al., 2007）。

社会学习理论和社会交换理论认为，出于行为模仿和互惠的动机，首先行动者的利他行为通常会促使正处于自利和利他两难心理矛盾冲突的跟随者做出类似的利他行为①。在首先行动者的带领下，团队中的其他成员为了整体的更大的利益而忽略了个人利益。行为经济学家通过实验研究也发现，榜样式行动者的内在特质和潜在信念，决定了他们为了让组织更大程度地获得利益，愿意首先抛弃个人的利益。同时，团队中榜样领导者的合作行为激发了跟随者的合作行为（Arbak and Villeval，2007；Gächter，et al.，2012）。

一些从事道德式领导（ethical leadership）的研究者认为，当领导示范的是道德的行为、态度和价值观时，那么跟随者更可能采取道德的行为方式。领导者通过自身行为和人际互动，向下属表明在组织中什么是规范的或恰当的行为，并激发下属追随这类行为（Brown，et al.，2005）。Hernandez（2012）等提出的管理心理学理论（psychology of stewardship）指出，企业高管通过把组织利益放在其自身利益之上来展示管理者行为（Davis，et al.，1997；Donaldson，1990），而在高管榜样领导的带领下，下属通常也会为了组织整体更大的利益忽略个人自身的利益。由此可见，榜样式领导不仅在一般情况下，而且在社会两难实验情境下，为人们从行为视角研究激励有效性问题提供了有价值的证据。

2. 榜样式领导的概念和实验操作定义

Drucker（2004）在谈到挑选领导时指出："我会寻找正直和诚实的领导者，一个强大的领导者会树立一个榜样，他将是那个组织中的所有人愿意去效仿的人。"正因为领导的激励作用，Yukl（2005）将领导者定义为"那种引导他人自愿跟随的人"。Yukl 的定义与 House 和 Baetz（1979）对领导者的综合定义是一致的。他们都认为，领导行为的动机应该是能够影响他人的，而其作用水平在于这种有明确动机的行为被影响者接受的程度。

尽管人们在定义领导时使用的关键词有"榜样"、"跟随"、"影响"、"行为"等，但是榜样式领导（leading by example）被正式提出，并对其在激励中的效应进行研究是从 Hermalin 和 Benjamin（1998）开始的。Hermalin 和 Benjamin 从经济学的视角定义了领导的特征，并提出榜样式领导的概念。他们认为领导者是有跟随者的人，而这种跟随是人们的一种内在的自愿行为，是区别于权力要挟的，因为跟随领导者是跟随者的自愿行为，而不是被强迫的行为。人们发现现实环境中很多的自愿贡献行为，都存在一个人先于其他人开始贡献，这个人可能是正式任命的领导，也可能是没有正式任命的个人。这种先于他人选择贡献的行为可以看做为他人做出一种榜样，被称为榜样式领导行为。一些研究者在 Hermalin 和 Benjamin 之后又提出了榜样式领导的实验操作定义，他们将在社会两难情境游戏中，优先于其他人首先选择贡献行动的那个人（first mover）定义为领导者或榜样领导者（leader），将其他跟随行动的人（second mover）称为跟随者（follower）（Meidinger，et al.，2002；Potters，et al.，2007；Moxnes and van der Heijden，2003；Gächter and Renner，2004；Güth，et al.，2007）。

3. 榜样式领导的研究范式

目前，在榜样式领导的实验研究范式中，公共物品环境下的自愿贡献机制（Voluntary Contribution Mechanism，VCM）被认为是目前研究群体合作规范最经典的范式。这个实验通过设置参数创造出个人利益与社会利益之间的社会两难困境，为人们在控制条件下研究榜样式领导行为提供了可能。由于实验机制与评估领导在激励合作中的有效性存在很高的相关性（De Cremer and van Knippenberg，2002，2003），许

---

① Douglas，K.. Homo virtuous：The evolution of good and evil[J]. *New Scientist*，2012，216(2890)：42-45.

多研究者在这个机制下研究榜样式领导的激励作用问题。

公共物品实验是基于人类社会发展进程中，诸如食物分享等经济和社会活动都是以公共物品的形式展开的。在这种形式下，通常会存在一个公共仓库，人们可以自愿决定捐献给公共仓库的资源数量，同时，公共仓库中的资源在增值后将会被整个社会的所有人分享。

实验研究的具体方法采取人们在公共物品环境下自愿贡献的方式（VCM）。实验中将 n 个被试分在一组，共同玩一定轮数的相同游戏。每一轮游戏中，每个被试被给予一个收入 w_i（$i=1,2,\cdots,n$）。随后被试必须把收入分成两份，一份是只对他们自己的个人账户产生固定回报的贡献 x_i，另一份是对公共账户的贡献 g_i，所有成员的公共账户的贡献总和 G 将乘以系数 β 后平分给每个成员。在每一轮的结尾，被试们通常知道他们组所有成员对公共物品的贡献和总和以及他们这一轮的收益。个人 i 的报酬用数学公式表示为：$u_i=\alpha x_i+\beta G/n$。同时公式符合三个约束条件：$w_i=x_i+g_i$，$G=\sum g_i$，以及 $g_i \geqslant 0$。在公共物品环境中，α 和 β 都是常量。被试必须最大化这个效用方程才能拿到最多的报酬，通常在我们的实验中，$\alpha=1$，$\beta=1.6$。β/n 被称为贡献边际报酬。

通过实验参数设置，在有限次数的重复游戏中产生的报酬最多者有一个优势策略：就是不对公共物品账户做贡献，即搭便车行为。如果所有成员把所得的收入都贡献给公共物品账户，那么整个组对每个参与者产生的报酬都最大，每个人获得的利益都一样，没有利益最大者。这就是个人利益与社会利益之间的社会两难困境[①]。

这种困境可以用以下例子说明：有 4 个人同时参加自愿贡献机制，$n=4$，$w_1=w_2=w_3=w_4=20$，$\alpha=1$，$\beta=1.6$。

例一，4 个被试都不贡献出自己的收入：$x_1=20$，$g_1=0$；$x_2=20$，$g_2=0$；$x_3=20$，$g_3=0$；$x_4=20$，$g_4=0$；$G=0$；$u_1=\alpha x_1+\beta G/n=20+1.6\times 0/4=20$；$u_2=u_3=u_4=u_1=20$；$\sum u_i=80$。

例二，所有被试都贡献出自己的全部收入：$x_1=0$，$g_1=20$；$x_2=0$，$g_2=20$；$x_3=0$，$g_3=20$；$x_4=0$，$g_4=20$；$G=80$；$u_1=\alpha x_1+\beta G/n=0+1.6\times 80/4=32$；$u_2=u_3=u_4=u_1=32$；$\sum u_i=128$。

例三，3 个被试贡献出自己的收入，1 个被试不贡献任何收入：$x_1=20$，$g_1=0$；$x_2=0$，$g_2=20$；$x_3=0$，$g_3=20$；$x_4=0$，$g_4=20$；$G=60$；$u_1=\alpha x_1+\beta G/n=20+1.6\times 60/4=44$；$u_2=u_3=u_4=0+1.6\times 60/4=24$；$\sum u_i=116$。

以上三个例子中 4 个人的个人收益和团体的总体收益表明，个人利益与社会利益之间存在冲突。

通常，自愿贡献机制是同时性的，参与游戏的被试们需要同时做出贡献多少的决定，而在榜样式领导使用的顺序性自愿贡献机制中，领导者需要率先选择贡献值做出榜样，其他成员在知道本组领导者的贡献额后再同时贡献，除此之外，顺序性自愿贡献机制与同时性自愿贡献机制的参数保持一致。

这个实验范式的优点在于，当人们处于被设计好的搭便车是占优策略的社会两难困境中时，可以观察到有一个榜样式领导出现的情况下，是否能够更有效地激励团队每个成员超越自私能力，使他们为了群体更大程度地获得利益，愿意先抛弃个人的利益。但是，公共物品游戏实验也存在一定的不足，例如，当实验过程中没有人愿意承担榜样式领导的角色，或者被指定的榜样式领导没有发挥榜样式作用时，就会使团队合作陷入困境。

4. 榜样式领导研究的主要领域

目前，研究者在榜样式领导研究方面延续了博弈游戏的基本思路，即先建立数学模型，再进行实验

① Zelmer, J.. Linear public goods experiments: A meta-analysis[J]. *Experimental Economics*, 2003, 6(3): 299-310.

研究。Hermalin 和 Benjamin（1998）曾在理论上提出了领导者与跟随者间非对称信息下的一个领导的数学模型，这个模型表明一个领导可以通过榜样式领导或榜样式牺牲引导他人进行相应的跟随。Arce（2001）和 Foss（2001）在他们的理论建模中也确认了，领导可作为在社会困境游戏中达到有效目的的一种工具。

而在实验室情境下对榜样式领导进行的实证研究，研究者主要是在不同的条件设置下，对榜样式领导的激励效应进行探讨。主要形式有给予领导者奖惩权条件以及自愿承担榜样式领导条件等。

4.1 非对称信息与对称信息条件下

非对称信息，是指领导者个人拥有关于贡献边际报酬（β/n）的信息；而对称信息，是指所有人拥有关于贡献边际报酬的信息。在非对称信息条件下，领导者被确定对贡献的总体水平有正向的激励作用（Meidinger et al.，2002；Potters et al.，2007）。同样，在信息对称的条件下，榜样式领导的激励效应能够被观察到是有效的（Moxnes and van der Heijden，2003；Gächter and Renner，2004；Güth，2007）。Moxnes 和 van der Heijden（2003）研究发现，当领导者率先选择，并且他的选择被其他被试所知时，在公共物品实验（public goods game）中会产生显著的激励效应。许多研究者都发现，领导者的贡献和跟随者的贡献具有很高的相关性，即使是在一次性的游戏中，有领导的小组的平均贡献也常常高于没有领导的小组。有意思的是，在重复交互的情形下，人们发现跟随者的贡献会系统性地低于领导者，而榜样领导的激励效应随时间慢慢下降（Gächter and Renner，2004），其机制目前尚不清楚。

在非对称信息与对称信息条件下，人们发现榜样式领导的率先贡献行为对跟随者们的行为产生了影响，证明了榜样式领导在公共合作中具有激励作用，研究者们发现榜样式领导和沟通、惩罚、名誉等机制一样，是另一种有效提升公共合作水平的手段，而且它比沟通、惩罚、名誉等机制更简单。同时，人们在实验室环境下还证实了，榜样式领导的道德"垂范"作用，能够在一定程度上从行为经济学的角度解释道德式领导的理论。

但是，在重复交互情形下的实验过程中，人们发现跟随者的贡献会系统性地低于领导者，榜样领导的激励效应随时间慢慢下降，这表明跟随者在不断地侵占领导者的利益，成为榜样式领导个人的搭便车者，长此以往，领导者也会不断降低自己的贡献额。由此可见，单纯的榜样式领导模式会使领导者的利益得不到保障，榜样式领导的激励效应无法长期持续，因此，研究者认为，应该寻求更好的保障领导者利益的方式，从而更有效地发挥榜样式领导的激励效应。

4.2 给予领导者奖惩权力条件下

有研究者发现，公共物品游戏实验中，跟随者的贡献系统地低于领导者，榜样领导的激励效应随时间慢慢下降，领导者的贡献值随时间减少的原因，主要是实验中被试之间不允许交流，在重复互动的过程中，领导者无法对跟随者的行为做出反馈，只能通过减少自己的贡献值表达被他人搭便车的不满。但是，在现实的层级森严的组织环境中，领导者常被赋予惩戒行为不当的跟随者的权力，因此，一些研究者开始尝试在对称信息条件下的榜样式领导实验中赋予领导者某种权力，通过某种类型的奖励或惩罚机制加强榜样领导的激励效应。

开始赋予领导者权力的实验研究的是 Potters 等，他们在研究中让领导者拥有自由分配团队产出的裁定权。这种方法与将团队的成果平均分配给每个团队成员的方法相比，提升了团队成员的表现，加强了榜样领导的激励效应。Güth 等（2007）在之后的研究中，通过赋予领导驱逐权来观察惩罚对团体合作行为的影响。领导者被赋予权力，能够在特定期间驱逐组内的一个跟随者。他们的结果显示，有驱逐权的领导所在组成员比没有驱逐权的领导所在组成员表现出更大的贡献值，产生了明显的激励效应。Rivas 等（2009）在他们的实验设计中，除了给予领导可以惩罚其他成员的条件外，还给予领导可以奖励其他成员的条件。结果发现，惩罚比奖励更能促进人们之间的合作，即惩罚的激励效果更好。

在赋予领导权力条件下的榜样式领导的研究显示，赋予领导的权力对成员们的行为产生了约束力，使他们不敢轻易搭便车，同时使领导者更放心地率先做出贡献行为，利益得到保障。这表明赋予领导权力的机制使榜样式领导的激励作用发挥得更好，无论是拥有自由分配团队产出的裁量权，还是拥有驱逐权或奖励权都可以有效地提升公共合作水平。

但以上实验中也存在一定的缺陷。Rivas 等（2009）采用的驱逐权方法与 Güth 等（2007）相同。由于这种在某一轮中驱逐一个成员的惩罚行为不仅造成了被驱逐者的损失，同时减少了下一轮为公共资源提供贡献成员的数量，也造成了其他参与者的损失，即驱逐产生的损失要由整个组来承担。Rivas 等（2009）的奖励权设置原理与驱逐式惩罚类似，领导者在了解所有人的贡献后，有权奖励其中一个成员 10 个游戏币，而领导者和其他未得到奖励的成员每个人要付 2 个游戏币，也就是说奖励的代价是由其他组员承担的，因此这种奖励对其他组员来说反而是惩罚。Rivas 等（2009）在实验中也发现实施奖励比实施驱逐的成本更大，所以实验中领导者对奖励的使用会越来越少，奖励对贡献的激励效用没有体现出来，最终实验结果表明驱逐比奖励更有效。因此，研究者认为，有必要对实验中存在的缺陷加以改进，使奖励真正体现激励的效用。

4.3 自愿承担榜样领导条件下

相对于公共物品游戏实验中由研究者确定榜样式领导者，Arbak 和 Villeval（2007）第一次在对称信息条件下采用被试自愿承担榜样式领导的方式来研究激励效应。在其实验中，三人组成一组，在两阶段的公共物品游戏实验中，每个人都可以在第一阶段自愿承担领导角色。如果同时有两个或三个组员自愿承担领导角色，实验程序会随机选择其中一个担任领导者。Arbak 和 Villeval（2007）的实验是每一轮随机重匹配，结果发现大约只有 1/4 的被试愿意承担领导角色。因此，在 30 轮的实验中大约只有 56% 的组有领导者。

虽然 Arbak 和 Villeval（2007）主要关注人们是否愿意承担领导角色的原因，但他们同时也比较了自愿领导和指定领导对人们合作所产生的效果。研究结果显示，自愿承担领导的组产生的平均贡献率更高，表明自愿领导具有更好的激励效应。但是，Rivas 等（2011）认为，以上的比较结果可能被一个变量混淆了。因为在由研究者确定领导的组中，每个组每轮都有领导；而在自愿产生领导的组中，会有一些组没有产生领导，这时，有领导组和无领导组被区分开来做平均值比较就会导致结果混淆。因此，Rivas 等（2011）采用了完全匹配的方法控制混淆变量进行实验研究。在他们的实验中，有一个组的领导是自愿的，方法是其中一名成员可以选择在其他成员之前做出贡献而成为领导；而另一个组的领导是由研究者指定，但次序完全与自愿领导组相同。也就是说，当自愿产生领导的组中第几号成员成为领导，那么在由研究者确定领导的组中，同样编号的成员就被确定为该组的领导。一旦自愿产生领导的组中某一轮没有产生领导时，那么研究者也不给其他组指定领导。通过这样的实验设计，研究结果显示自愿领导的组仍然比由研究者确定领导的组具有更高的激励作用。

尽管 Rivas 等（2011）发现自愿榜样式领导能显著提高公共物品游戏参与者的贡献率，但其实验结果仍显示指定领导组比没有领导组的贡献率还要低，这一现象与以往研究中指定领导组比无领导组对总体贡献更积极的结论相反。原因可能与设计中的完全对应匹配有关，因为完全匹配自愿领导组的次序使指定领导组的成员必须每一轮都按照自愿领导组的变化进行，成员们无法了解下一轮本组是否有领导，因而无法在固定条件下重复互动，最终造成贡献值下降。同时，由于指定的领导并非完全由研究者指定，不能被确切地定义为指定领导，因此实验不能完全证明自愿榜样式领导比指定领导者能更显著提高贡献。由此可见，自愿榜样式领导与指定榜样式领导的激励效应哪个更好还需进一步通过实验验证。

人们在研究中发现，自愿承担榜样领导条件下的研究非常富有现实意义。因为在现实中很多非正式团体都是临时组成的，并没有任命的领导，往往需要有人带头或率先行动。研究者的实验表明，自愿率先对团队贡献的行为激励了其他成员的贡献行为，提升了团队合作水平。

5. 结语

Hofstede(1993，2000)认为，领导作为一种社会影响过程，是一种在世界上各个国家都普遍存在的现象，它的概念和构成却有可能因国家文化的不同而不同。尽管榜样式领导的激励作用在西方国家引起了广泛的重视，但在中国文化环境下的社会两难情境中榜样式领导的实证研究尚属空白。因此，在中国文化背景下对榜样式领导的激励作用进行研究，对于提高我国管理理论中激励的研究水平，以及在实际应用中提高管理水平具有重要的意义。

近年来，人们个性上的异质性对合作水平变化影响的问题不断受到研究者的关注。有学者如 Burlando 和 Guala(2005)在实验过程中，通过针对组内成员的个体类型进行操控，结果发现可以影响他们在公共合作过程中的贡献水平。Gächter 等人认为，当由有合作倾向的人领导时，团体表现最佳。据此推论，如果在测得人们的合作性基础上，对组织和团队成员的构成进行有意识的操控，这可能使榜样式领导产生的激励效应具有应用价值。

另外，目前对于榜样式领导的实证研究仅限于经典社会两难情境中，而现实中榜样式领导的管理行为并不局限于这一种情境下。一些管理行为也出现在跨时间(两代间)的社会两难困境中，因为决策者现在的决策和管理行为，势必会影响到未来他人的决策或管理。因此，如何进一步从时间性和人际性方面考察榜样式领导的激励效应，这需要我们进行更多的思考。

(作者电子邮箱：xidadongpeng@gmail.com)

◎ 参考文献

[1] 韩翼，杨百寅. 真实型领导、心理资本与员工创新行为：领导成员交换的调节作用[J]. 管理世界，2011，12.

[2] 刘景江，邹慧敏. 变革型领导和心理授权对员工创造力的影响[J]. 科研管理，2013，3.

[3] 隋杨，王辉，岳旖旎. 变革型领导对员工绩效和满意度的影响：心理资本的中介作用及程序公平的调节作用[J]. 心理学报，2012，9.

[4] 朱冽烈. 心理测评在领导干部选拔评价工作中的应用研究[J]. 中国人力资源开发，2012，7.

[5] Arce, D. G.. Leadership and the aggregation of international collective action[J]. *Oxford Economic Papers*, 2001, 53(1).

[6] Bardsley, N., and Moffatt, P. G.. The experimetrics of public goods: Inferring motivations from contributions[J]. *Theory and Decision*, 2007, 62(2).

[7] Bass, B. M.. *Leadership and performance beyond expectations*[M]. New York: Free Press, 1985.

[8] Brown, M. E., Trevino, L. K., and Harrison. D. A.. Ethical leadership: A social learning perspective for construct development and testing[J]. *Organizational Behavior and Human Decision Processes*, 2005, 97.

[9] Burlando, R. M., and Guala, F.. Heterogeneous agents in public goods experiments[J]. *Experimental Economics*, 2005, 8(1).

[10] Davis, J. H., Schoorman, F. D., and Donaldson, L.. Toward a stewardship theory of management[J].

Academy of Management Review, 1997, 22(1).

[11] De Cremer, D. . Charismatic leadership and cooperation in social dilemmas: A matter of transforming motives? [J]. *Journal of Applied Social Psychology*, 2002, 32.

[12] De Cremer, D. , and van Knippenberg, D. . How do leaders promote cooperation? The effects of charisma and procedural fairness[J]. *Journal of Applied Psychology*, 2002, 87.

[13] De Cremer, D. , and van Knippenberg, D. . Cooperation with leaders in social dilemmas: On the effects of procedural fairness and outcome favorability in structural cooperation [J]. *Organizational Behavior and Human Decision Processes*, 2003, 91.

[14] Donaldson, L. . The ethereal hand: Organizational economics and management theory[J]. *Academy of Management Review*, 1990, 15(3).

[15] Drucker, P. F. . *The daily Drucker: 366 days of insight and motivation for getting the right things done*[M]. New York: Collins Business, 2004.

[16] Foss, N. J. . Leadership, beliefs and coordination: An explorative discussion[J]. *Industrial and Corporate Change*, 2001, 10(2).

[17] Gächter, S. , Nosenzo, D. , and Renner, E. . Who makes a good leader? Cooperativeness, optimism, and leading-by-example[J]. *Economic Inquiry*, 2012, 50(4).

[18] Güth, W. , Levati M. V. , and Sutter, M. . Leading by example with and without exclusion power in voluntary contribution experiments[J]. *Journal of Public Economics*, 2007, 91(5-6).

[19] Hermalin, Benjamin E. . Toward an economic theory of leadership: Leading by example [J]. *American Economic Review*, 1998, 88(5).

[20] Hernandez, M. . Toward an understanding of the psychology of stewardship[J]. *Academy of Management Review*, 2012, 37(2).

[21] Hofstede, G. . Cultural constraints in management theories[J]. *Academy of Management Executive*, 1993, 7(1).

[22] Hofstede, G . H. . *Culture's consequences: Comparing values, behaviors, institutions and organizations across nations* [M]. Thousand Oaks, Calif: Sage Publications, 2000.

[23] House, Robert J. , and Baetz, Mary L. . Leadership: Some empirical generalizations and new research directions. In: Barry M. Staw. *Research in organizational behavior*[M]. Greenwich: JAI Press, 1979.

[24] Hogan, R. , Curphy G. J. , and Hogan, J. . What we know about leadership: Effectiveness and personality [J]. *American Psychologist*, 1994, 49(6).

[25] Komorita, S. S. , and Parks, C. D. . *Social dilemmas*[M]. Brown & Benchmark, 1994.

[26] Kramer, R. M. . *Intergroup relations and organizational dilemmas: The role of categorization processes*[M]. Greenwich: JAI Press, 1991.

[27] Kurzban, R. , and Houser, D. . Experiments investigating cooperative types in humans: A complement to evolutionary theory and simulations[J]. *Proceedings of the National Academy of Sciences of the United States of America*, 2005, 102(5).

[28] Moxnes, E. , van der Heijden, E. . The effect of leadership in a public bad experiment[J]. *Journal of Conflict Resolution*, 2003, 47(6).

[29] Potters, J. , Sefton, M. , and Vesterlund L. . After you-endogenous sequencing in voluntary contribution games[J]. *Journal of Public Economics*, 2005, 89(8).

[30] Potters, J. , Sefton, M. , and Vesterlund L. . Leading-by-example and signaling in voluntary contribution games: An experimental study[J]. *Economic Theory*, 2007, 33(1).

[31] Rivas, M. F. , and Sutter, M. . The benefits of voluntary leadership in experimental public goods games [J]. *Economics Letters*, 2011, 112(2).

[32] Smith, K. G. , Carroll, S. J. , and Ashford, S. J. . Intra-and interorganizational cooperation: Toward a research agenda[J]. *Academy of Management Journal*, 1995, 7.

[33] Van Vugt, M. , Snyder, M. , and Tyler, T. . *Cooperation in modern society: Dilemmas and solutions* [M]. London: Routledge, 2000.

[34] Yukl, G. A. . *Leadership in organizations*[M] . Englewood Cliffs: Prentice Hall, 2005.

A Review of Model Style Leadership Research Status

Dong Peng[1] Liu Yuan[2]

(1 Dept. of Carlisle (Meizhou) Rubber Manufacturing Co. , Ltd. , Meizhou, 514759;

2 Peking University Guanghua School of Management, Beijing, 100093)

Abstract: Benchmarking leadership, as a means of promoting public cooperation in social dilemmas, provide valuable evidence for the incentive validity of research from the behavior perspective, in recent years has been from the researchers. Based on the introduction of the concept of benchmarking leadership and research paradigm, the benchmark leadership present research areas and research contents were summarized and analyzed, and the future research direction was prospected. Under the background of Chinese culture to motivate the benchmarking leadership research, research to improve the level of incentives in our management theory, and to improve the management level in practical application has important significance.

Key words: Leading by example; Public goods game; Public cooperation; Incentive effect

制造企业服务增强的模式及路径分析[*]

● 彭本红[1]　段一群[2]

（1 南京信息工程大学经济管理学院　南京　210044；
2 南京信息工程大学中国制造业发展研究院　南京　210044）

【摘　要】服务增强成为制造企业提高竞争优势的重要手段。制造企业服务增强的典型模式有产品延伸服务、产品功能性服务、整体性解决方案，其服务增强主要有两条发展路径，即由产品延伸服务到整体性解决方案转化，以及由产品功能性服务向整体性解决方案转化。本文以典型的航空发动机制造企业为案例，分析了其服务转型的动态过程，为我国制造企业实施服务化战略提供启示。

【关键词】服务增强　发展模式　演化路径

1. 引言

目前，国内外制造企业出现了通过服务转型获取竞争优势和价值来源的现象，这被西方学者称为"服务增强"。服务已经越来越成为各国制造企业在全球化和知识经济背景下展开竞争的重要手段，一些制造企业服务化的程度明显增高，服务在其销售额和利润中所占的比例越来越大。服务增强现象引起了国内外学者的关注。Burger 和 Lester(1997)在研究香港制造企业及美国和日本工业生产率的差异时，明确提出"服务增强型制造企业"的概念，认为产品生产型制造企业不能适应"新经济"的需要，应向"服务增强型制造企业"转变，在极端情况下制造企业会转变为纯粹的服务和解决方案提供商，而服务企业在新的环境下也会逐渐采用"制造增强型服务"战略。Brady(2005)认为，从为客户创造额外价值的角度，复杂资本品的供应商应该提供个性化的整体解决方案。刘继国(2006)认为制造企业服务化是为了获取竞争优势，将价值链由以制造为中心向以服务为中心转变的过程。蔺雷、吴贵生(2006)总结了国内外制造企业服务增强研究的起源、现状与发展，对国内外的研究进行了系统的分析，为中国制造企业应对国际分工转移和寻求自身竞争优势提供有益的指导。柏昊、徐捷(2006)认为制造企业必须考虑服务增强除产品差异化和服务价值外的其他作用，这样才能更充分地发挥服务增强的作用，提高企业竞争力。戴志强(2007)指出制造企业纷纷向服务业渗透、转型的动因在于产业链上价值重心转移的变化、迎合现代经济内在的分工与

---

* 本文是国家自然科学基金项目"服务型制造项目网络治理的影响机理与机制设计研究"（项目批准号：71263040）、国家自然科学基金项目"国际转包视角下模块化生产网络的形成机理及治理机制研究"（项目批准号：70962008）和江苏高校优势学科建设工程资助项目的阶段性成果。

分工外部化深入的需要、发挥制造企业提供服务及发展服务产业的特征以及反映开辟"蓝海"、避免过度竞争的战略调整要求。杨圆圆（2010）通过分析制造企业的演化过程，指出服务在其发展历程中的重要性，并且分析了制造企业在服务增强中的诱发机制。张竟浩（2010）认为只有当制造企业能够通过突变型和渐进型服务创新"两条腿"走路时，才能通过服务创新的实施支撑企业竞争优势的获取。刘明宇、芮明杰、姚凯（2010）从生产性服务外包的经济动机角度和社会关系角度，对制造业和服务业的协同进行了分析。对于服务增强的具体模式，以及服务增强的发展路径，目前已有一些探讨，而企业界也在进行积极探索和实践。本文试图分析制造企业服务增强的具体模式，以及服务转型路径，为我国制造企业实施服务增强战略提供借鉴。

2. 制造企业服务增强的表现形式

随着全球经济环境的不断变化，制造企业发展的日益成熟，制造企业的竞争优势已经超出了产品本身。世界上越来越多的制造企业把经营活动的重点不再锁定在产品的生产环节，而是拓展到了产品的整个生命周期，包括市场调研、产品开发、生产制造、销售、售后服务、产品的回收等各个环节。特别是整个价值链后端的服务环节，与资源优势、技术优势、渠道优势和品牌优势等整合，成为制造企业成功的关键因素，因此，大多数制造企业在逐渐提升服务在其整个经营运作中的比重，甚至超过了生产制造本身[1]。根据制造企业的服务增强程度，可以将服务增强划分为两个层面：基础性增强和提升性增强。

基础性增强侧重服务对制造企业产品竞争力的增强，它是指企业基于产品竞争战略的考虑，通过向顾客提供广泛的、与产品相关的差异化服务来增强产品竞争力，这是影响企业绩效的手段、过程和结果。从服务增强对企业的影响和实际发挥的作用来看，基础性增强仍以产品为中心，企业长期积累的知识、技能和其他能力都包含在产品中，价值的载体依然是实体产品，服务的价值体现在产品中。提升性增强侧重于服务价值的创造，它是指制造企业基于价值获取方式和发展战略转变的考虑，依托实体产品，将原来集成在产品中的知识、技能与其他要素进行分解和外化形成各类高附加值的服务要素，通过向顾客提供包含这些服务要素的"产品+服务包"或"纯服务"来实现价值获取的过程和结果。

提升性增强是对"基础性增强"的提升与发展，强调制造企业整体业务和经营模式的战略性转变，注重企业向价值链上高附加值服务环节的转移。该层面的高附加值服务既可能与产品关联密切，也可能只有有限关联。基础性增强和提升性增强都是通过服务实现差异化最终达到服务增强的目的。基础性增强的差异化体现在以实体产品为核心的外围服务要素上，它构成了实体产品的差异化；提升性增强的差异化体现在作为价值来源的核心服务提供中，它是服务本身的差异化。

3. 制造企业服务增强的模式及路径

3.1 制造企业服务增强的典型模式

蔺雷、吴贵生（2005）认为服务增强是一个动态过程，具有明显的行业差异性，不同行业的企业运用服务增强产品竞争力的程度有较大差异。整体性解决方案是一个动态目标，而不是服务增强的具体内容，它的核心是指在产品的生命周期内持续地提供一系列服务，始终处在不断完善的过程中，这也改变了传

---

[1] 蔺雷，吴贵生. 服务创新[M]. 北京：清华大学出版社，2003.

统的制造企业的销售模式。本文将制造企业服务增强的模式归纳为三种①：产品延伸服务、产品功能性服务、整体性解决方案，其中前两种属于基础性服务增强，后者则属于提升性服务增强，见图1。

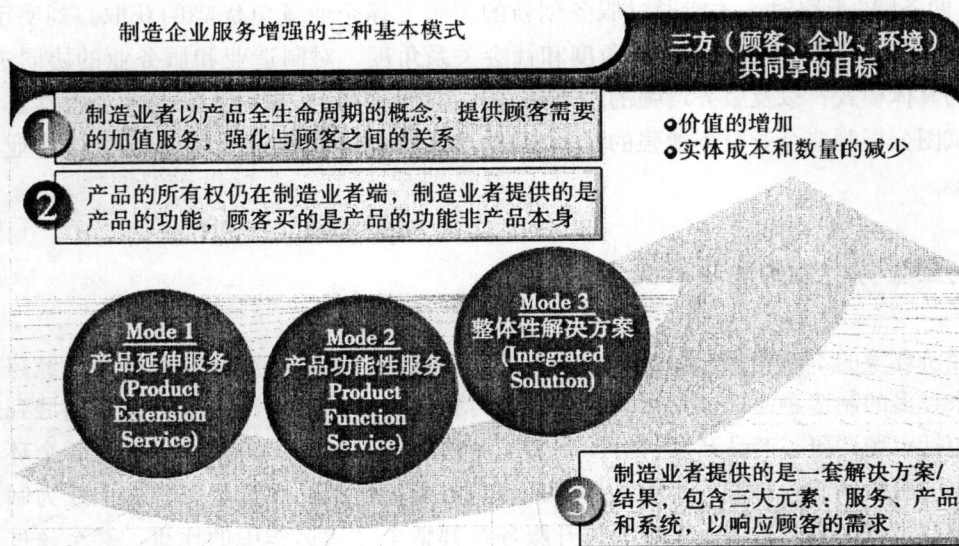

制造企业服务增强的三种基本模式

三方（顾客、企业、环境）共同享的目标

① 制造业者以产品全生命周期的概念，提供顾客需要的加值服务，强化与顾客之间的关系

② 产品的所有权仍在制造业者端，制造业者提供的是产品的功能，顾客买的是产品的功能非产品本身

● 价值的增加
● 实体成本和数量的减少

Mode 1
产品延伸服务
(Product Extension Service)

Mode 2
产品功能性服务
Product Function Service)

Mode 3
整体性解决方案
(Integrated Solution)

③ 制造业者提供的是一套解决方案/结果，包含三大元素：服务、产品和系统，以响应顾客的需求

图1　制造企业服务增强的三种基本模式

3.1.1　产品延伸服务

产品延伸服务是指制造企业以产品全生命周期的概念，提供顾客需要的服务，强化与顾客之间的关系。制造企业不再仅仅关注实物产品的生产，从最早提供的直接与某一特定产品或一组产品相关联的服务（如产品保证、修理服务、安装服务等）扩大到现在的全周期的顾客消费性服务，涵盖了售前、售中、售后。售前服务，就是帮助顾客做出购买决策和产品采纳的服务，如产品描述，从以商店陈列展示为主，到电视广播的宣传，再发展到网络上产品详细信息的发布。售中服务，在销售方面从普通的商铺销售到大卖场的店员引导购物，再发展到现在的专卖店选购和网络订货，从技术、服务内容上引导顾客选购。其他相关的还有产品安装、培训、租赁和贷款等。售后服务，从顾客主动到商店进行维修，到企业的上门保修，再发展到现在的定期回访检查和旧物回收，包括所有使顾客对所购买产品满意的服务，如维修、检查升级、错误补偿等。

在飞机发动机制造和服务方面，普惠公司可谓是世界领先者，除了提供发动机大修和修理服务外，它还提供航线维护、发动机监测与诊断、发动机环境友好型在机清洗、发动机租赁、客户发动机服务计划以及提供新部件、修理部件等各种服务。普惠发动机公司提供了"从机头到机尾"的一条龙维修服务，这样，客户飞机飞行时间将会更长，航班延误和取消将减少，经停时间将缩短，备发和备件也将减少。"从机头到机尾"的全面维修服务通过预防维修理念和信息管理可以减少备件库存。这些一连串的效益必将对降低拥有成本产生积极影响。

3.1.2　产品功能性服务

产品功能性服务是指产品的所有权仍在制造商，制造商提供的是产品的功能，顾客买的是产品的功

①　陈信宏，余佩儒．"2.5产业"之制造服务化［EB/OL］．http：//economic. ccu. edu. tw/economic/academic/master_paper/090309seminar. ppt.

能而非产品本身。产品功能性服务对制造者而言，产品变成传达该功能的一项工具，产品本身并非目的，对顾客而言，功能为附加值的来源。顾客付费以使用该资产，而非购买它；供应商提供功能，而非产品。这是一种新的交易模式，制造企业摆脱过去以产品本身为主的交易要件，改为提供产品的功能或者使用权。

英国罗尔斯·罗伊斯公司（以下简称罗罗公司）是全球最大的航空发动机制造商之一。作为波音、空客等飞机制造企业的供应商，罗罗公司并不直接向它们出售发动机，而是以"租用服务时间"的形式出售，并承诺在对方的租用时间段内，承担一切保养、维修服务。罗罗公司在每个机场都派驻专门的修理工，一旦发动机出现故障便能及时响应。这种"以租代售"的方式就是典型的产品功能性服务。近年来，该公司将服务扩展到发动机维护、发动机租赁和发动机数据分析管理等领域，通过服务合同绑定客户来增加服务收入[①]。

3.1.3 整体性解决方案

整体性解决方案是指制造业者提供的是一套解决方案/结果，包含三大元素：服务、产品和系统，以响应顾客的需求。整体性解决方案是以客户的消费需求为中心，为客户提供"一体化"服务。整体性解决方案是现代商业服务的必然产物，在不同行业中整体性解决方案的形式不一样，但其宗旨都是一样的，即以消费需求为中心。在产品高度同质化的今天，整体性解决方案通过创造，提供集成的一站式服务，改变利润增长点，创造新的盈利模式。整体性解决方案不仅提供产品的销售，还提供相关的技术服务、维修保养服务、使用培训服务、金融保险服务等系列服务，目的是扩大销售和从服务上增值。

汽车制造商原来通常从油漆制造商那里购买油漆，由自己的员工完成油漆工序；从电脑制造商那里购买计算机相关设备，由内部人员进行企业内部的信息化管理。现在它们不再向相关的产品制造商购买产品，而是取消内部服务环节改向其购买整套解决方案，即我们通常所说的"产品—服务包"，如福特汽车公司不再向杜邦公司购买油漆，而是将油漆服务的整个过程交给杜邦公司完成；通用汽车公司不再向IBM购买计算机设备，而是从它那里购买整套信息化解决方案。

3.2 制造企业服务增强的发展路径

制造企业服务增强的演化经过三个阶段：第一阶段，制造企业仅提供产品，其注意力集中在生产高质量的产品上，但是不能完全满足顾客的需求，顾客还需要制造企业提供一些服务。第二阶段，制造企业提供"产品+服务"，典型的就是售后服务，例如物品的安装、维护和修理等。显然，这些服务被看做产品的附加物，同时也是产品的必要组成部分。第三阶段，提供"产品—服务包"阶段，服务被看做产品的重要组成部分，由物品和服务构成整体解决方案来满足顾客的需求，产品和服务可以在产品生命周期的任何一个阶段相互关联而形成一个"包"。制造企业在这三个演化阶段中，企业、客户的价值得到了共同增加。

制造企业按服务提供能力可分为不同的等级，由低到高依次为制造能力、系统整合、营运服务和服务提供；而按提供的目标可分为不同的层次，由低到高依次为提供产品、协助客户解决运营过程中的问题、提供一体化方案[②]。如果把服务提供的目标和服务提供的能力结合起来，可以构成一个二维图（见图2），其中产品的特性从低到高进行延伸，比如产品的定制化程度、产品架构的复杂度和设备的使用年限与成本；而使用者的角色也在变化，由产品接受者到信息提供者，再到价值共创者。

① 孙礼鹏，周日新. 大飞机风云［M］. 北京：北京航空航天大学出版社，2008：222-224.

② Davies，A. C.. Moving base into high-value integrated solutions：A value stream approach［J］. *Industrial and Corporate Change*，2004，13(5)：727-756.

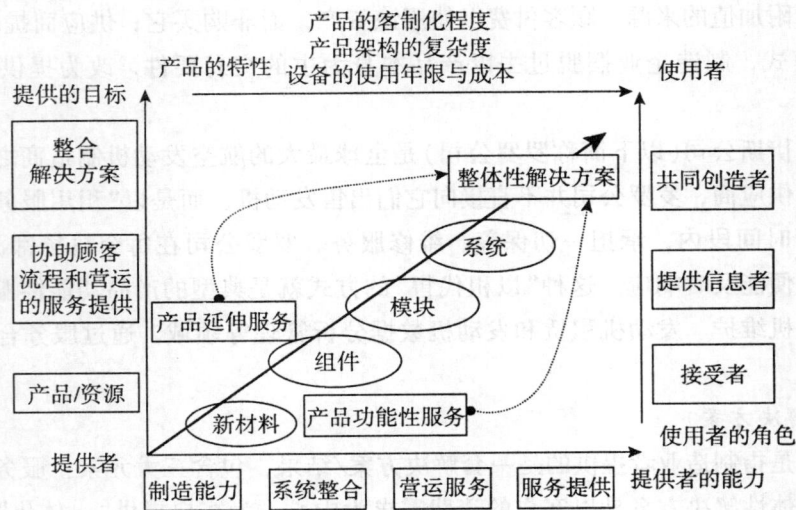

图2 服务增强的演化趋势

从产品提供者到服务使用者的变化过程中，产品功能在发生变化，由原材料、组件到模块和系统①。沿着产品轴线，服务增强主要有两条发展路径：一条路径是由产品延伸服务向整体性解决方案转化，另一条路径是由产品功能性服务逐渐向整体性解决方案转化。实际上大部分制造企业的服务增强就是由产品提供者向服务提供者转变的动态变化过程。

在服务增强的发展过程中，服务提供者和服务使用者之间发生互动，主要表现如下：

3.2.1 提供者的变化

最初制造企业只是纯粹的产品生产者与提供者，企业的主要业务集中于生产和销售核心产品，不重视服务。服务在企业业务中的比例非常少，这是典型的生产型制造。随后，企业开始协助顾客流程和营运的服务提供，其业务仍然集中于生产和销售核心产品，服务只作为产品市场战略中的一种附加品，企业通过提供产品的维修、培训、技术咨询等服务并不直接为企业创造价值，带来利润，而仅仅是企业产品竞争的延伸和组成部分，服务被视为成本或费用的产生者。接着，制造企业借助服务差别化来满足客户的需求，制造企业将有形产品和一系列无形服务捆绑在一起为客户"提供服务增强型产品"。在这一阶段，企业在有形产品基础上增加服务功能，由此使产品增值，服务成为产品增值和价值创新的重要途径。现在，企业战略的出发点不再是能提供什么产品和服务，而是能够及如何为它的客户解决存在的问题。现代企业通过获取必要的技能和资源来为客户提供解决问题的整体方案，而不是通过单个产品或单个服务来获取竞争优势。此时产品是作为向客户提供解决方案的服务中的一部分，服务仍然依托产品而存在，但产品的生产和销售已不构成企业主要的竞争力，其所售的产品只是服务的附加品，服务本身才是吸引客户的因素，成为获取竞争优势的重要手段。

3.2.2 使用者的变化

在最初阶段，客户的消费意识还不成熟，对服务很少提出要求，此时客户只是产品的接受者。随后，客户逐步成熟并开始对服务产生需求，由于客户希望得到比产品本身更多的服务，如购买时的技术咨询服务、运输安装服务及售后的维修服务等，客户需求的变化使制造企业开始提供服务，此时，客户是信

---

① Kalliokoski, P., Andersson, G., Salminen, V., and Hemilä, J.. BestServ feasability study final report［R］. Kerava：Technology Industries of Finland, 2004：159-165.

息的提供者。最后，客户的定制需求和个性化需求出现了，成为价值的创造者。

3.2.3 产品特性的变化

制造企业在开展服务业务的过程中，无论是通过服务增强产品的价值，还是通过服务本身独立创造价值，都离不开有形产品的支撑。有形产品是制造企业提供无形服务的载体。由于客户个性化的要求，产品的定制化程度越来越高了，产品的设计越来越人性化。

制造企业与客户转换原有的简单供求关系，建立互动创新关系成为制造企业提高服务效率，获得竞争优势的新模式。由此可见，通过以服务为切入点，重塑客企的供求关系，以客户需求为中心，实现制造企业服务化，并与之互动开展服务型生产，企业将有望获得较大竞争力，从而实现制造企业与客户的价值共创。

4. 民用航空发动机服务增强的案例分析

英国罗罗公司是全球著名的发动机制造商之一，它最著名的是军用和民用发动机，目前它是全球第二大军用发动机和第二大民用发动机制造商。罗罗公司率先提出服务化转型战略，并在竞争中脱颖而出，逐步确立了全球三大航空发动机制造商之一的地位，它除了销售其旗下的各型发动机外，还为发动机用户提供发动机大修服务和发动机全面技术服务。

罗罗公司将制造商为航空公司提供的服务分为三个阶段：过去的技术支持、现在的全面服务、未来的资产管理。在航空发动机售出前，罗罗公司就承诺向客户提供全面技术支援，除了配备先进的诊断系统以外，还设立了完善的后勤保障系统和快捷的维修体系等。诊断系统可以及时发现与飞机引擎相关的问题，维修人员可以在飞机到达以前准备好所需的零部件，设计好各种解决方案，确保飞机引擎能在飞行过程中正常运行。罗罗公司在每个机场都派驻专门的修理工，一旦发动机出现故障便能及时响应。近年来，公司将服务扩展到发动机维护、发动机租赁和发动机数据分析管理等领域，通过服务合同绑定客户，增加服务收入。据了解，公司销售的现代喷气发动机中55%以上都签订了服务协议，服务收入占到公司总收入的一半以上。罗罗公司的服务领域涉及民用航空服务、军用航空服务、船舶服务、能源服务和金融服务，公司的服务性收入已经超过总收入的50%。

罗罗公司的服务转型和服务增强主要经历了以下几个阶段：

起初，罗罗公司创造性地向航空公司提供产品功能性服务。全面维护是罗罗公司为满足不同的客户需求提供的一种灵活服务。航空公司根据双方协商认可的发动机单位飞行小时费用付费，由罗罗公司为发动机的支援和维修提供一个优化的解决方案。"全面维护"协议与客户确定的是一种长期的伙伴关系，合同期通常是10~15年，也可覆盖发动机的全寿命期。自2001年以来，罗罗公司80%的新发动机订单或客户都选择了"全面维护"。在此推动下，罗罗公司发动机市场份额不断增长，已赢得全世界大型发动机市场50%的份额。罗罗公司60%的销售收入来自于其售后服务市场。

后来，罗罗公司开始向航空公司提供产品延伸性服务。罗罗公司为公司用或个人用公务机提供从零部件管理到发动机大修的一整套发动机维护服务。该服务可以让客户清楚地了解维护的成本开支，并预测出发动机未来的飞行时间。具体服务项目包括发动机管理计划、发动机状态监测等。目前，罗罗公司的BR710、Tay611、AE3007系列发动机可以接受公司维护服务。

当前，罗罗公司向客户提供整体性解决方案。一体化的任务解决方案是罗罗公司在军用航空服务领域提出的服务理念。军队一方面面临着极具挑战性和变革性的环境，另一方面还要肩负优化战斗部署和降低维护成本的任务。整体任务解决方案就是由罗罗公司根据军队的这种需要而提供定制化的服务解决方案，从低到高分为若干服务级别供军队选择，即基础服务支持、初级服务支持、高级服务支持、全面服务支持和延伸服务支持。

通过实施服务化战略转型，罗罗公司管理的发动机机队市场份额已经从 2006 年的 48% 提升到 55%，从目前 Trent 系列发动机的交付趋势看，未来将达到 77%。英国国防部和美国国防部已经接受了罗罗公司全生命周期合同的理念，仅 2007 年，英国国防部和罗罗公司签署了 10 亿英镑的合同，用于支持英国核潜艇动力单元。在能源业务领域，BP 公司和罗罗公司已经签署了第二份全面维护合同①。

5. 结论

服务增强作为一项新兴的制造企业竞争力提升的策略，对于我国制造企业在新经济环境下通过服务来增强自身竞争力以及盈利水平有着重要意义。本文借鉴和总结了国内外学者在服务增强领域的已有成果，对制造企业服务增强的发展模式和发展路径进行分析，并进一步结合英国罗罗公司航空发动机服务增强的案例进行了分析。文章主要结论有：

（1）制造企业服务增强的趋势越来越明显，服务型制造是制造业和服务业整合发展的新模式，从生产型制造向服务型制造转变已成为当今制造业发展的大趋势。随着现代技术的发展，从提供技术到提供产品转向提供整体性解决方案，创新也从技术创新到价值创新。

（2）制造企业服务增强有三种典型模式：产品功能性服务、产品延伸服务和整体性解决方案，前两者属基本性服务增强，第三者属提升性服务增强。

（3）制造企业服务增强演化路径主要有两条：一条路径是从产品功能性服务向整体性解决方案转化；另一条路径是从产品延伸服务向整体性解决方案转化。在转化过程中，企业和客户的价值得到了共同增加。

（作者电子邮箱：pbh21@163.com）

◎ 参考文献

[1] 柏昊，徐捷. 服务增强在制造业企业产品创新中的作用研究[J]. 华东经济管理，2006，10(10).

[2] 戴志强. 制造业服务化的取向[J]. 中国中小企业，2007，7.

[3] 蔺雷，吴贵生. 服务创新 [M]. 清华大学出版社，2003.

[4] 蔺雷，吴贵生. 制造业的服务增强研究：起源、现状与发展[J]. 科研管理，2006，27(1).

[5] 刘继国. 制造业中间投入服务化趋势分析——基于 OECD 中 9 个国家的宏观实证[J]. 经济与管理，2006，6.

[6] 刘明宇，芮明杰，姚凯. 生产性服务价值链嵌入与制造业升级的协同演进关系研究[J]. 中国工业经济，2010，8.

[7] 孙礼鹏，周日新. 大飞机风云[M]. 北京：北京航空航天大学出版社，2008.

[8] 杨圆圆. 基于供应链的制造企业服务增强的研究[D]. 上海：华东理工大学，2010.

[9] 张竟浩. 基于适配理论的制造企业服务创新战略路径研究[D]. 大连：大连理工大学，2010.

[10] Brady, T., and Davtesa, Ganndm. Creating value by delivering integrated solutions [J]. *International Journal of Project Management*, 2005, 23.

---

① 黄毓敏. 罗尔斯·罗伊斯公司：全面动力系统方案领跑者[EB/OL]. http：//chinaneast. xinhuanet. com/zhuanti/2008-08/20/content_ 14165123. htm.

[11] Burger, S. , and Lester, S.. *Made by Hong Kong* [M]. Oxford University Press, 1997.

[12] Davies, A. C.. Moving base into high-value integrated solutions: A value stream approach[J]. *Industrial and Corporate Change*, 2004, 13(5).

Analysis on the Model and Trace of Service Enhancement for Manufacturing Enterprise

Peng Benhong[1]   Duan Yiqun [2]

(1 School of Economics and Management of Nanjing University of Information Science and Technology, Nanjing, 210044;

2 China Institute of Manufacturing Development of Nanjing University of Information Science and Technology, Nanjing, 210044)

Abstract: The service enhancement has become an important means of manufacturing enterprises to improve their competitive advantage. Typical patterns of manufacturing enterprise service enhancement are analyzed, which include product extension services, product features service, and holistic solutions. There are two evolutionary paths, which one is from extension services to the transformation of the overall solution, and another is from product functional solution to the integrity transformation. Typical aero-engine corporate case about dynamic process of transformation of its services is analyzed, which provides thought for manufacturing enterprise's service strategy.

Key words: Service enhancement; Development model; Evolutionary trace

论民营企业在国家自主创新示范区中的
定位与新发展模式

● 朱志伟[1]　周茂荣[2]

（1，2 武汉大学经济与管理学院　武汉　430072）

【摘　要】大规模产业技术创新的根本不仅在于政策的支持与资本的充裕，更在于对人这一最关键生产要素创新精神的根本解放和创新实践的充分支持。建设国家自主创新示范区的目的应包括三个方面：一是从技术角度，加快培育获得以自主创新为主的新技术优势；二是从国际分工定位的角度，通过促进生产要素禀赋的创新整合，形成中国"劳动力＋智力"新的国际竞争优势；三是从国家经济基础的角度，探索各经济主体特别是民营企业在国家未来经济生活中的角色职能定位，明晰并优化"中国模式"的未来发展路径。

【关键词】自主创新　示范区　经济模式

2009 年 3 月与 12 月，国务院分别批复在北京市中关村科技园区与武汉东湖新技术开发区建设国家自主创新示范区。我国国家自主创新示范区的成立涵盖了打造国家创新体系（National Innovation System，NIS）和建设区域创新系统（Regional Innovation System，RIS）的范畴，同时也与中国经济的转型发展紧密相关。

1. 相关文献综述

"创新"的概念源于熊彼特（J. A. Schumpeter）1912 年在《经济发展理论》中提出"企业家对生产要素新的组合"，他将创新视为现代经济发展的核心，认为创新不仅包括新产品、新方法、新市场，也包括实行新的组织形式。

在此基础上，Freeman 在总结发达国家经验的基础上，提出国家创新体系（NIS）的概念。他认为，历史上技术领先国家从英国到德国、美国再到日本的发展变化，就是国家创新体系演变的结果。对 NIS 的研究沿两个路径展开。一个是以企业的技术创新和发明为起点的微观"直线型"研究，即创新学说；另一个是以制度安排和国家为研究主导的宏观"系统型"研究，即国家学说。创新学说沿着技术创新研究的时间脉络有企业技术创新体系、产业体系、区域体系、国家体系四个不同的侧重点，而国家学说则对区域、产业、企业体系开展系统的不同于创新学说角度的研究。创新学说和国家学说分别从企业和国家体系研究出发，二者交汇于产业体系、区域体系。路甬祥认为 NIS 是由科研机构、大学、企业及政府等组成的网络，它能够更加有效地提升创新能力和创新效率，使科学技术与社会经济融为一体，协调发展。

对于 NIS 的主要研究内容，OECD 的定义包括：一是创新型企业的识别、定义、特征描述及其培育体系；二是对不同知识生产者(企业、大学、科研院所)的知识创新培育研究，以及相互知识流动和耦合研究；三是公共部门对知识创新的支撑体系和协同研究；四是国家体系的国际化和空间外延性研究。

随着世界经济发展呈现更多的区域化特征，区域创新系统(RIS)的概念由英国卡迪里大学的库克(Philip Nicholas Cooke)于1992年首次提出并定义为"主要是由在地理上相互分工与关联的生产企业、研究机构和高等教育机构等构成的区域性组织系统，该系统支持并产生创新"。中国从20世纪90年代末开始在NIS框架内关注RIS的研究。目前对RIS的结构学界已取得基本共识，认为其主体要素包括企业、中介服务机构、大学和科研机构、政府部门等。其中的主体是企业，它是区域创新活动的执行者；中介组织是纽带；大学和科研机构是知识创新的来源；政府是区域创新政策的制定者。

2. 从建设自主创新示范区的目的看民营企业在未来发展中的作用

建设国家自主创新示范区的选拔标准和享受的政策力度大大超过了国务院近年来在一些城市和地区批准的综合配套改革试验区。其目的是通过示范区的试验，推动我国高科技产业引领经济发展模式转型，对中国未来的改革意义深远。因此，有必要对国家自主创新示范区的定位及对中国未来经济模式的影响进行系统的梳理，从而在示范区建设的起步阶段就明晰目标，引导各参与主体职责的科学分工，既要避免传统简单投资拉动型增长的"拔苗助长"，又要防止相关产业在幼年期就成为被各类利益主体瓜分的"盛宴"和"搭便车"的温床，形成错误的"路径依赖"。

在中央政府寄予厚望，地方政府摩拳擦掌地出台一系列鼓励、支持、引导型政策的同时，笔者认为更应该从建设国家自主创新示范区的目的入手制定长期战略，提高相关措施的层次与针对性。建设示范区的目的应包括3个方面：

一是从技术角度，加快培育获得以自主创新为主的新技术优势。"近百年来，凡是能够成功应对重大危机的国家……都把科技创新作为发展战略的核心……强调通过实施科技重大专项突破产业关键技术、提升企业自主创新能力、培育高新技术产业集群、动员科技力量服务企业等措施来推动我国经济尽快地走上创新驱动、协调持续发展的轨道。"(刘延东，2010)

二是从国际分工定位的角度，通过促进生产要素的创新整合，形成中国新的国际竞争优势。人力资源优势是我国的禀赋优势，但以出口为导向，高能耗、低附加值的劳动力密集型产业为主要特征的传统"中国模式"对外在全球经济失衡的大背景下面临低碳经济、高能源价格和贸易保护主义的多重压力，对内既要面对高污染成本、产能过剩，更要应对低附加值导致低工资造成的内需提振乏力。因此，以智力密集型、创新型企业为龙头，整合形成劳动力、智力密集型优势产业，以"劳动力+智力"的新要素禀赋作为中国参与国际分工的基础，一方面能提升中国的国际分工地位，另一方面通过较大幅度提高人力资本的报酬，提高国内市场的消费能力。

三是从国家经济基础的角度，探索各经济主体在国家未来经济生活中的角色职能定位，明晰并优化"中国模式"的未来发展路径。GDP导向投资拉动型的发展模式取得了巨大的成功，也带来了一系列问题。较突出的是各级政府机构臃肿，利益部门对市场干预越位和错位矛盾突出；央企垄断地位日益巩固，形成的资源洼地吸收和消耗了大量的社会资源，同时对基础研发与提升持续发展能力的长期性基础工作动力不足；多数民营企业要么依赖于央企的上下游产业，要么游走于各级政府部门寻求政策空间，追求非生产性收益。结果就是中国缺少开展大规模系统自主创新的主体。建设国家自主创新示范区，必然要有一批能带头的"龙头企业"，必然要求包括各级政府在内的各个经济主体与实现自主创新的内在需求相适应，从而为"中国模式"的未来发展探索新的道路。

为实现这些目标，民营企业在自主创新产业中的发展具备先天的优势。首先，民营企业较国有企业更具有市场的敏感性，对新技术的应用反应更快。其次，为打破传统的垄断和取得市场包括资本市场的认可，创新是民营企业获得竞争优势的重要手段。最后，传统资源密集型的民营企业正面临转型困境，迫切需要新的发展机遇。民营企业在自主创新示范区的发展中大有可为。

3. 民营企业与其他相关主体在自主创新发展中的定位

3.1 创新发展中的政府职能转变与国有企业变革

政府和国有企业在自主创新示范区的发展中都将发挥重要作用，但自主创新的主体是企业，特别是最具创新动机和创新活力的民营企业。这是由政府、国有企业、民营企业自身的特点决定的。

（1）政府在示范区建设中的优势与局限。

无论是汶川地震救援、举办北京奥运会，还是"两弹一星"、载人航天，"集中力量办大事"的公共治理模式在中国的社会制度框架下体现了巨大的价值。但是，这种"集中力量办大事"治理模式在国家自主创新示范区的建设中是有局限的，不能盲目迷信其作用效果和夸大其作用范围，要防止对该体制下行政手段的滥用和对市场资源配置方式的扭曲。

一是决策是否科学是"集中力量办大事"能否成功的前提。决策的民主和集中如果没有制度的保证，行政力量的预算软约束将成为"长官意志"的"助燃剂"。同时，决策的科学性还为政府内部的权限或利益博弈所影响，中央与地方、各部门之间，在长期战略与具体路径上存在矛盾。二是行政传导机制在执行过程中易为部门利益和地方利益所干扰变形。三是"集中力量办大事"不能替代经济体系深入改革的内在要求。项目能否成功在于是否将项目实施的国家意志转化成各参与阶层自我激发、主动参与的个体意识。这是在特殊时期的特殊阶段，针对具体项目采取的专门机制，既不能将其长期化、绝对化、普遍化，也要注意最大限度地争取最广大人民群众的理解和支持。如果把这一体制简单归纳为行政权力对市场规则的替代，只会干扰改革的市场化导向，成为权力"寻租"的温床和挡箭牌。四是"集中力量办大事"不能有效处理生产与分配的矛盾。行政力量可以把各种资源集于一处，但无法保证分配的效率与公平，不能形成长期有效的激励机制。

在自主创新示范区的建设中，各级政府在积极支持、扶持其发展的过程中，在采用"集中力量办大事"的治理模式的同时，也要理性认识政府在推动经济创新中的局限性，自觉遵循经济规律，对简单盲目的规模扩张的冲动加以约束。自主创新示范区的目的不是在实验室里研发出若干项先进技术，而是在宏观层面结合中国"劳动力+智力"的要素禀赋优势和社会制度优势，在微观层面形成若干科技研发、生产组织、销售模式等方面自主创新龙头企业带动的产业集群。

从自主创新示范区的特征来看，政府在示范区建设的过程中只能起引导而不是主导的作用。一方面，行政行为与创新行为的逻辑不完全一致。创新是一个破而后立的过程，而政府行为的背后，更多的是渐进性的改良过程。另一方面，政府主导下的市场环境与创新所需要的市场环境不一致。当政策的影响存在巨大市场价值时，短期化的寻租行为、对行政手段的依赖产生的利益链条与产业创新的内在逻辑（创新的长期性，对创新精神与市场规则的尊重，对原有组织结构和利益生产、分配和交换模式的否定）存在根本对立，将制约对新组织形式的创新和新市场规则的产生。

因此，政府在示范区的建设中，应该扬弃单纯依赖投资拉动的心态，需要对原有经济管理和服务方式进行变革，改变行政权力的牟利导向，突出其社会价值，不直接干涉社会资源的分配和交易环节，重点做好交易环境的建设与服务，从政策层面加强引导，减少经营和交易成本，规范和鼓励重点要素在分配中的角色。

（2）国有企业在自主创新过程中的变革。

一是从垄断优势到竞争市场。建立在规模优势和特许经营基础上的大型国企在未来将面临市场环境三个方面的转变：首先，市场在对外日益开放的同时，对内放开的步伐也随之加快；其次，以低碳环保、高科技、信息化、生活化为主要消费导向的新产品将逐步成为消费市场的主流；最后，以低碳生产和信息化为主要特征的产品研发、生产、销售体系在发生巨大变革。因此，未来的竞争包括市场的竞争、产品的竞争和经营模式的竞争，传统的垄断优势将难以为继。

二是专业人才流失的威胁。大型国企专业人才，包括掌握市场资源和行业信息的经营管理人才、专家型的研发人员以及掌握专业技术和工艺流程的技术生产人员，在面对市场价值的提高与自主创业的吸引时，可能发生大面积的流失。特别是在国企的大背景下，当以"突出贡献"为理由对平均导向的收益分配体系进行改革时，"专业导向"往往会异化为"行政导向"，这可能加速专家型的研发人员和高级技术生产人员的不满与流失。

三是对国企价值的重新认识。以"抓大放小"为主导的上一轮国企改革缔造了一批企业"航母"，保证了政府对经济命脉的控制力。与此同时，对这些企业经营业绩如何科学评价也日益引起关注，关注的焦点主要集中在对企业利润的认识上，主要观点包括：

①企业的利润大小不等同于企业的市场竞争实力，进一步，这种为迎合当期业绩表现的经营思路会更加突出国企的短期化行为和简单规模扩张的思路。

②企业的利润应区分来自主营业务收入还是主营营业外收入。

③企业利润与社会责任的关系，企业在追求收益最大化的过程中确实不能在法律层面要求其承担法律之外的社会义务，但是当企业的利润主要来自特许经营，且企业利用这种垄断地位进一步攫取消费者剩余，而这种超额收益又为企业内部人提供远高于社会平均水平的工资和各项福利性支出时，其合理性当然会被社会质疑。

因此，大型国企要大规模开展自主创新就必须进行脱胎换骨式的变革，一种可能的途径是以这些企业为母体，孕育和壮大面向竞争市场、人员组织精干专业、以新的市场规则和内部规则运行的新型国企，在企业管理方式上，即便是国有控股模式，也要以市场评价体系取代控股方各级代理人（甚至是各级行政领导直接介入）的评价体系。

3.2 民营企业在创新发展中的机遇

建设国家自主创新示范区应以增强区域创新的内生动力为重点，建立风险分担机制和利益补偿机制，激活各主体创业创新的积极性和主动性（辜胜阻、王敏，2011）。因此，建立自主创新示范区的落脚点是形成一大批面对未来国际经济环境，对内有效发挥要素禀赋优势，具备核心竞争力的企业。面对未来越来越开放的竞争环境，以及新的生活消费模式下的新需求，示范区的国有企业和民营企业都将开始涅槃式的转型。其中，民营企业将成为最具活力的因素，自主创新示范区将推动民营企业改变在传统发展模式中的依附地位，推动中国经济发展模式的转型。

民营企业转型和产业升级的难点在于其在产业链中处于依附地位，在传统市场自然无法脱离既有的生产模式和盈利模式去进行全新的拓展。而适应未来市场的示范区，为民营企业和民营资本提供了通过自主创新获取控制地位的可能。

一是示范区建设引导民营资本走向长期投资。从"炒楼"、"炒煤"到"炒大蒜"、"炒绿豆"，民营资本种种的短期炒作行为一直受到舆论的指责，但这种短期炒作行为反映了国内市场对民营资本开放不充分，经济转型期间劳动力密集型产业对市场风险和汇率风险抵抗力低，在经济秩序监管缺位和越位的情况下存在大量的寻租空间。这种短期行为注定是中国经济改革过程中的阶段性产物，而这个时期持续的时间长短也是中国经济真正走向一种成熟的可持续增长的经济模式的过程。一个规范运行的自主创新示范区将对民营资本提供一种为长期的高增长、高回报而长期投资的吸引力。更多资金将从原材料和消费品市场流向研发生产环节。

二是示范区建设引导民营企业成为新产业龙头。在由一个相对公平的新起点和无数成长方向组成的新赛场上，民营企业可以通过横向规模的扩张，以及纵向产业链上下游的延伸，成为新产业的龙头。

三是示范区建设带动民营科技实力的飞跃。在自主创新示范区的产业特征要求下，在民营资本长期投资导向指引下，在民营企业获取新产业龙头地位的过程中，民营科技将实现从实用新型到基础技术领域的系统建设的转变。

四是示范区建设推动民营经济的人才成长。着眼于长期经营的自主创新型企业的成长过程自然也是一批具备企业家精神的高端经营管理人才的成长过程。同时，创新型企业会创造出一大批技术型企业家（或者是相当一部分技术专家成为企业家）和具有管理创新意识的企业家。

4. 推动民营企业自主创新发展的主要措施

4.1 政府推动民营企业自主创新的主要措施

在示范区的建设中，政府要推动企业特别是民营企业自主创新的发展，主要要做好四个方面的工作：

一是要建设一个公平、开放的制度环境。在制度环境上，打造透明、简化、高效、公平的审批和管理环境；在园区建设上，要充分体现其外部经济性，即不允许对园区土地和配套设施的垄断性定价，同时积极完善园区的基础设施建设；在扶植政策上，一方面对补贴和政府采购要明确其目的，是为推动特定行业、企业迅速成长，提升市场竞争能力的阶梯，而不是在市场之外，人为创造租金，成为一场一次性的盛宴，要加大对民营企业的主动扶持；另一方面，要善于运用绿色壁垒、原产地规则、技术标准等软手段加强对幼稚战略性产业的保护。此外，要保护民营企业自主创新，就必须严厉打击侵犯知识产权的行为，鼓励创新者安心创业，创业者积极创新。

二是加大对创新型民营企业的财税支持与保护。在财政税收上，一方面，加大科技研究和产品应用上的补贴。支持民营企业承担国家和地方在科技创新、环境保护等方面的重大课题，对民营企业创新产品特别是环保节能产品的生产应用给予补贴或者政府贴息。另一方面，加大税收优惠政策的倾斜，加大企业研发投入的税前抵扣，按销售收入提取科技开发基金，鼓励企业加快研发设备的折旧。

三是扶持民营经济"龙头"企业和产业集群。就一些重大产业项目，政府应发挥中国的制度优势，组织不同层面的系统创新工程。鼓励和引导一批竞争力强、拥有自主知识产权的骨干民营企业参与，成为在各自行业中的领头羊，能够形成主动带动其他中小民营企业配套发展的大型民营企业集团。围绕所在区域的经济特点，建设一批由具有自主创新核心竞争力的骨干企业为龙头，有自主品牌和专业规模市场的产业集群。

四是推动针对民营企业的资本市场建设。首先是面向创新型民营企业的融资平台，方便企业创新筹资。具体包括由政府财政出资成立中小企业信用担保机构并支持建立创业投资基金，鼓励成立专门为创新型中小企业服务的区域性民营银行，积极支持和引导各类天使基金和创投资金进入创新民营企业产业"孵化"领域，支持金融租赁业务的发展等等。其次是构建创新型企业的产权交易平台，不仅鼓励有条件的创新型民营企业在创业板上市，还可以在区域内建设产权交易平台，推动创新型民营企业的资本引进。

4.2 民营企业提升自主创新能力的主要措施

民营企业要把握创新机遇，也要针对自身的短板，采取三大措施：

一是通过加强产学研的结合增强自身创新实力。民营企业要成为创新主角，必须借助外力，整合高校、科研机构和其他企业的创新资源，实现产学研的融合。首先在科研人才方面，既壮大企业自身的一大批专业技术人才，也要吸引外部包括学校、科研院所、专业的独立研究机构、其他企业技术中心、市场信息收集研究分析、生产组织和实施、销售等的专家开展不同层面、不同方式的合作。其次在科研机构方面，整合各种外生和内生于企业的研发载体，在整体的技术发展战略（其中相当部分是政府甚至是国家推动）下，形成不同层次的研发分工体系。最后在研发对象上，可以展开面向特定产业的系统创新工程。

二是淡化人才使用上的"血缘文化"。民营企业，特别是创新型民营企业，在用人观念上，要改变任人唯亲、过分集权的"血缘文化"。对业务骨干和专业队伍的激励，要从加工资、发奖金等简单物质激励，转向专业培养、职位提升、股权激励等综合激励方式，调动企业全员、特别是骨干人员参与和实施创新的积极性，建立企业内部的共同利益平台。

三是主动认识和利用资本市场。企业创新具有资金、技术密集型的特点，创新型民营企业的负责人要熟悉不同融资工具的主要特点，积极主动的加以选择应用和长远谋划。在借助外部资金的同时，也有利于创新型民营企业自身的财务规范，以及企业组织架构和治理模式的健康发展。

自主创新示范区是探索中国未来经济发展道路的试验田，示范区中的产业方向、公司治理结构、政府职能、劳资关系（乃至"智"资关系）等等，都将产生深远的影响。在示范区建设中，各经济主体的定位有一个逐步摸索和博弈的过程。民营企业在起步阶段就要以逐步成为新产业龙头为目标，立足于进一步解放和发扬中国丰富的劳动力和智力资源，围绕面向未来社会经济和生活的重点行业的掌控力，以产业化为核心，进行全面的调整和升级，实现民营资本向产业资本转化的良性循环。

（作者电子邮箱：zzwshine@126.com）

◎ 参考文献

[1] 李明星. 韩国科技发展与创新[J]. 企业管理，2006，3.

[2] 李东华. 从技术引进到自主创新——韩国技术跨越的路径分析[J]. 全球科技经济瞭望，2007，6.

[3] 闵京基，潜伟. 韩国中小企业技术创新现状与扶持政策[J]. 科学学研究，2004，6.

[4] 郑小平，司春林. 国家创新体系学术思想形成研究[J]. 研究与发展管理，2006，18.

[5] 辜胜阻，马军伟. 推进国家自主创新示范区建设的政策安排[J]. 财政研究，2010，11.

[6] 辜胜阻，王敏. 国家创新示范区的功能定位与制度安排[J]. 中国科技论坛，2011，9.

[7] 张利斌. 武汉东湖国家自主创新示范区龙头企业的培育研究[J]. 中国经贸导刊，2012，15.

[8] 刘延东. 建设国家自主创新示范区意义重大[N]. 北京日报，2010-4-23.

[9] 毛昭晖. 集中力量办大事：中国式真理[J]. 廉政瞭望，2008，7.

[10] 华民. 比较优势、自主创新、经济增长和收入分配——何为中国未来经济发展之道路？[J]. 复旦学报（社会科学版），2007，5.

[11] 韩忠朝. 把提升企业自主创新能力置于国家战略的高度[J]. 中国科技产业，2005，3.

[12] 崔秀红，李婷. 论自主创新对我国经济发展的意义[J]. 北方经贸，2008，2.

[13] 张旭，陈飞. 从产品反转到技术反转再到自主创新——中国企业的技术创新路径之一[J]. 科技信

息，2006，9.

[14] 杨德林，陈春宝. 模仿创新自主创新与高技术企业成长[J]. 中国软科学，1997，8.

The Position of Private Enterprise in National Independent
Innovation Model District and It's Influence on China's Future Economic Development Model

Zhu Zhiwei[1]   Zhou Maorong[2]

(1, 2 Economic and Management school of Wuhan University, Wuhan, 430072)

Abstract：The essential of technological innovation on a large scale is not only in policy support and abundant capital, but also in the liberation of break-new-ground spirit and sufficient support in innovation practice. The aim of building National Independent Innovation Model District includes three factors：Firstly, from the technological perspective, getting independent innovation-oriented new technological superiority. Secondly, from China's position in international division perspective, founding China's factor endowment of labor – intensive and intelligence – intensive. Thirdly, from China's national economic foundation perspective, showing a distinct image and optimizing the road of China's future development model.

Key words：Independent innovation；Model district；Economic development model

多维视角下的企业环境行为研究

● 李永波

（中国石油大学　青岛　266580）

【摘　要】伴随全球生态环境恶化，有关企业环境行为的研究受到了学者们的广泛关注，且涉及的研究主题较多，层次关系极为复杂。为从纷繁复杂的文献中整理出理论脉络和演进逻辑，本文从环境责任、经济学、组织与管理、企业战略以及动态演进等多维视角对企业环境行为方面的研究成果进行了系统梳理，并进行了简要评述。

【关键词】环境行为　环境规制　环境战略

1. 引言

随着世界范围内工业化进程的加快以及与之相伴的生态环境日益恶化，学者们在注重"从上往下"进行环境政策研究的同时，开始站在企业角度研究多重环境压力下企业的自利反应。由此，有关企业环境行为的研究主题已经成为学术研究的热点问题。

企业环境行为是企业面对来自政府、公众、市场的环境压力，而采取的宏观战略和制度变革、内部具体生产的调整等措施和手段的总称①。从现有文献来看，学术界关于企业环境行为的相关研究，涉及主题较多，层次关系极为复杂。这主要是因为企业内外部的众多因素以及这些因素间的相互作用都会对企业环境行为产生影响，并导致企业环境行为多样化。从企业外部因素看，政府环境规制政策、消费者的绿色需求、公众对企业环境行为监督等社区环境压力、同行业企业竞争、上下游企业合作等因素都会对企业环境行为产生影响，且影响方向和作用力度不同。从企业自身因素看，企业规模、财务状况、技术创新能力、治理结构、企业经理的环境意识以及行业类别等因素，也会造成企业对环境压力感知的差异性，从而使企业具有不同的环境行为和表现。

目前，国内外相关研究对上述主题都有涉及。为从纷繁复杂的文献中整理出理论脉络和演进逻辑主线，本文将依据企业环境行为的研究视角，对相关研究成果进行梳理并进行简要评述，期望为企业环境行为的后续深化研究提供帮助。

---

① 陈雯，Dietrich Soyez，左文芳．工业绿色化：工业环境地理学研究动向［J］．地理研究，2003，9.

2. 企业环境责任视角的相关研究

企业环境行为概念源自企业社会责任理论。20 世纪 60 年代，严重的环境污染问题导致西方发达国家爆发了以保护自然环境、维护生态平衡为宗旨的环境保护运动，抗议企业生产过程中忽视环境保护的行径，要求企业在追求自身经济利益最大化的同时，还应当在生产经营过程中合理利用资源，积极采取措施防治污染，对社会承担保护环境的义务。

从"社会需要企业做什么"的道德要求出发，Carroll（1979）最早提出了企业环境行为的金字塔模型，该模型以经济制度为基础，以法律责任和道德指引作塔身，塔尖是企业谨慎。Carroll（1979）认为，从塔基至塔尖说明了企业目标的演进顺序，其对企业的重要性依次递减，企业环境责任位于金字塔的底部，经济利益的诱导和法律制度的约束促使企业去遵守并履行其环境责任。由于金字塔模型使企业行为与影响企业行为的各个变量间的关系无法显现出来，这导致对企业某一具体行为表现存在多种解释。为建立企业行为和影响变量之间的清晰关联，Schwartz 和 Carroll（2003）在此基础上提出了嵌套圆模型，他们认为，经济、道德和法律是影响企业行为三大驱动因素，这三大因素既相互独立又交互重叠地对企业行为产生影响。根据对企业环境行为驱动因素的不同，企业环境行为可分为经济导向型、道德导向型、法律导向型和平衡导向型四种类型。

无论是金字塔模型还是嵌套圆模型都是建立在"影响企业行为的驱动因素能够被准确识别"这样的严格假设条件之上的，但现实世界中这种假设条件往往难以满足，这是因为对于企业的某种行为人们很难将其界定为纯经济行为还是纯法律行为。基于这样的认识，Wood（1991）建议从产出的角度对企业的环境行为加以评价。Wood 认为，"企业环境行为是在履行社会责任原则的约束下，社会赞同并认可的外显的并影响企业社会关系的一系列产出"①。他以责任原则为投入变量，以社会赞同为生产过程变量，以最终结果为产出变量，提出了评价企业环境行为的三个维度，建立了 Wood 模型。随后，Mitnick（2000）在此模型基础上对评价企业环境行为的价值界定、评价标准和具体考量指标等进行了系统性分析，给出了评价企业"好行为"和"坏行为"的相关环境报告。

近期的研究之中，寻求企业商业决策与环境责任的结合方式，探索如何将企业社会责任（CSR）整合进企业的核心战略框架已成为有关企业环境责任研究的焦点内容。赵曙明（2009）比较了反应性 CSR 和战略性 CSR 的异同，并认为"企业战略的核心是企业的价值命题，如为顾客和其他利益相关者创造价值。因此，企业应该在自己的价值命题中加入社会维度，将社会责任整合进自己的战略框架"。

3. 经济学视角的相关研究

基于经济学视角的相关研究不再将企业实施积极环境行为视为企业的道德责任，而是将其视为企业的功能性选择，研究企业内、外部因素对企业环境行为的影响，以及企业在环境规制等政策影响下所做出的环境行为响应。

在技术范式上，从经济学视角的相关研究秉承新古典经济学对企业的一般假定，将企业视为追求利润最大化的"经济人"，并将其抽象为一个生产函数，认为企业环境行为选择是企业进行成本—收益分析后的理性结果。在研究主题上，主要围绕"波特假说"关于"环境规制与企业竞争力"的理论争论而展开。

传统经济学观点认为，环境规制为厂商追求利润最大化增加了新约束，迫使企业分配资源来降低污

---

① 王凤，王爱琴. 企业环境行为研究新进展[J]. 经济学动态，2012，1：15.

染，增加了企业环境治理成本，降低企业生产率，从而降低对股东的财务回报（Palmer et al.，1995；Walley and Whitehead，1994）。而 Porter 和 Van der Linde（1995）则认为，传统经济学观点是建立在"技术、资源配置和消费者需求都是固定的"这样的静态假设之上的，从动态观点看，恰当设计的环境规制能够促使企业增加研发，一方面通过过程补偿使企业减少污染物的产生和排放，产生较高的资源生产率，从而降低成本；另一方面通过产品补偿使产品价值增加，提高企业的竞争力和获利能力，并且率先进行环境创新的企业可以获得"先动优势"。

"波特假说"的理论争论深化了有关企业环境行为的研究，学者们从"波特假说"的实现路径着手，通过构建理论模型来研究企业实现经济绩效和环境绩效"双赢"的理论条件。从所发展模型的研究思路来看，现有文献主要从以下三个角度对"波特假说"进行解释：（1）发展模型来说明企业环境创新的扩散效应和正的外部性；（2）从非完全市场角度研究企业的环境博弈行为；（3）从企业内部决策角度说明企业环境创新行为。

在有关环境技术扩散效应方面，Xepapadeas 和 de Zeeuw（1999）假设：（1）受环境规制约束的国内企业和不受环境规制的国外企业构成了产品的供给方，其产品出口到第三方国家，且企业的产量决策影响企业产品价格；（2）企业的生产效率和污染程度与企业机器设备的新旧程度有关，新设备具有更高的生产效率和更少的污染。在此假设条件下，Xepapadeas 和 de Zeeuw（1999）证明，环境管制具有生产率提高和利润增加两种效应，一方面，企业可以通过投资于更少污染的新设备而提高生产率；另一方面，即使国内企业不投资于新设备，由于环境规制会导致产量下降，从而导致产品价格上升，这样会阻碍国内厂商利润下降。总体而言，虽然严厉的环境管制政策会激励技术进步，但企业的环境成本降低并没有想象的那么大，"波特双赢"不可能出现。Morh（2001）分析了多家企业供应市场且企业内部由于"学习效应"而存在规模效应的情况，其研究指出，由于企业技术生产率会随着产业积累经验而增加，这导致没有哪家企业愿意承受最初的学习成本，从而使企业出现"后发优势"，而不是波特意义上的"先动优势"。但如果政府强制企业采用新技术且减少污染，短期内企业的利润将下降，但会产生长期的私人利益。Greaker（2006）从环保产业发展的角度研究了环境规制的溢出效应。在他的模型当中，严格环境规制会促进环保产业的发展，从而降低企业环保设备的投资成本，这导致企业的环保投资下降。但由于环保设备厂商可以通过出口将环保设备的价格效应传导至外国厂商，作为价格接受者的污染企业不能通过环境规制构筑竞争优势。

在有关企业环境博弈方面，Simpson 和 Bradford（1996）运用双寡头模型分析了受环境规制约束的国内企业与不受环境规制约束的外国企业之间的博弈策略。其研究指出，严格的环境规制仅仅作为一种承诺工具诱发企业进行环境投资，降低企业的边际成本，一般情况下不能产生竞争优势。Popp（2005）从环境研发不确定性的角度建立了仿真模型。在时期1，企业面临着节能减排的环境规制压力，企业必须决定减少要素投入还是进行环境投资研发；在时期2，由于企业事前不能确定性地知道哪种选择更赢利，只有环境研发的预期利润超过"减少要素投入"的预期利润时，企业才会选择进行环境研发。Popp 的研究表明，环境研发事后可能导致"双赢"结果出现，但环境研发不能完全抵消环境规制成本是更为经常的结果。由此，Popp 认为，环境研发的不确定性是实证研究中出现相互矛盾结果的一个重要原因。

从企业内部决策角度说明企业环境创新的理论模型体现在 Kennedy（1994）以及 Ambec 和 Barla（2002）的研究中。Kennedy（1994）从风险的角度研究了风险厌恶型经理的研发投资决策。由于企业研发存在风险，企业管理者往往选择低于最优研发的投资水平，从而不能使企业实现预期成本的最小化。环境规制的实施提高了企业边际生产成本，并因此提高了企业环境研发的边际价值，这会促使企业经理的环境投资决策接近于最优，进一步导致企业环境成本降低。Ambec 和 Barla（2002）建立了一个委托—代理模型，研究了环境规制对消除管理惰性的积极作用。在该模型中，企业经理（代理人）拥有关于环境研发投资结果的私人信息，为了让代理人显示关于环境投资结果的私人信息，股东（委托人）必须在代理人报告信息时，对代理人提供信息租金补偿。这个租金对于委托人而言是成本，会降低在研发中的投资激励，从而导致管理惰性。Ambec 和 Barla(2002)研究证明，环境规制的实施可以降低信息租金，进而提高环境研发投资，出现波特的"双赢"局面。

对于近年来发达国家企业所表现出的超越环境规制行为，如 ISO14001、美国环保署 33/50 计划等，Boiral(2007)等学者从绿色消费溢价角度做出解释，Segerson 和 Miceli（1998）、Lyon（2003）等学者从交易成本节约和政府可信威胁角度做出解释，他们通过博弈论模型分析指出，强制性规则的威胁导致企业走在更为严格的规则前面。

我国学者黄德春和刘志彪(2006)通过在 Robert 模型中引入技术系数，分析了环境规制对企业生产的影响。结果表明，环境规制在给企业带来直接费用的同时，也会激发一定程度的技术创新，部分或全部抵消这些成本。因此，环境规制可以同时减少污染和提高生产效率。

从以上理论模型可以看出，虽然学者们在不同假设条件下研究了波特"双赢"结果的实现机制，但波特的"双赢"结果对企业而言并不是一个普遍性结论，只有在严格的假设条件下才有可能实现。大量的实证研究也证实了以上论点。

4. 组织与管理视角的相关研究

从组织和管理角度的相关研究把"严格环境规制可以刺激企业环境创新"作为其先验前提，主要研究企业实施积极环境管理的影响因素，旨在通过改善这些因素组合促进企业实施积极环境管理并建立其竞争优势。

Russo 和 Fouts(1997) 考察了物资设备、技术和人员等因素在企业开展绿色环境管理、提高企业经济绩效过程中的调节作用。其研究表明，有效环境管理是企业提升其经营绩效和竞争优势的重要手段，并且企业所处产业的成长速度越快，企业通过开展绿色管理能获得的经济利益就越大。Theyel(2000)从企业规模、所属产业、产权关系角度，对影响企业进行绿色管理的因素做了实证分析。其研究表明，企业的环境管理实践能否有效取决于企业的微观特征。如果企业属于成熟产业，则开展积极环境管理就有助于企业提升竞争优势并改善环境绩效。特别是对于那些污染密集型企业而言，如果企业所处产业的成熟度高，企业更愿意通过实施环保技术创新而不是产品多元化来提升自己的竞争优势。就企业规模对环境管理的影响而言，企业规模越大，越缺乏实施环境管理的动机，就越不可能开展环境创新来减少污染，从而影响企业环境绩效的提升。Dasgupta 等(2000)根据员工人数和销售收入研究了公司规模和环境努力的关系，对此提出了不同观点，认为大公司倾向于更高的环境努力。

Bansal 和 Roth(2000) 认为，企业环境行为选择不仅受"环境问题严重性"、"企业间竞争程度"等方面的影响，还要受到员工个人乃至部门态度的影响，因为绿色环境管理会影响企业内部不同部门或者个人的既得利益。他们从企业内部各部门对外部环境压力变化的感受度角度，研究了企业环境行为的选择机制，并利用英国和日本 55 家企业的调研数据，研究了企业的绿色生态响应活动和环境管理绩效。这种基于利益分歧视角的分析体现了利益相关者理论中有关环境问题的基本观点：驱动企业开展绿色管理、对外部环境做出反应的因素归根结底涉及利益问题。Buysee 和 Verbeke(2003)也认为，企业采取积极环境行为不是源于外部客户和供应商的压力，而更多是源于内部员工或股东等利益相关者的压力。

Christmann(2000)借鉴 Teece(1986)补充性资产①的概念，将组织能力作为一种互补性资产纳入分析，

① Teece(1986)认为，补充性资产可以让企业获得与战略、技术或创新相关利润的资源或能力。在新产品的设计中，企业需要在有利的条件下获得补充的生产和销售设备，缺乏这些补充资产，新产品设计将没有价值。

从技术角度比较了环境技术流程创新和产品创新的财务效果。他认为，企业生产流程创新和执行能力这些绿色管理"最佳实践"互补性资产的存在，是企业获得绿色管理成本优势的前提。组织资源（特别是企业规模、企业领导者的承诺等）、环境资源（如环境员工的数量、任期和经验）、企业对环境绩效监测体系与处理的利用，以及制造工厂对先进制造方法的采用等，都对企业环境绩效的提高具有突出作用。Johannes Fresner（1998）对此所做的实证研究表明，在引入环境管理制度体系后，组织结构与管理制度的创新和优化是企业环境绩效改善的主要原因，其作用效果甚至远远超过技术变化的作用。Ramus 和 Steger（2000）进一步从组织结构设计的角度研究了企业具体特征与企业环境行为的关系。

另外，Cordano 和 Frieze（2000）、Sharma（2000）的研究强调了高层管理者对企业积极环境管理的重要作用，从企业管理者角度分析了企业环境行为的选择过程。他们认为，企业管理者对外部环境威胁和机会的辨识与认知会影响企业的环境行为选择。如果企业开展绿色管理活动伴随高财务回报的商业机会，企业就倾向于选择自愿型环境行为；如果企业管理者认为开展绿色管理活动具有很大的商业风险，企业就倾向于选择服从型环境行为。Daily 和 Huang（2001）则从人力资源管理的视角出发，从系统支撑角度提出了企业环境管理系统—人力资源（EMS-HR）概念模型。他们认为，承诺与政策、规划、实施、测量与评价、检讨与改善五个方面构成了企业的环境管理系统（EMS）。有效实施的企业环境管理系统需要最高管理层、环保培训、员工授权、团队合作和奖惩制度等人力资源（HR）方面支撑。

我国对此研究相对薄弱，叶强生和武亚军（2010）利用问卷调查研究了我国企业环境管理动机；罗兵等（2004）从绿色供应链管理角度研究了企业的环境管理决策。

5. 战略视角的相关研究

基于战略视角的相关研究主要关注竞争优势下企业环境行为选择与企业竞争优势构建，以及企业环境竞争优势的来源，是波特"竞争战略"思想在环境领域的具体运用。

Christmann（2000）认为，对企业环境行为的研究应该将企业环境创新类型与企业竞争优势结合起来。他将企业环境行为分为关注过程的企业环境创新行为和关注产品的企业环境创新行为两类。关注过程的环境创新行为是指企业通过减少"三废"（废水、废气、废渣）排放和原材料投入来降低成本，实施以生产过程为主的环境管理来提高企业的生产效率和经济绩效。关注产品的环境创新行为是指通过产品的再设计来增强产品的绿色成分，以满足消费者的"绿色诉求"，谋求绿色溢价并塑造消费者的品牌偏好。Christmann 的研究表明，关注过程的环境创新行为比关注产品的环境创新行为更能够产生即期的成本节省，因而其成效能够较快地反映在企业的财务报表上，这使得面临短期业绩压力的管理者更易于采纳关注过程的环境创新行为。

沿着这个思路，Renato J. Orsato（2006）将企业环境过程创新和产品创新纳入波特定位理论框架，分析了企业环境行为的选择。Renato J. Orsato 从竞争优势的视角将企业环境行为划分为生态效率（eco-efficiency）、环境成本领先（environmental cost leadership）、超越服从（beyond compliance leadership）和生态品牌（eco-branding）四种战略模式（见图1）。

生态效率是指面对环境治理成本上升，企业通过对生产过程实行"减量化"、"再利用"、"再循环"等流程再造，力求以尽可能少的资源消耗和尽可能小的环境代价实现企业最大效益的行为模式，在实践中表现为"资源—产品—废弃物—再生资源—再生产品"这样一种循环经济的发展模式。环境成本领先是指企业通过产品重新设计以降低企业环境成本的行为模式，如 Ecolean 公司通过对液体食品重新设计立式包装袋而使其包装成本比竞争对手降低25%，从而获得竞争优势。超越服从是指企业不仅致力于提高企业资源利用效率，还将企业所做的环境减污努力让消费者知道的行为模式，目的在于增加消费者的认同感，实现企业产品的环境溢价，如企业自愿进行 ISO4000 系列环境管理体系认证等。生态品牌是指企业为绿色消费者提供环境友好型产品的行为模式，绿色差异化产品增强了企业的市场地位，从而通过产品绿色"溢价"提高企业效益。

Alanen(1996)在波特定位理论基础上提出了"环境—竞争力"矩阵分析方法，他认为，考察环境规制对企业行为的影响，应该注重分析环境规制对企业环境成本和产品差异化的影响(见图2)。

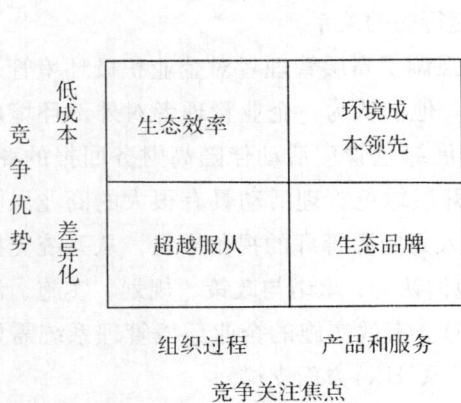

图 1　竞争性企业环境行为模式

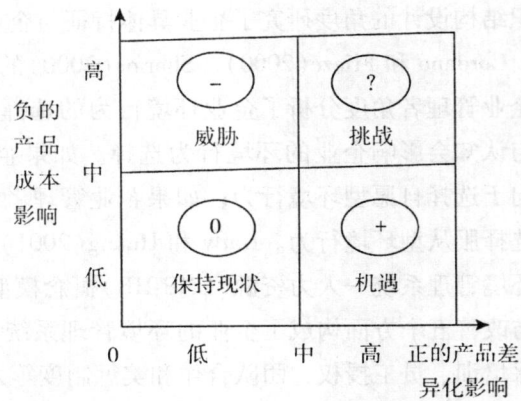

图 2　环境—竞争力矩阵

如图 2 所示，横轴表示环境规制所引起的产品差异化程度，纵轴表示环境规制所引起的企业成本变化程度。横、纵轴体现环境规制对企业技术创新的激励状况，一方面，环境规制可能激发企业进行产品创新，进行差异化生产；另一方面，企业可能通过过程创新以最小化环境规制所施加给企业的环境成本。"威胁"、"挑战"、"保持现状"和"机遇"四个象限分别表示企业所面临的四种不同市场竞争状况，企业将依据其所处位置选择恰当的环境行为。我国学者张嫚(2006)拓展了 Alanen 的研究，她将环境规制实施状况纳入分析框架，考虑了环境规制实施状况、环境规制的成本影响以及产品差异化影响三者之间的相互关系，并在三维空间中描述了企业的行为类型。她认为，企业环境行为选择与企业的环境成本吸纳能力、成本转嫁能力、差异化产品创新能力以及企业市场状况密切相关。

上述基于战略视角的相关文献虽然指出了企业构建环境竞争优势的路径，但没有指出企业环境竞争优势的来源。为进一步探讨企业环境竞争优势的来源，一些经济学家开始从资源、能力等企业特定要素出发对其展开研究。

Hart(1995)提出了基于自然资源的战略理论，该理论认为，企业环境行为选择必然受到企业技术状况、财务状况、管理技能、预防污染的综合能力、持续创新能力、利益相关者关系等可支配资源的影响，企业只有得到特定资源支持时才能产生竞争优势。Hart(1997)区分了五种实施绿色创新行为的关键资源，这五种资源是：基于产品和生产流程投资的常规绿色能力、针对环境问题的员工参与和培训、跨越内部职能的绿色组织能力、正式的环境管理体系和程序、考虑环境问题的战略规划。只有针对企业的这些关键资源进行投资才能有利于企业实施绿色创新行为。Buysse 和 Verbeke(2003)以及 Eiadat 等(2008)根据 Hart 的"关键资源"分类进行了实证检验，其研究结论表明，企业能够通过投资于这五种"关键资源"来实施绿色创新行为。

6. 动态视角的相关研究

除了以上静态分析外，经济学家进一步将企业环境行为的研究深化至动态领域。

1992 年，Teece、Pisano 和 Shuen(1992)提出，对企业竞争行为的分析应该由笼统的"资源"转向有利于形成并维持企业动态能力的路径上来。这是因为企业所拥有的独特资源并不是能够随意改变或更新的，企业资源具有"黏性"特征。因此，企业资源和能力的开发不是一个分析性的问题，而是沿着路径进行演化的。IBM、GE 等大公司面对快速变化的经营环境无力应付，不是由于这些企业所拥有的资源状况，而是因为这些企业失去了动态适应能力。在快速变化的市场环境中，市场垄断和资源垄断都是不能持久的，企业只有不断进行创新才能保持其竞争优势。动态能力是创造并维持企业竞争优势的关键。Hoffman (2001)也认为，企业组织行为不仅仅是对企业所受内外部压力的静态反应，还应考虑组织的动态性调整。

Aragón-Correa 和 Sharma(2003)将以上理论观点运用到企业环境行为研究当中，提出了企业"环境先动优势"的理论分析框架。他们认为，企业特定资源和能力是企业实施绿色管理的主要前提，但企业实施积极环境行为的过程还同时受到诸如企业市场经营环境的复杂性、不确定性以及组织影响和决策反应的不确定性等许多权变因素的调节。在企业环境行为决策上，企业外部商业环境的复杂性和决策反应的不确定性会降低企业实施先动型环境创新行为的可能性和强度；而市场环境的不确定性会增加企业实施先动型环境创新行为的可能性，且企业外部市场环境对异质性企业环境行为越包容，企业实施先动型环境创新的可能性就越大。

Schafer 和 Harvey(1998)从动态角度对美国水电企业环境行为的变迁过程进行了研究。其研究发现，企业对待环境责任的态度经历了成本最小化、成本效益相关和有效环境控制三个相互关联的阶段。在成本最小化阶段，企业关注的焦点就是尽量避免和降低相关成本，企业经理把用在环境保护方面的投资看作企业负担；在成本效益相关阶段，由于环境规制是强制性的，经理们愿意以最小环境服从成本采取措施来改善环境，以满足政府环境规制的标准，并尽可能地避免承担环境责任；在有效环境控制阶段，部分企业开始将环境保护作为其保持可持续竞争优势的手段。

为将复杂的企业环境行为纳入统一的分析框架，Rugman 和 Verbek(1998)将时间维度引入模型对企业的异质性环境行为提供解释。

如图 3 所示，横轴表示环境规制对企业经济绩效和环境绩效的影响，在图中表示为"冲突"和"互补"两个选择。如果企业在提高环境绩效同时提高经济绩效，则说明企业环境绩效与经济绩效是"互补"的，反之就是相互"冲突"的。纵轴中"静态"表示环境规制对企业即时和直接的影响；"动态"则将长期内企业成本管理和技术创新状况纳入考虑。这样，横轴和纵轴将企业对环境规制的反应划分为四个象限。

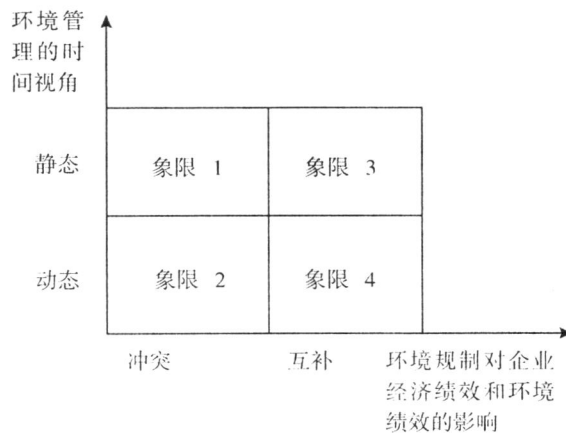

图 3 环境规制下企业环境战略

第一象限体现了传统经济学的观点。在这里，环境规制是强加给企业的额外负担，会降低企业利润。持有这种观点的企业的理性反应是：以消极的态度对待政府环境规制，仅仅服从环境规制的最低标准，不再将环境创新视为企业获取竞争优势的来源。

第二象限体现了 Palmer 等（1995）以及 Walley 和 Whitehead（1994）等经济学家对波特"双赢"观点的批评。他们认为，政府不可能比企业自身更能发现环境冲击所带来的盈利机会，因此政府也就不可能通过适宜的环境规制措施来促进企业环境投资。政府环境规制的出发点不是基于提高企业的竞争力，而是最大化社会环境利益，因此，企业环境成本支付要服从于社会环境利益的改善。即使从长期的角度看，企业也必须从其他有前景的项目中转移资金，减少污染以服从环境规制。当然，在这个过程中，企业会采取措施以最小化环境规制的影响。

第三象限体现了管理学文献中的普遍观点，企业总是能够通过绿色管理以促进企业可持续发展，无论现在还是将来都会改善企业的盈利状况。因此，企业应当树立环保意识，大力加强绿色管理。这种观点也是我国有关环境文献的基本观点。

波特的"双赢"观点体现在第四象限，政府环境规制可以刺激企业环境投资，企业能够通过开发绿色产品进行"产品补偿"，以及通过改善生产流程降低污染成本进行"过程补偿"，提高企业利润。

7. 研究结论及简单述评

通过对现有相关文献的梳理我们可以看到，目前有关企业环境行为的研究已经取得了丰富成果。但由于不同学科的研究视角和研究者的学术主张不同，有关企业环境行为的研究存在一些针锋相对的结论。不同视角的相关研究所关注的问题也存在差异。

基于企业社会责任的相关研究主要从伦理道德方面要求强化企业的环境责任意识，对企业多样化的环境行为缺乏系统的解释，也没有深入探讨企业实施积极环境行为的动力来源。基于经济学视角的相关研究主要关注环境规制对企业竞争力的影响，并运用新古典分析框架从理论和实证方面寻求实现"双赢"的理论条件。基于组织和管理角度的相关研究把"严格环境规制可以刺激企业环境创新"作为其先验前提，主要研究企业进行积极环境管理的影响因素和环境管理模式，寻求提升企业环境绩效和财务绩效的有效途径。基于战略视角的相关研究则站在更高层次上，将企业环境战略作为联系企业环境压力和异质性环境行为表现的中间环节，研究竞争优势下企业环境行为选择，以及企业环境竞争优势的来源。基于动态视角的相关研究则主要从时间维度研究了企业环境行为的演进过程，并对其行为演进做出了一些解释。表 1 对上述相关研究做了总结。

表 1　　　　　　　　　　不同视角下的企业环境行为研究比较

研究视角	环境责任	经济学	组织与管理	战略	动态
研究层面	组织	产业、组织	组织	组织	组织
研究议题	从伦理道德方面要求强化企业的环境责任意识	环境规制对企业竞争力的影响	积极环境管理的影响因素和环境管理模式	竞争优势下企业环境行为选择，竞争优势的来源	企业环境行为的演进过程
研究方法	定性研究为主	演绎模型和计量检验	以问卷调查研究为主	定性研究为主	文献资料，定性研究为主

综上所述，目前国外有关企业环境行为的研究已经形成了一定的理论体系和研究脉络，但国内有关此主题的研究尚处于起步阶段，大多数学者只是强调了环境管理的重要性。综合国内外有关研究成果，仍然存在以下几个方面的不足：

（1）对于各种环境压力促进企业环境行为的作用机理，目前研究主要集中在环境规制对企业环境行为的影响，对多重环境压力如何作用于企业的研究不足。

（2）目前研究大多将环境压力视为外生变量，将企业产品竞争和污染排放作为基本的分析单元，忽略了企业环境行为和其他行为的协调统一性。

（3）目前的研究大都以西方发达国家的成熟经济为制度背景，对转型经济下的企业环境行为问题研究不足。如在转型经济背景下，我国环境管理制度以及制度执行过程中都存在不完备性，这些制度因素的差别将对企业的环境行为选择造成影响。

（作者电子信箱：upclyb@126.com）

◎ 参考文献

［1］陈雯，Dietrich Soyez，左文芳．工业绿色化：工业环境地理学研究动向[J]．地理研究，2003，9．

［2］黄德春，刘志彪．环境规制与企业自主创新——基于波特假设的企业竞争优势构建[J]．中国工业经济，2006，3．

［3］罗兵，赵丽娟，卢娜．绿色供应链管理的战略决策模型[J]．重庆大学学报（自然科学版），2005，1．

［4］王凤，王爱琴．企业环境行为研究新进展[J]．经济学动态，2012，1．

［5］叶强生，武亚军．转型经济中的企业环境战略动机：中国实证研究[J]．南开管理评论，2010，3．

［6］张嫚．环境规制约束下的企业行为[M]．北京：经济科学出版社，2006．

［7］赵曙明．企业社会责任的要素、模式与战略最新研究述评[J]．外国经济与管理，2009，1．

［8］Aragon-Corea, and Sharma, S.. A contingent resource-based view of proactive corporate environmental strategy[J]. *Academy of Management Review*, 2003, 28(1).

［9］Anastasios Xepapadeasa, Aart deZeeuw. Environmental policy and competitiveness：The Porter hypothesis and the composition of capital[J]. *Journal of Environmental Economics and Management*, 1999, 37(2).

［10］Anja Schaefer, Brian Harvey. Stage models of corporate "greening"：A critical evaluation[J]. *Business Strategy and the Environment*, 1998, 7(3).

［11］Bansal, P., and dan K. Roth. Why companies go green：A model of ecological responsiveness[J]. *Academy of Management Review*, 2000, 13(4).

［12］Bonnie, F. Daily, Su-chun Huang. Achieving sustainability through attention to human resource factors in environmental management[J]. *International Journal of Operations & Production Management*, 2001, 21(12).

［13］Boiral, O.. Corporate greening through ISO14001：A rational myth? [J]. *Organization Science*, 2007, 18(1).

［14］Buysse, K., and A. Verbeke. Proactive environmental strategies：A stakeholder management perspective [J]. *Strategic Management Journal*, 2003, 24(5).

［15］Gregory Theyel. Management practices for environmental innovation and performance [J]. *International Journal of Operations & Production Management*, 2000, 20(2).

［16］Hart, S. L.. A natural-resource-based view of the firm[J]. *Academy of Management Review*, 1995, 20(4).

[17] Hart, S. L.. Beyond greening: Strategies for a sustainable world[J]. *Harvard Business Review*, 1997, 75 (1).

[18] Hoffman, A. J.. Linking organizational and field-level analyses-the diffusion of corporate environmental practice[J]. *Organization and Environment*, 2001, 14(2).

[19] Johannes Fresner. Cleaner production as a means for effective environmental management[J]. *Journal of Cleaner Production*, 1998, 6(3-4).

[20] Lyon, Thomas P. , and John W. Maxwell. Self-regulation, taxation, and public voluntary environmental agreements[J]. *Journal of Public Economics*, 2003, 87.

[21] Mads Greaker. Spillovers in the development of new pollution abatement technology: A new look at the Porter hypothesis[J]. *Journal of Environmental Economics and Management*, 2006, 52(1).

[22] Mark Cordano, and Irene Hanson Frieze. Pollution reduction preferences of U. S. environmental managers: Applying Ajzen's theory of planned behavior[J]. *Academy of Management*, 2000, 43(4).

[23] Mohr, R. D.. Technical change, external economies, and the Porter hypothesis [J]. *Journal of Environmental Economics and Management*, 2002, 43(1).

[24] Michael V. Russo, and Paul A. Fouts. A resource-based perspective on corporate environmental performance and profitability[J]. *Academy of Management Journal*, 1997, 40(3).

[25] Palmer, K. , W. Oates, and P. Portney. Tightening environmental standards: The benefit-cost or the no-cost paradigm? [J]. *Journal of Economic Perspectives*, 1995, 4.

[26] Petra Christmann. Effects of "best practices" of environmental management on cost advantage: The role of complementary assets[J]. *Academy of Management*, 2000, 43(4).

[27] Porter, M. E. and C. Van der Linde. Toward a new conception of the environment-competitiveness relationship[J]. *Journal of Economic Perspectives*, 1995, 9(4).

[28] Ramus, Catherine A. , and Steger, Ulrich. The roles of supervisory support behaviors and environmental policy in employee "ecoinitiatives" at leading-edge European companies [J]. *Academy of Management Journal*, 2000, 43(4).

[29] Rugman, A. M. , and Verbeke, A.. Corporate strategy and international environmental policy[J]. *Journal of International Business Studies*, 1998, 29(4).

[30] Simpson, David, and Robert Bradford. Taxing variable cost: Environmental regulation industrial policy[J]. *Journal of Environmental Economics and Management*, 1996, 16.

[31] Stefan Ambec, Philippe Barla. 环境规制对企业有好处吗？——对波特假说的一个检验[J]. 张红凤, 陈淑霞, 译. 国家行政学院学报, 2007, 6.

[32] Segerson, Kathleen, and Thomas J. Miceli. Voluntary environmental agreements: Good or bad news for environmental protection? [J]. *Journal of Environmental Economics and Management*, 1998, 36(2).

[33] Teece, D. J.. Profiting from technological innovation: Implications for integration, collaboration [J]. *Licensing and Public Policy*, *Research Policy*, 1986, 15.

[34] Walley, N. , and Whitehead, B.. It's not easy being green[J]. *Harvard Business Review*, 1994, 5-6.

A Review on Enterprise Environmental Behavior from Multidimensional Perspective

Li Yongbo

(China University of Petroleum, Qingdao, 266580)

Abstract: With the global ecological deterioration of the environment, the research on enterprise environmental behavior is the focus of scholars, which involves many research topics and complex hierarchical relationship. In order to sort out the theoretical contexts and evolution logic from the literatures, this paper cards the research achievements of enterprise environment behavior from the view of environmental liability, economics, organization and management, enterprise strategy and dynamic evolution, and makes a brief comment.

Key words: Environmental behavior; Environmental regulation; Environmental strategy

住宅物业服务质量评价*

● 程鸿群[1]　邱辉凌[2]　邹　敏[3]　汪程程[4]

（1，2，3，4 武汉大学经济与管理学院　武汉　430072）

【摘　要】物业服务质量是评价物业服务企业服务水平的关键因素。本文从第三方的角度，分析了住宅物业服务质量要素，构建了包括业主感知质量 6 个因素 23 个指标和组织支撑质量 5 个因素 17 个指标的住宅物业服务质量评价体系，并应用马田系统、线性加权方法进行有效性评价。通过对武汉市某住宅小区的实证分析，得到了该小区物业服务质量的综合评价结果，结合因果分析图分析了该住宅小区物业服务质量中存在的问题，并提出了改进措施，证明了本研究对物业服务企业服务质量水平的定位和市场竞争力的提升提供了有效的途径与方法。

【关键词】住宅物业　服务质量　评价体系　马田系统　线性加权

1. 引言

住宅物业服务是一种特殊的服务，与老百姓的日常起居生活直接相关，其相关服务质量已经成为评价人们生活品质的重要指标，同时也加大了物业服务市场的竞争程度。

对住宅物业的服务质量进行综合评价需解决两个关键问题，即评价体系的构建和评价方法的选择。国外有关服务质量评价体系的文献主要从服务质量的内涵出发，通过构建评价模型形成评价体系，如 Christian Gronroos 基于感知服务质量模型，从技术质量和功能质量两方面衡量服务质量[1]。PZB 在服务质量差距模型的基础上，构建了 SERVQUAL 测评量表，并通过实证调查形成了有形性、可靠性、响应性、保证性、移情性 5 维度的评价体系[2]。Brady 和 Cronin 提出服务质量三因素阶层结构模型，从互动质量、结果质量、物理环境质量三方面衡量服务质量，并在这三项质量的基础上进一步细分评价体系[3]。相较之下，国内有关文献大多在借鉴国外已有的评价体系的基础上，结合我国国情进行适当的修改，如曹琳剑

---

* 本文是湖北省教育厅"不对称信息下物业管理市场委托代理研究"资助项目（项目批准号：2011jyte117）阶段性成果。

① Gronross, C.. Strategic management and marketing in the service sector［J］. *Swedish School of Economics and Business Administration*, 1982, 10.

② Parasuraman, Zeithaml, Berry. SERVQUAL：A multiple-item scale for measuring consumer perceptions of service quality ［J］. *Journal of Retailing*, 1988, 1：12-40.

③ Brady, M. K., and Cronin, J. J. Jr.. Some new thoughts on conceptualizing perceived service quality：A hierarchical approach ［J］. *Journal of Marketing*, 2001, 65, 7：34-49.

等提出了物业服务企业竞争力的评价体系①；潘宇通过对物业服务质量进行深入分析，指出行业内常用评价模型的局限性，并运用服务质量环、服务蓝图以及服务感知理论对常用评价模型进行了改进，构建了适用于物业服务企业内部和外部评价的评价体系②；赵欣通过引进 ISO9000 质量管理标准，构建学生公寓物业服务质量保证体系，并以哈尔滨工程大学为例进行了实证研究③。对于服务质量的评价方法，常用的包括层次分析法、模糊综合评价法、结构方程模型、顾客满意度指数等，如齐宝库运用层次分析法对物业小区的服务进行了评价④；阮连法、翟东、黄秦波探讨了物业服务顾客满意影响因素，建立了住宅小区物业服务顾客满意度评价体系和评价方法⑤等。

本文以第三方的角度，从业主和物业服务企业两方面构建住宅物业服务质量评价体系，运用马田系统、线性加权等方法实施有效评价，并根据这一过程对武汉市某住宅小区进行实证分析，在得到评价结果的同时展开原因分析，进而提出改进措施。

2. 住宅物业服务质量评价体系的构建

2.1 住宅物业服务质量要素分析

依据我国《物业管理条例》第二条，物业服务是指"业主通过选聘物业服务企业，由业主和物业服务企业按照物业服务合同的约定，对房屋及其配套的设备设施和相关场地进行维修、养护、管理，维护相关区域内的环境卫生和秩序的活动"。质量是对住宅物业服务好坏的衡量，根据国际标准化组织制定的《质量管理和质量保证》（ISO9000），它是反映实体满足规定和潜在需要能力的特性的总和⑥。

住宅物业服务质量的构成要素，指能准确、恰当反映住宅物业服务质量实质的一些因素特征。我国著名质量和标准化专家郎志正教授指出，服务质量由一些特性组成，表现为区别于其他事物的内在品质，须从顾客需要和社会需要两个方面考察服务质量的特性因素，也可以将各种需要直接转变成特性⑦。根据郎志正教授的观点，服务质量特性分为两类：一类是可以通过视觉、听觉、嗅觉、触觉等直接观察感受的，通常需要顾客来进行评价；另一类是在服务过程中不能通过感官观察和感受但又直接影响服务效果的，通常与服务组织的固有条件相关。因此，住宅物业服务质量的构成要素应该包含两个部分，即业主感知部分与组织支撑部分。

2.1.1 业主感知质量要素

业主感知部分的质量构成要素包括功能性、经济性、安全性、时间性、舒适性、文明性这六个方面，各要素的含义具体如下：

（1）功能性指物业服务所发挥的效能和作用，体现了物业服务最本质的使用价值，包括满足业主各种需求、提供规范服务、及时处理问题等方面。

（2）经济性指业主为物业服务支付费用的合理、透明、增值程度。这里的费用指物业服务全过程中的

① 曹琳剑，罗新波，王建廷．物业管理公司竞争力评价体系的构建与应用[J]．天津城市建设学院学报，2002，2：136-138.
② 潘宇．物业管理服务质量评价体系构建及其应用研究[D]．天津：天津大学，2005.
③ 赵欣．高校学生公寓物业服务质量的研究[D]．哈尔滨：哈尔滨工程大学，2006.
④ 齐宝库．层次分析法在城市住宅小区物业管理效果评价中的应用[J]．沈阳建筑工程学院学报，2001，1：42-45.
⑤ 阮连法，翟东，黄秦波．住宅小区物业管理顾客满意度研究[J]．中国住宅设施，2004，4：14-17.
⑥ 徐金灿，马谋超，陈毅文．服务质量的研究综述[J]．心理科学进展，2002，2：233-239.
⑦ 郎志正．服务特性的研讨[J]．中国质量，1994，9：18-20.

所有费用，不只是物业公司向业主收取的物业费这一项。

（3）安全性指在物业服务过程中保证业主的生命财产不受到威胁、身体和心理不受到伤害、个人信息得到保密以及小区设施安全可靠的能力。

（4）时间性指物业服务在时间上能满足业主需要的能力，包括及时、准时、省时三个方面。

（5）舒适性指在满足上述四个特性的情况下物业服务提供过程的舒适程度，包括设施的完备、舒适、方便和适用，物业小区环境的整洁、美观和有序。

（6）文明性指业主在接受物业服务过程中精神上的满足程度，主要表现为住宅小区的氛围是否自然、友好、亲切，物业公司员工的着装规范、文明礼貌程度以及整个小区的人际关系和谐与否。

2.1.2 组织支撑质量要素

组织支撑部分的质量构成要素采用全面质量管理和质量体系认证中常见的"人、机、料、法、环"这五大要素，具体解释如下：

（1）"人"亦即人员，指物业服务企业内部的人员结构，他们对提供的各项物业服务起辅助性的作用，需熟悉物业服务流程并掌握一套先进的技术能力。

（2）"机"亦即设施，指物业服务企业在提供物业服务的过程中用到的一切相关设备设施，既包括外部性的小区公用设施，也包括企业内部支持日常运营的设备设施。

（3）"料"亦即材料，指物业服务企业在提供物业服务过程中需要用到的一切材料，如维修材料、绿化材料、清洁材料等。

（4）"法"亦即方法，指物业服务企业提供物业服务以及维持日常运营的方法技术，包括对物业服务内容与流程的设计、企业内部管理规范等。

（5）"环"亦即环境，指物业服务企业所处的各种环境，包括自然环境、社会环境以及企业内部环境，对于物业服务企业的正常运营而言尤以企业内部环境为重。

2.2 住宅物业服务质量评价体系

根据质量要素建立的住宅物业服务质量评价体系涵盖的指标内容是在遵循全面的原则，建立住宅物业服务质量评价体系见表1。

表1　　　　　　　　　　　　　　　　　初始评价指标变量

一级指标	二级指标	三级指标	四 级 指 标	
住宅物业服务质量	业主感知质量	功能性	物业服务满足业主基本需求的程度	X_1
			物业服务满足业主个别需求的程度	X_2
			物业公司提供服务的多样性	X_3
			物业公司提供服务的规范性	X_4
			物业公司对业主抱怨与投诉的处理效果	X_5
		经济性	物业公司服务收费的合理程度	X_6
			物业公司服务收费的透明程度	X_7
			物业公司服务的增值程度（物超所值）	X_8

一级 指标	二级 指标	三级 指标	四 级 指 标	
住宅物业服务质量	业主感知质量	安全性	物业服务中业主人身财产安全的保障程度	X_9
			物业公司对业主信息的保密程度	X_{10}
			业主对所在小区心理上的安全感	X_{11}
			物业服务设施的安全与可靠性	X_{12}
		时间性	物业公司提供服务的及时程度	X_{13}
			物业公司提供服务的准时程度	X_{14}
			物业公司提供服务的快捷程度	X_{15}
		舒适性	物业服务设施的适用程度	X_{16}
			物业服务设施的方便程度	X_{17}
			小区环境的整洁与美观程度	X_{18}
			小区内外部秩序的稳定程度	X_{19}
		文明性	物业公司员工的文明礼貌程度	X_{20}
			物业公司员工着装规范、整洁程度	X_{21}
			小区友好氛围程度	X_{22}
			小区人际关系和谐程度	X_{23}
	组织支撑质量	人员	物业服务企业员工配置、能力满足岗位要求及相应法律法规要求的程度	Y_1
			物业服务企业员工具备以业主为关注焦点、提供满意服务的意识程度	Y_2
			物业服务企业开展员工培训，评价培训的有效性，保持培训记录情况	Y_3
			物业服务企业员工在工作中得到相关岗位支持的程度	Y_4
			物业服务企业员工对组织的忠诚度(低流失率)	Y_5
		设施	物业服务企业设备设施配备满足业主要求及相应法律法规要求的程度	Y_6
			物业服务企业设备设施的可靠性能满足业主服务质量要求的程度	Y_7
			物业服务企业设备设施定期维修保养并适时更新的程度	Y_8
		材料	对物业服务企业所需材料供方的评价状况	Y_9
			物业服务企业材料供应的及时性	Y_{10}
			对物业服务企业材料供方进货检验情况	Y_{11}
		方法	物业服务流程设计的合理程度	Y_{12}
			物业服务企业服务规范的完备程度	Y_{13}
			物业服务企业服务活动与服务规范符合的程度	Y_{14}
		环境	物业服务企业提供的硬件环境的适宜程度	Y_{15}
			物业服务企业内部工作氛围的和谐程度	Y_{16}
			物业服务企业内部的公平度	Y_{17}

3. 住宅物业服务质量综合评价

3.1 指标赋值与问卷设计

运用李克特量表法对评价体系中的指标进行赋值，其中业主感知部分的指标采用 7 分值李克特量表，态度选项分别为很差、差、有点差、一般、还好、好、很好，对应取值分别为 1、2、3、4、5、6、7；组织支撑部分的指标采用 5 分值李克特量表，态度选项分别为很差、差、一般、好、很好，对应取值分别为 1、2、3、4、5。根据指标内容和态度选项设计两部分的调查问卷，分别发放待评价住宅小区的业主和物业服务企业填写。

3.2 指标筛选与权重确定

因为指标较多，指标之间存在相关性，部分指标对评价结果的实际作用也可能不大，需在原有评价体系上进行指标筛选，从而得到更精练、有效的评价体系。本文对业主感知部分运用马田系统中的田口方法，对组织支撑部分则运用德尔菲法，由专家确定。

马田系统指标筛选过程如下：

（1）正交表设计。根据正交表的选择原则及指标变量的个数，选择恰当的 2 水平的正交表，其中"1"表示选择该指标变量，"2"表示不选择该指标变量，本文选择正交表 $L_{32}(2^{31})$ 表示行数为可行方案个数 32，列数为指标变量个数 31。

（2）信噪比计算。根据正交表每一行的基准空间和问卷统计的各指标变量的均值计算正交表每一行的方案均值，然后根据下式计算每一行方案的信噪比[1]：

$$\eta_i = -10\lg\left(\frac{1}{m}\sum_{l=1}^{m}\frac{1}{\mu_{il}^2}\right)$$

式中，η_i 为正交表第 i 行，即第 i 个方案的信噪比，i 的取值范围为 1~32；μ_{il} 为根据正交表每一行基准空间计算得到的方案均值；m 为正常数据的组数，本文中的异常组在问卷整理时已经剔除；η_i 反映了对数据的检出效果，η_i 越大检出效果越好。

在得出各方案的信噪比后，可以通过比较指标变量 $X_1 \sim X_{23}$ 的水平信噪比的估计值来有效筛选指标变量，其计算公式如下：

$$t_j = \frac{T_j}{k} \quad (j = 1, 2)$$

式中，k 为正交表中水平重复的次数，T_j 表示某指标变量 j 水平下信噪比之和，t_1 表示采用该指标变量时的检出效果，t_2 表示不采用该指标变量时的检出效果。将 t_1、t_2 进行作差，得 $\Delta t = t_1 - t_2$，当 $|\Delta t| \geq 0$ 时，该指标变量能够反映较多的信息，应选择该指标变量，反之应剔除该指标变量。

3.3 综合评价与结果分析

对于业主感知和组织支撑两部分质量，分别采用马田系统中的马氏距离和线性加权法计算评价得分，再将这二者加权求和，得到最终评价结果。马田系统中，马氏距离计算公式如下：

---

① 陈魁. 试验设计与分析[M]. 北京：清华大学出版社，2005.

$$d = \sqrt{\frac{1}{k} X_i^T \cdot R^{-1} \cdot X_i}$$

式中，d 为马氏距离；k 为 $X_1 \sim X_{23}$ 经筛选后的指标变量的个数；X_i 为经标准化处理后的各评价指标的取值，i 的取值范围为 $1 \sim k$；R 为经筛选后指标变量样本数据的相关矩阵，由各指标的相关系数构成。根据 TOPSIS 原理计算理论上的理想的马氏距离，并按从小到大的顺序划分为优秀、良好、合格和不合格这四个区域，各区域间临界点的得分定义为 90、75 和 60，根据临界点建立百分制得分与马氏距离的线性关系，将样本待评价住宅小区的马氏距离代入，得其评价得分结果 CPQ。

对于组织支撑质量部分，按下式计算得分：

$$IOSQ = \sum_{i=1}^{k} w_i \overline{X}_{ij}, \quad 其中 \ \overline{X}_{ij} = \frac{1}{n} \sum_{j=1}^{n} X_{ij}$$

式中，IOSQ 表示组织支撑质量，k 为 $Y_1 \sim Y_{17}$ 经筛选后的指标变量的个数，n 为样本的个数，$\overline{X}_{ij}$ 为第 i 个指标的均值，w_i 为其对应的权重。将计算得到结果乘以 20，得百分制结果 OSQ。按下式计算最终的住宅物业服务质量得分：

$$SQ = \alpha \cdot CPQ + \beta \cdot OSQ$$

式中，SQ 为住宅物业服务质量，CPQ 为业主感知质量，OSQ 为组织支撑质量，α 和 β 为对应的权重值，α 与 β 的和为 1。

在得到住宅物业服务质量的综合评价得分结果后，为方便进行服务改进，需对评价结果进一步分析。根据结果分析待评价住宅小区存在的所有问题，并运用因果图将反映的问题划分层次结构，由专家判断这些问题对评价结果的贡献大小，最后根据分析的问题原因，采取相应的改进措施，使待评价小区的住宅物业服务朝着更好的方向发展。

4. 实证案例分析

选取武汉市某住宅小区作为实证调查对象，该住宅小区属于普通住宅类型，地处武汉市武昌区水果湖八一路与东三路的交汇处，始建于 20 世纪末，由深圳市某物业管理有限公司于 2003 年开始实施物业管理至今。对该小区业主发放业主感知质量调查问卷 200 份，收回有效问卷 131 份，运用 SPSS19 对问卷数据进行统计处理，计算得到问卷整体的 Cronbach's Alpha 系数为 0.976 > 0.7，具有较高的信度。对该小区物业服务企业的 15 名员工发放组织支撑质量调查问卷。

4.1 业主感知评价结果

根据马田系统中田口方法计算的最终的各指标信噪比响应表见表 2。原始评价体系包含 23 个指标，保留原始指标体系 85% 的评价指标，因而剔除最无效的 3 个评价指标即排在最后三项的分别是 X_2（物业服务满足业主个别需求的程度）、X_{22}（小区友好氛围程度）、X_{16}（物业服务设施的适用程度），剩余的 20 项指标构成优化后的指标体系。

将基准空间所有指标理论上可取的最大值集合在一起，定义其为正理想点 G，则样本均值都为 7，标准差为 1。定义样本指标取值均为 6 时的马氏距离为优秀阈值临界点，样本指标取值均为 5 时的马氏距离为良好阈值临界点，样本指标取值均为 4 时的马氏距离为合格阈值临界点。

表 2　　　　　　　　　　　　　　　　　　$X_1 \sim X_3$ 信噪比响应表

水平	X_1	X_2	X_3	X_4	X_5	X_6	X_7	X_8	X_9
1	12.90	12.95	12.95	12.86	12.87	12.97	12.93	12.91	13.07
2	13.05	12.95	13.00	13.08	13.08	12.92	13.01	13.03	12.87
Delta	0.15	0.00	0.05	0.23	0.21	0.05	0.08	0.12	0.20
排秩	10	23	17	3	4	18	13	11	5

水平	X_{10}	X_{11}	X_{12}	X_{13}	X_{14}	X_{15}	X_{16}	X_{17}	X_{18}
1	13.09	13.06	13.07	12.95	12.94	12.92	12.98	13.01	13.10
2	12.85	12.88	12.88	13.00	13.00	13.02	12.95	12.94	12.84
Delta	0.24	0.19	0.19	0.05	0.06	0.10	0.03	0.07	0.26
排秩	2	7	6	19	16	12	21	14	1

水平	X_{19}	X_{20}	X_{21}	X_{22}	X_{23}
1	13.05	12.94	13.05	12.98	12.96
2	12.89	13.01	12.89	12.96	13.10
Delta	0.16	0.07	0.15	0.02	0.04
排秩	8	15	9	22	20

运用 Minitab16 计算三个阈值临界点的马氏距离如下：

$$D_1 = \sqrt{(Z_1 - \mu)^T \cdot R^{-1} \cdot (Z_1 - \mu)} = \sqrt{(-1 \quad -1 \cdots -1) R^{-1} (-1 \quad -1 \cdots -1)^T} = 1.3311$$

$$D_2 = \sqrt{(Z_2 - \mu)^T \cdot R^{-1} \cdot (Z_2 - \mu)} = \sqrt{(-2 \quad -2 \cdots -2) R^{-1} (-2 \quad -2 \cdots -2)^T} = 2.6621$$

$$D_3 = \sqrt{(Z_3 - \mu)^T \cdot R^{-1} \cdot (Z_3 - \mu)} = \sqrt{(-3 \quad -3 \cdots -3) R^{-1} (-3 \quad -3 \cdots -3)^T} = 3.9932$$

问卷样本运用马氏距离公式计算得到的结果为 3.8879。根据线性内插法得到百分制得分与马氏距离的线性关系如下：

$$CPQ = 105 - 11.27D$$

将问卷样本的马氏距离代入，得该小区的业主感知质量得分为 61.18。

4.2　组织支撑评价结果

该部分的指标体系经专家判断后，剩余 Y_1、Y_2、Y_4、Y_6、Y_8、Y_{10}、Y_{13}、Y_{14}、Y_{15}、Y_{17} 这十项有效指标，各指标统计的均值及结合层次分析法与变异系数法计算得到的最终权重值见表 3。

根据均值和权重计算得到 IOSQ 得分为 3.8907，将其乘以 20，得 OSQ 得分为 77.81。

表 3　　　　　　　　　　　　　　　　　　指标均值与权重

指　　标	均　　值	最终权重值
Y_1	3.47	0.1138
Y_2	3.33	0.0968
Y_4	3.13	0.0601
Y_6	4.27	0.0943

指　标	均　值	最终权重值
Y_8	3.87	0.0998
Y_{10}	3.67	0.1010
Y_{13}	4.20	0.1145
Y_{14}	4.27	0.1406
Y_{15}	4.53	0.0890
Y_{17}	3.80	0.0902

4.3　综合结果与分析

4.3.1　总得分结果

取 $\alpha = 0.7$，$\beta = 0.3$，结合计算得到的 CPQ 和 OSQ 得分，该住宅小区物业服务质量的最终得分为 66.17。

将住宅物业服务质量评价的得分值划分不合格、合格、良好、优秀四个等级，见表4。

表4　　　　　　　　　　　　　　　　　评分等级区间

等级	不合格	合格	良好	优秀
得分区间	[0, 60)	[60, 75)	[75, 90)	[90, 100]

从表4可以看出，该住宅小区的最终物业服务质量评价结果仅为合格水平。

4.3.2　存在问题分析

聘请五位物业服务质量专家(其中 ISO9000 物业服务质量认证专家2名，注册物业管理工程师2名，高校物业管理专家1名)对该小区物业服务中存在的问题进行了认真分析和诊断，得到如图1所示的因果分析图。

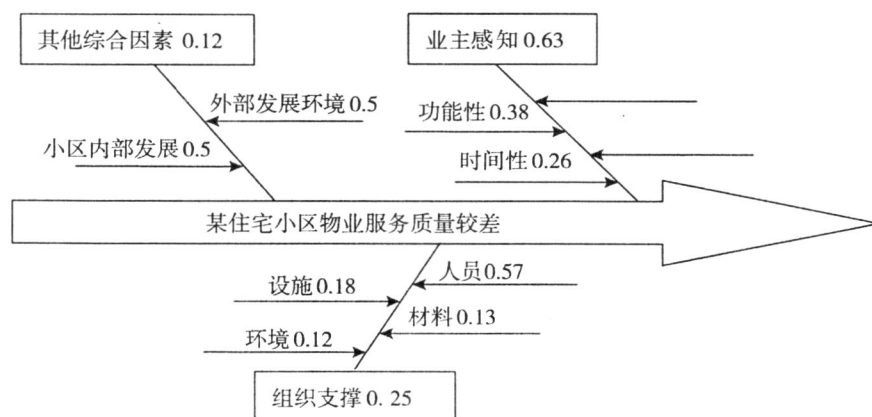

图1　某住宅小区物业服务存在问题因果分析图

该住宅小区物业服务存在的问题具体如下：

（1）业主感知评价内容方面存在的问题。该部分的权重为0.63，是因果图中鱼主骨上重要的部分。首先，从问卷收集的统计数据特征中均值看，六大要素均值在4以下的指标主要涉及功能性、经济性、时间性和文明性，其问题的严重性占比依次为38%、21%、26%、15%。功能性表现出的问题最为突出。

（2）组织支撑评价内容方面存在的问题。该部分的权重为0.25，是因果图中鱼主骨上次要的部分。组织支撑5大要素中均值在4以下的涉及人员、设施、材料、环境，其问题的严重性占比依次为57%、18%、26%、12%。

（3）受其他综合因素影响而存在的问题。除了上述两部分评价内容本身存在的问题外，该小区的物业服务还受内外部环境中各种不利因素的影响而造成服务水平不高，该部分的权重为0.12，主要表现在两个方面。首先，从外部发展环境来看，武汉市地处我国中部，介于一、二线城市之间，物业服务发展水平远不及沿海发达城市，相应的物业服务机制、体制都不够健全，使得该小区的物业服务发展受到一定的限制。其次，该住宅小区物业服务企业是开发商直管型，使该小区的物业服务缺乏竞争因素。

4.3.3 改善对策

基于评价结果，结合分析的存在的问题，该住宅小区的物业服务可以采取以下措施进行改进：

（1）强化物业服务的功能性，在满足物业服务基本功能需求的基础上，加强物业服务的及时性、准时性和快捷性，融合享受生活、关爱的人性化元素，实现物业服务满足业主从初级功能需求向高级功能需求再向情感需求的多功能转化，形成业主与物业服务公司之间具有人性化的经济利益关系。

（2）加强物业管理的宣传，加强物业管理的社会性、专业性的同时，也要满足物业服务市场性即服务的有偿性。在物业服务招标投标或签订合同时，注重物业服务费的分析及确定，使物业服务水平和服务价值相吻合，同时加强物业服务监督，公开物业服务支出的明细和说明。同时加强物业服务企业与业主的沟通，积极开展各项活动，促进小区友好、和谐、愉悦的氛围。

（3）加强物业服务企业人才引进和培养。物业服务业属于劳动密集型行业，从业人员中管理岗位人员较少，操作岗位人员偏多，人员素质较低，专业人才缺乏。因此，应加强与发达地区或本地区其他优秀物业服务企业的交流，吸引高素质人才，适时对本企业的员工开展系统化的培训，使其充分理解住宅物业服务的内涵，掌握更加熟稔的工作技能，并加强自身的服务意识。

（4）完善物业管理相关法律法规，引进竞争机制。积极倡导政府制定《物业管理条例》以及企业资质、维修资金、服务收费等管理办法实施细则，落实业主大会制度，规范运作程序且提高其可操作性，引进竞争机制，提高物业服务水平。

5. 总结

住宅物业服务质量是评价物业服务企业服务水平的关键因素。科学、合理的住宅物业服务质量评价可以有效地加强业主与物业服务企业的沟通，提升物业服务企业的服务水平和市场竞争力，更好地为业主创造良好的居住环境，维护社区安定，提高居民居住质量和生活水平。本文从第三方角度出发，分析了住宅物业服务质量要素，构建了包括业主感知质量6个因素23个指标和组织支撑质量5个因素17个指标的住宅物业服务质量评价体系，并应用马田系统、线性加权方法进行有效性评价。

通过对武汉市某住宅小区的实证分析，得到该住宅物业服务质量水平的综合评价结果，结合因果分析图分析了该住宅小区物业服务质量中存在的问题，并提出了改进措施。本研究对物业服务企业服务质量水平的定位和市场竞争力的提升提供了有效的途径与方法。

（作者电子邮箱：chq0901@163.com）

◎ 参考文献

[1] Brady, M. K., and Cronin J. J. Jr. . Some new thoughts on conceptualizing perceived service quality: A hierarchical approach [J]. *Journal of Marketing*, 2001, 65(7).

[2] Gronross, C. . Strategic management and marketing in the service sector[J]. *Swedish School of Economics and Business Administration*, 1982, 10.

[3] Parasuraman, Zeithaml, Berry. SERVQUAL: A multiple-item scale for measuring consumer perceptions of service quality[J]. *Journal of Retailing*, 1988, 1.

[4] 曹琳剑, 罗新波, 王建廷. 物业管理公司竞争力评价体系的构建与应用[J]. 天津城市建设学院学报, 2002, 2.

[5] 潘宇. 物业管理服务质量评价体系构建及其应用研究[D]. 天津: 天津大学, 2005.

[6] 赵欣. 高校学生公寓物业服务质量的研究[D]. 哈尔滨: 哈尔滨工程大学, 2006.

[7] 齐宝库. 层次分析法在城市住宅小区物业管理效果评价中的应用[J]. 沈阳建筑工程学院学报, 2001, 1.

[8] 阮连法, 翟东, 黄秦波. 住宅小区物业管理顾客满意度研究[J]. 中国住宅设施, 2004, 4.

[9] 徐金灿, 马谋超, 陈毅文. 服务质量的研究综述[J]. 心理科学进展, 2002, 2.

[10] 郎志正. 服务特性的研讨[J]. 中国质量, 1994, 9.

[11] 陈魁. 试验设计与分析[M]. 北京: 清华大学出版社, 2005.

Evaluation of Residential Property Service Quality

Cheng Hongqun[1]   Qiu Huiling[2]   Zou Min[3]   Wang Chengcheng[4]

(1, 2, 3, 4 Economics and Management School of Wuhan University, Wuhan, 430072)

Abstract: The property service quality is the key to evaluate the level of service of property service enterprise. From the perspective of a third party, this paper analyzes the factors of residential property service quality and builds the residential property service quality evaluation system including owner perception quality which includes 6 factors and 23 indicators, and property service quality supporting which includes 5 factors and 17 indicators. Then it applies Mahalanobis-Taguchi system and linear weighted method to evaluate the residential property service quality evaluation system. Through the empirical analysis of a residential district in Wuhan, the evaluation result of the residential property service quality can be got, and the result is combined with causality graph to analyze problems existing in the residential area property service quality, and then the improvement measures are given, which proves that this paper provides effective ways and methods to study the positioning of the level of property service quality enterprise and promote the market competitiveness of property service enterprise.

Key words: Residential property; Service quality; Evaluation system; Mahalanobis-Taguchi system; Linear weighted

战略采购与供应链绩效的关系

——基于供应链关系资本视角的实证研究

● 魏津瑜[1]　吴晓玮[2]

（1，2 天津理工大学管理学院　天津　300384）

【摘　要】本文对战略采购与供应链绩效之间的关系以及供应链关系资本的中介作用进行了实证研究，构建了以供应链关系资本为中间变量的战略采购与供应链绩效之间关系的理论模型，并提出研究假设，研究发现，战略采购对供应链内部绩效以及供应链稳定性有着显著的积极影响，对供应链环境绩效有着正向影响。最后，对实证分析的结果进行总结，提出实践中如何进行战略采购以及提高供应链绩效的建议。

【关键词】战略采购　关系资本　供应链绩效

1. 引言

近年来，随着经济全球化日益深化、信息技术的普遍运用以及产品生命周期不断缩短、客户需求日趋个性化，企业外部经济环境也日趋严峻。企业要想在激烈的竞争环境中取得立足之地，优化供应链成为 21 世纪企业生存和发展的必然选择。采购是供应链管理环节最重要的环节之一，为了确保企业的采购过程与新的竞争环境及企业的长期目标相适应，已有越来越多的企业将采购目标由战术采购转向战略采购①。

1974 年 Ammer 在《哈佛商业评论》上第一次提出将采购纳入企业战略管理的范畴，开始了对企业战略采购理论的研究之路，目前理论界对于战略采购的研究主要集中在其实施方法，机理，作用等方向进行了研究。其中对战略采购作用的研究主要是对供应商选择、企业竞争力、供应链整合、企业技术创新、企业绩效等方面的研究，而将战略采购用于供应链管理，讨论战略采购对于供应链绩效影响的研究还相对缺乏。在当今社会，企业的战略性采购不仅从内部角度影响着企业的采购绩效、运营绩效、财务绩效等供应链基本绩效，也通过整条供应链的传递作用对下游零售商产生巨大的影响，从而产生客户绩效。本文通过对国内外关于供应链绩效的相关文献进行整理后发现，国内外学者很少将风险因素纳入供应链绩效评价的指标体系，忽视了对供应链稳定性的评价。另外，随着资源耗竭和环境污染的日趋严重，绿色供应链也提上企业议事日程，而在以往的研究中，大部分文献将焦点聚集在供应链的商业效益，忽视了供应链的环境绩效。因此，本文在总结国内外相关文献的基础上，考虑国内制造业具体情况，站在核

---

①　Smeltzer, L. R., Manship, J. A., and Rossetti, C. L.. An analysis of the integration of strategic sourcing and negotiation planning[J]. *Journal of Supply Chain Management*, 2003, 39(4): 16-25.

心企业的角度，将供应链绩效划分为供应链内部绩效（财务绩效、客户绩效、运营绩效）、环境绩效与供应链稳定性3个维度。对此，本研究拟对我国制造企业进行大规模的问卷调查，并利用结构方程模型对战略采购与供应链绩效之间的关系进行实证研究，以弥补目前理论界研究的不足。

除此之外，对国内制造企业来讲，还存在以下疑惑：首先，在我国的制造环境下，战略采购是否直接对供应链绩效产生影响？这种影响是积极的还是消极的？影响程度有多大？其次，如果战略采购对供应链绩效产生影响，是通过何种机制产生的？我们知道，在当今日益激烈的市场竞争环境下，企业与企业的竞争早已转向供应链与供应链之间的竞争，企业与供应链各成员之间的关系正在经历着一种根本性的范式转移，从过去的交易导向转为目前的关系导向，因此，关系这种无形资本在战略采购与供应链绩效中起着微妙的作用。关系资本的提出与发展为理解战略采购与供应链绩效之间的关系提供了新的视角。因此，本研究拟从供应链关系资本的视角出发，利用结构方程模型对战略采购与供应链绩效之间的关系以及供应链关系资本之间的相互作用进行实证研究，以期对改进我国企业供应链管理、获取供应链竞争优势提供切实可行的理论依据与指导。

2. 概念界定

2.1 战略采购

当采购职能被设计为满足整个组织的需要时，采购就有着支持企业价值体系的能力（Freeman and Cavinato，1990），这种采购被称为战略采购。Carr 和 Pearson（1999）首次把战略性采购、供应商评价体系、供应商关系和企业财务绩效构建分析模型进行实证研究，研究证明了以上因素的五种正向影响作用。他们认为，有长期发展计划并且对供应管理具有战略眼光的企业更容易与其关键供应商形成长期的合作伙伴关系。国内也有许多学者从各个角度对战略采购进行了研究。例如，郑馨怡（2010）通过从我国纺织服装业的背景出发，对战略采购与企业绩效的关系进行实证分析并得出结论：纺织服装业的设计供应商群体、外包非核心能力和采购整合三个维度都与企业绩效显著相关。李随成等（2010）通过实证研究表明战略采购与制造企业知识获取显著正相关，网络关系嵌入性、结构嵌入性和制造企业与供应商的互动的中介效应明显。张斌（2011）认为，企业总体战略与采购战略的拟合，已成为企业提升采购绩效，获取竞争优势的重要因素。范焱章（2012）从战略采购的角度，构建了整体实力、产品质量、价格水平、服务水平以及合作能力等五方面的供应商选择评价指标体系。

2.2 供应链绩效

绩效评价一直被看做企业计划与控制的有机组成部分①，随着信息技术飞速发展所带来的革命性影响，企业绩效评价受到了越来越广泛的关注和日益深入的讨论，并逐步融合到供应链管理中，现有的文献对供应链绩效衡量指标并未达成一致认可，而建立一个完善的供应链绩效衡量指标体系不仅可以反映供应链的运营情况、合作伙伴关系程度，还可以评价供应链的敏捷性、柔性对环境的适应能力，对改善供应链伙伴合作行为，促进供应链的发展，提升供应链的竞争优势等均有影响。Lummus 等人在描述制定战略供应链计划的七个步骤的同时，列举了供应链绩效的主要考核指标（KPI）（见表1）。

---

① 江成城. 供应链伙伴关系提升供应链绩效的研究——伙伴关系特性为调节变量[J]. 科技管理研究，2012，16：236-241.

表1 供应链绩效的主要考核指标

供应	可靠性，提前期
转换	过程可靠性，加工时间，计划完成情况
交运	完好订单完成率，补充提前期，运输天数
需求管理	供应链总库存成本，总周转时间

在企业中使用比较多、可信度比较高的是 Supply Chain Council 这一组织提出的 SCOR 模型。最新的 SCOR8.0 模型采用 4 个绩效指标和 1 个最佳实践指标，其中：4 个绩效指标包括可靠性、快速响应、柔性和成本；1 个最佳实践指标为技术特性(technology feature)。Maloni 和 Benton(1997)认为反映合作伙伴关系的供应链绩效指标应该包括不确定性、成本、新产品开发、关系改进、风险和收益。

2.3 供应链资本

供应链资本从企业的社会资本研究发展而来，企业的社会资本是行动主体与社会的联系以及通过这种联系摄取稀缺资源的能力，是企业中重要的无形资源。已有研究表明社会资本能加快合作各方资源的转移、增进组织学习、知识共享、信息交换，进而提高企业的绩效和长期竞争优势①。曾文杰、马士华认为供应链合作关系以沟通、信任、承诺、适应、相互依赖和合作 6 个因素作为度量因素，并通过实证研究表明供应链合作关系对协同运作有很强的正性影响；同时，供应链合作关系、协同对供应链运作绩效也有明显正性影响②。万艳春等人将社会资本理论引入供应链管理领域，为供应链管理提供了新的研究视角，并认为企业与关键供应商间基于社会关系的合作，双方的社会联结强度、信任和信息共享构成了供应链关系资本，是企业的重要无形资源③。承诺是供应链关系资本中另外一个重要的维度，是供应链各成员间建立稳定持久的合作关系的一个关键因素。根据上述学者的研究，可以看出关系承诺的内涵在于强调伙伴间的持久关系，并促使成员间建立长期紧密的合作关系。而供应链伙伴间信息共享则是指在特定交易过程或合作过程中，不同伙伴企业之间的信息交流与传递④。Zhou 等(2007)提出了用顾客信息、信息共享支持技术、制造商信息与信息质量四个维度来度量信息共享水平。本研究结合 McEvily 和 Marcus (2005)以及叶飞等(2011)关于关系资本的维度划分，采用信任、承诺、信息共享三个维度对供应链关系资本进行研究。

3. 理论假设与模型建立

3.1 战略采购与供应链绩效之间的关系

战略采购是供应链管理领域的一个关键概念，是指与企业总体战略相一致，并制定长期采购战略的系统化和综合性的采购流程，其目的是提升采购绩效，进而提升企业的运营绩效，而制造企业掌握市场

① Maloni, M. J., and Benton, W. C.. Supply chain partnerships: Opportunities for operations research [J]. *European Journal of Operational Research*, 1997, 3: 101.

② 曾文杰, 马士华. 制造行业供应链合作关系对协同及运作绩效影响的实证研究[J]. 管理学报, 2010, 8: 12.

③ 万艳春, 陈春花. 供应链关系资本对采购绩效影响的实证研究[J]. 科技管理研究, 2012, 24: 48.

④ Zhou, H., Jr., W. C. B.. Supply chain practice and information sharing[J]. *Journal of Operations Management*, 2007, 25(6): 1348-1365.

动向，保持对客户个性化需求的感知能力是企业进行战略采购的必要前提，因此，制造企业通过战略采购，能够将供应链上下游紧密连接起来，降低沟通成本，共同分享关键信息，对于供应链管理的作用不容小觑。不同的学者对战略采购与绩效之间关系研究的侧重点不同，但所有学者都认为战略采购对企业绩效会产生正向的影响。相较于供应商来说，战略采购对供应链中客户一端有更多更积极的影响。比如为了配合研发部门开发出更符合市场需求的产品，战略采购会主动减少供应商的数量，与供应商建立长期伙伴关系，并将原料的供应商引入研发过程，分享原料、产品的技术属性、供应风险，从而提高效率、降低协作成本，为供应链客户一端的发展壮大提供强有力的支撑。而供应链中供应商的绩效受供应链中产品需求方的牵引，产品需求方的采购行为会直接对供应商造成影响。基于以上分析，本研究提出以下假设：

假设 H1　战略采购对供应链内部绩效产生显著的正向影响。

另外，SMR（2003）认为，与合作伙伴的关系越紧密，被合作伙伴锁定的风险和不确定性就会越大。此外，供应风险或供应中断的可能性是供应链管理面临的一大挑战，评价供应链上的不确定因素的风险水平是供应链上的风险管理的关键步骤①，而学者们对战略采购与供应链稳定性直接关系的研究较少，并且多数认为供应链核心制造企业与关键供应商保持长期合作伙伴关系会对供应链带来风险以及不确定性，由此影响供应链的稳定。而本研究认为，当核心制造企业与关键供应商建立长期战略合作伙伴关系，它们的关系变得越紧密，就越愿意彼此分享信息，甚至越愿意改变其内部信息系统与再投资来减少彼此的信息化水平落差问题，进而提高供应链整体稳定性。根据以上分析，本研究提出以下假设：

假设 H2　战略采购对供应链稳定性产生积极影响。

此外，通过战略采购，供应链各成员间相互合作和信息分享，在原材料的采购到产品销售以及回收的全过程中为了提高供应链的竞争力，实现供应链可持续发展，会考虑提高供应链的环境绩效和经济绩效，因此，需要将战略采购纳入到供应链环境绩效评价体系，寻求短期和长期的目标之间、财务与非财务的绩效度量之间，以及内部与外部的绩效构成之间的平衡状态，还要全面地反映绿色供应链作为一个整体的绩效②。根据以上分析，本研究提出以下假设：

假设 H3　战略采购对供应链环境绩效产生积极影响。

3.2　战略采购与供应链关系资本之间的关系

关系资本理论认为，信任促进了合作方提供积极帮助的行为，使得相互信任的组织愿意共享知识，并刺激了知识的成功转移。此外，制造企业与供应商建立密切的伙伴关系意味着供应链成员共享利润、共担风险，彼此间可以相互信赖，双方为了共同利益愿意维持长期稳定关系。持久的关系可以使得双方愿意共享信息并促进了双方的沟通，从而降低双方经营环境的不确定性。另外，供应链核心制造企业通过战略采购，愿意与关键供应商保持长期合作关系，而供应链下游零售商通过各种信息技术工具，愿意向上游企业提供自己的需求信息，愿意让上游企业对其进行信息跟踪，通过这种联系，供应链各成员间形成一种关系承诺。基于上述分析，本研究提出以下假设：

假设 H4　战略采购对供应链关系资本有显著的正向影响。

---

① Sheu, J. B., and Hu, T. L.. Channel power, commitment and performance toward sustainable channel relationship[J]. *Industrial Marketing Management*, 2009, 38(1).

② 王富华，温宏博，黄燕. 绿色供应链综合绩效评价指标体系构建[J]. 商业时代，2009，26：12-14.

3.3 供应链关系资本与供应链绩效的关系

3.3.1 供应链关系资本与供应链基本绩效

供应链伙伴关系强烈地影响着供应链绩效。当供应链伙伴间的联结强度越来越高时，这种信赖关系能够对供应链采购绩效、财务绩效、运营绩效以及客户绩效产生积极的影响。这是因为供应链伙伴间相互信任，可以提高整条供应链的快速反应能力与减少牛鞭效应，进而有助于提升供应链的整体绩效。

承诺是供应链成员间合作的关键因素之一，对供应链绩效同样会产生显著影响。例如，Fynes（2005）验证了关系承诺是构成供应链关系质量的重要内容。Sheu 和 Hu（2009）发现关系承诺与渠道绩效之间存在显著的正相关。关系承诺影响供应商被知觉的绩效和零售商的财务绩效（Brown，1995）。Avery（2006）通过实证研究发现波音公司通过与供应商的密切关系获得明显的收益，既分担风险，也减少了波音公司为发展新型飞机而筹措资金的工作，提高公司的运营和财务绩效。

国内外对于信息共享与供应链绩效关系的研究也层出不穷。Simsek 等（2003）认为，高密度网络会促使企业和其他主体之间的相互联结，有助于网络内信息流动，提高网络内成员绩效。钱绍青等（2013）研究发现，企业与其他相关企业、科研机构、政府、中介机构和金融机构之间通过交互学习，分享共有信息，从而提高企业创新绩效。根据以上分析，本研究提出以下假设：

假设 H5　供应链关系资本对供应链内部绩效产生显著的正向作用。

3.3.2 供应链关系资本与供应链环境绩效

绿色供应链是在激烈竞争和环境保护要求的条件下产生的。目前从供应链关系资本与供应链环境绩效关系角度的研究甚少，Fao-Hong Cheng 等采用实证分析的方法，仅仅分析了信任对绿色供应链中知识共享的促进作用。黄进雄（2012）认为，迫于环境保护和资源有限的压力，供应链中各节点企业为避免丧失竞争优势，都积极进行环境保护和资源节约，并没有对环境保护与信任之间的关系进行分析论证。通过阅读大量文献，本研究认为，供应链上战略伙伴之间的协调与合作，实现信息共享、资源共享以及利益共享，企业可实现经济利益及环保效益的双赢。根据以上分析，本研究提出以下假设：

假设 H6　供应链资本对供应链环境绩效产生显著的正向影响。

3.3.3 供应链关系资本与供应链稳定性

国内外学者对供应链关系资本与供应链稳定性关系的研究尚少，将供应链稳定性纳入供应链绩效的研究更少。目前的研究仅限于供应链关系资本与企业基本绩效关系，或者单独讨论供应链风险以及不确定性，大多集中于概念研究、管理过程和定量分析等方面，缺乏相关的实证研究。供应链关系资本与企业基本绩效之间关系本文已经作了探讨，在此不再累述。而供应链风险和不确定性是影响供应链稳定性和供应链绩效的重要因素，将供应链稳定性纳入供应链绩效评价体系对挖掘影响供应链成员绩效的深层机理有着重要意义。本研究认为，供应链成员间相互信任、互惠承诺以及彼此之间无障碍沟通和信息共享有利于降低供应链的风险和不确定性。郑任（2003）给出了一个包括提高信息透明度和共享性、建立有效激励约束机制与提高合作各方的相互信任程度的绿色供应链风险防范理论模型。付亭（2012）认为，供应链成员间不能理解对物料自由流动有非常重要影响的全部信息，并且在供应链中及时共享这些信息，将会导致时间、质量和金钱的巨大损失，影响供应链稳定发展。根据以上国内外学者相关理论研究，本研究提出以下假设：

假设 H7　供应链关系资本对供应链稳定性产生显著的正向作用。

本研究假设模型如图 1 所示。

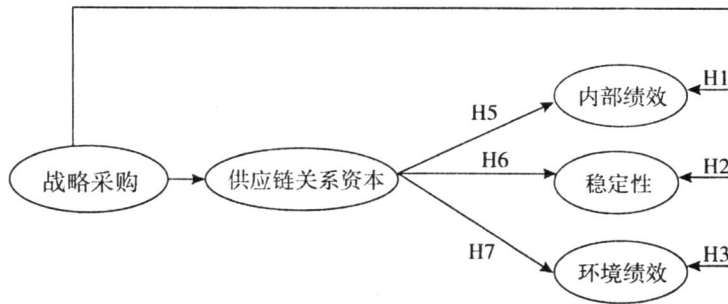

图 1 　理论假设模型

4. 实证研究

4.1 　样本设计与研究样本选择

本研究在进行大样本调查之前，进行了小样本测试，并在此基础上进行信度分析和因素分析，对量表进行修正，最终形成正式问卷。对于本地企业，采取走访的方式进行调查，同时通过电子网络发送邮件的方式发放一部分问卷，另外，我们也向一部分具有供应链管理专业知识并在企业长期担任咨询工作的大学教授发放了一部分问卷，从多个角度对回收问卷进行有效性判断，剔除无效问卷，此次实证调查共发放问卷 400 份，收回有效问卷 237 份，有效回收率为 59.25%。

本研究主要探讨战略采购对供应链绩效产生影响的程度及其影响机制，因此，我们尽量选择与上下游合作比较紧密的制造企业作为样本数据来源。本研究调查问卷填写人员主要包括采购部门的中高级管理人员、生产部门的中高级管理人员以及销售部门的中高级管理人员，因此调查具有可靠性。调查获取的 237 份有效问卷中，从企业性质分布状况来看，国有企业和民营企业分别占样本总量的 20.7% 和 46.3%。从样本企业行业分布状况来看，汽车企业 31 家，占样本总量的 12%；计算机电子通信企业 30 家，占样本总量的 12%；家电企业 43 家，占样本总量的 18%；机械化工企业 40 家，占样本总量的 17%；食品业 25 家，占样本总量的 11%；交通设备企业 23 家，占样本总量的 10%；纺织服装企业 45 家，占样本总量的 19%。从样本企业所处地区分布状况来看，吉林省的有 43 家，占样本总量的 18%；河北省的有 37 家，占样本总量的 16%；天津市的有 55 家，占样本总量的 23%；江苏省的有 47 家，占样本总量的 20%；广东省的有 55 家，占样本总量的 23%。从样本企业规模分布情况来看，50 人以下的有 53 家，占样本总量的 22%；50~100 人的有 44 家，占样本总量的 19%；100~200 人的有 46 家，占样本总量的 20%；200~500 人的有 46 家，占样本总量的 20%；500 人以上的有 48 家，占样本总量的 20%。从被访问人员的学历水平来看，本科及以上学历的被访问者占样本总量的 92.6%。

4.2 　变量的测量

各个变量测量指标的来源主要分为两类：一是通过总结国内外已有的研究，已经被实证检验的信度和效度都比较高的测量指标；二是借鉴国内外相关研究，并结合国内制造企业具体情况同时咨询了部分专家学者及国内部分实践经验丰富的供应链管理人员修订得出的测量指标。在指标的测量方式上，本研究采用 Likert5 级量表对相关变量进行测量，对于战略采购、供应链关系资本以及供应链绩效中的供应链风险的相关问项采用从1"非常不同意"到5"非常同意"5个不同等级，对于供应链其他绩效则采用从1"很差"到5"很好"5个不同等级。

（1）战略采购的测度。本研究对战略采购的量表主要借鉴 Carr 和 Smeltzer（1997）、Narasimhan 和 Das（2001）以及 Carr 和 Pearson（2002）等的研究，并结合国内制造企业的具体情况，对战略采购进行度量。

（2）供应链绩效。对于供应链绩效，本文借鉴马士华、霍家震供应链绩效评价的研究成果，以及美国的 TRI（Toxic Release Inventory，有毒物质排放清单）对环境绩效变量的数据披露。另外，由于供应链风险是影响供应链稳定性的重要因素，本研究拟用供应链对风险的反映来测量供应链稳定性，我们参考 Hallikasa、Tang、Forza 对供应链风险测量指标的研究，在已有成熟量表的基础上加以修改，以供应链可靠性、供应链柔性、供应链服务质量和供应链财务质量4个内部绩效维度以及供应链风险和环境绩效共6个维度23个问项来测量供应链绩效，其中，我们参照国内外已有研究，将供应链风险分为供应风险、需求风险、制造过程风险以及信息风险4个维度，共12个问项。

（3）供应链关系资本。本研究将供应链关系资本划分为信任、承诺、信息共享3个维度，其中，我们参考已有成熟量表，用4个问项来度量供应链伙伴间的信任，用3个问项来度量供应链伙伴间的承诺，用4个问项来度量供应链伙伴间的信息共享。

4.3 变量的信度与效度检验

本研究分别采用 SPSS16.0 和结构方程模型软件 LISREL8.70 对量表的信度和效度进行分析，采用内部一致性的信度系数 Cronbach's α 系数评判量表的信度，Cronbach's α 系数大于0.6则量表信度可以接受。从表2可以看出，信任、承诺以及信息共享的 Cronbach's α 值均大于0.6，可以接受。

表2   供应链资本维度测量的可靠性分析

问项	均值	方差	因子荷载	Cronbach's α
TR_1	3.532	0.465	0.709	
TR_2	3.468	0.679	0.817	0.805
$TR3$	3.596	0.628	0.782	
$TR4$	2.936	0.674	0.788	
C_1	4.028	0.356	0.680	
C_2	3.723	0.544	0.761	0.628
C_3	3.390	0.744	0.781	
IF_1	3.624	0.579	0.614	
IF_2	3.723	0.730	0.779	
IF_3	3.176	0.705	0.855	0.801
IF_4	3.738	0.638	0.784	

表3   有效性分析（拟合优度指标）

$\chi^2 df$	GFI	AGFI	NFI	IFI	CFI	RSMEA
1.987	0.976	0.978	0.947	0.964	0.973	0.045

同理可得其他变量的 Cronbach's α 值均大于 0.6，如表 4 所示。

表4　　　　　　　　　　　　　　　　各变量的 Cronbach's α 值

	战略采购	供应链可靠性	供应链柔性	供应链服务质量	供应链财务绩效
Cronbach's α	0.848	0.691	0.665	0.712	0.839
	供应风险	需求风险	制造过程风险	信息风险	环境绩效
Cronbach's α	0.702	0.768	0.779	0.633	0.812

假设检验的结果如表 5 所示。

表5　　　　　　　　　　　　　　　　假设验证结果

变量关系	标准化路径系数	是否支持假设
战略采购→供应链内部绩效	0.419 [**]	支持
战略采购→供应链环境绩效	0.236 [**]	支持
战略采购→供应链稳定性	0.585 [**]	支持
战略采购→关系资本	0.196 [**]	支持
关系资本→供应链内部绩效	0.572 [**]	支持
关系资本→供应链环境绩效	0.154 [**]	支持
关系资本→供应链稳定性	0.672 [**]	支持

注：[**] 表示 $P < 0.01$。

5. 研究结论及展望

本研究通过文献研究以及实证研究，深入探讨了战略采购、供应链关系资本以及供应链绩效之间的关系。研究结果表明：

第一，企业实施战略采购，对于供应链内部绩效有着积极影响，能够提升企业采购绩效、营运绩效、财务绩效、客户绩效，这个结论与之前学者的观点是一致的。

第二，战略采购通过关系资本对供应链稳定性产生间接影响，并且影响最大，起着显著中介作用。

第三，战略采购对供应链环境绩效的影响不太显著，但是也起着不容忽视的积极作用，并且供应链资本在其中扮演重要角色，起着积极的中介作用。

新形势下，战略采购已经成为企业管理中一种必不可少的管理模式。另外，战略采购能通过供应链关系资本的中介作用来显著提升供应链的绩效，从而证明了战略采购对提升供应链持续竞争优势具有重要的贡献。此外，供应链成员间基于社会关系的合作中，信任、承诺以及信息共享构成了供应链关系资本，是供应链成员企业的重要无形资源，使供应链上制造企业与关键供应商间的交易行为更多地表现为一种社会交换行为，因此，在实践中，制造企业需要积极贯彻战略采购的思想，全面分析采购管理的特点、趋势，并且应当在企业整体最优和供应链最优基础上，实现供应细分管理；建立供应链成员间有效的约束机制，进行"信誉激励"，并对损害供应链整体利益的行为进行惩罚；建立高效的供应链信息沟通平台，例如，建立基于互联网的供应链专用网站和信息门户，方便成员间的信息沟通，降低信息沟通成本。

本研究的贡献体现在四个方面：一是将社会资本理论引入供应链绩效研究中，拓展了社会资本理论的研究体系，并为供应链管理研究提供了新的研究视角；二是突破了以往关系资本作为单维度研究的局限，采用信任、承诺和信息共享三维度表示，深化了对供应链关系资本的理解；三是将供应链稳定性以及环境绩效纳入了供应链绩效的评价当中，弥补了该领域只考虑供应链单一内部绩效，例如采购绩效、财务绩效、运营绩效以及客户绩效的不足，有利于更好地指导我国制造企业供应链管理实践。

未来可针对本研究的三个局限进一步开展研究：一是本研究仅对供应链关系资本进行了研究，而对于结构资本的研究也是非常有价值的，未来可针对供应链结构资本与绩效的关系进行深入研究；二是本研究样本数据大部分来源于东部地区，可能存在抽样误差，因此本研究结论可以采用西、中、东部不同地区的样本数据进行更广泛的验证；三是本研究仅将供应链内部绩效、供应链稳定性以及环境绩效纳入供应链绩效体系中，还应该考虑供应链企业声誉等因素的作用，另外还应当考虑供应链关系资本之间的联动作用对供应链绩效的影响。

（作者电子邮箱：banana-504@163.com）

◎ 参考文献

[1] 范焱章. 基于战略采购的供应商选择评价指标体系研究[J]. 企业研究，2012，4.

[2] 黄进雄. 基于买方视角下的绿色供应链合作影响因素探讨[J]. 统计与决策，2012，20.

[3] 霍佳震，马秀波，朱琳婕. 集成化供应链绩效评价体系及应用[M]. 北京：清华大学出版社，2005.

[4] 李随成，高攀. 战略采购与制造企业知识获取的关系机理[J]. 科学学研究，2012，12.

[5] 卢蓉. 企业战略采购机理及其应用研究[D]. 杭州：浙江大学，2006.

[6] 马士华，谭勇，龚凤美. 工业企业物流能力与供应链绩效关系的实证研究[J]. 管理学报，2007，4 (4).

[7] 钱绍青，武忠. 交互式学习、知识创造与企业创新绩效关系实证研究[J]. 科技进步与对策，2013，4.

[8] 叶飞，薛运普. 供应链伙伴间信息共享对运营绩效的间接作用机理研究——以关系资本为中间变量[J]. 中国管理科学，2011，6.

[9] 万艳春，陈春花. 供应链关系资本对采购绩效影响的实证研究[J]. 科技管理研究，2012，24.

[10] 王晔. 供应链上的风险因素识别和评价研究——基于权变理论和模糊集合的视角[J]. 现代管理科学，2013，1.

[11] 张斌. 战略采购对于供应商开发和采购绩效的影响实证研究[J]. 北京交通大学学报（社会科学版），2011，2.

[12] 郑馨怡. 战略采购对企业绩效影响的实证研究[J]. 湖南人文科技学院学报，2010，5.

[13] Freeman, V., and Cavinato J.. Fitting purchasing to the strategic firm: Frameworks, processes and values [J]. *Journal of Purchasing and Materials Management*, 1990, 5.

[14] Fynes, B., and Voss, C.. The impact of supply chain relationship quality on quality performance[J]. *International Journal of Production Economics*, 2005, 96(3).

[15] Hallikas, Karvonen, Pulkkinen, Vir olainen, and Touminen. Risk management processes in the net work environment[C]. Proceedings of 12th International Working Seminar on Production Economics, 2002, February.

[16] Lummus, R. R., Vokurka, R. J., and Alber K. L.. Strategic supply chain planning [J] . *Production and Inventory Management Journal*, 1998 (Third Quarter) .

[17] Smeltzer, L. R., Manship, J. A., and Rossetti, C. L.. An analysis of the integration of strategic sourcing and negotiation planning[J]. *Journal of Supply Chain Management*, 2003, 39(4).

[18] Sheu, J. B., and Hu, T. L.. Channel power, commitment and performance toward sustainable channel relationship[J]. *Industrial Marketing Management*, 2009, 38(1).

[19] Talluri, S., and Narasimhan, R. . A methodology for strategic sourcing [J] . *European Journal of Operational Research*, 2004, 154(1).

The Relationship between Strategic Purchasing and Supply Chain Performance

—Based on the Empirical Study of Supply Chain Relationship Capital Perspective

Wei Jinyu[1]   Wu Xiaowei[2]

(1, 2 Management School of Tianjin University of Technology, Tianjin, 300384)

Abstract: We analyze the relationship between strategic purchasing and supply chain performance and the mediating role of supply chain relationship capital has carried on the empirical study, construct the supply chain relationship to capital as the intermediate variable of strategic purchasing and supply chain performance of the relationship between theory model, and proposes the research hypothesis, the study found that strategic purchasing on the internal performance of supply chain and supply chain has a significant positive impact on stability and have a positive impact on environment of supply chain performance. Summarizes the results of empirical analysis, put forward in the practice of how to adopt strategic procurement policies and Suggestions for the improvement of supply chain relationship capital.

Key words: Strategic purchasing; Relationship capital; Supply chain performance

基于区位商视角下的现代服务业主导产业选择分析[*]

——以吉林省为例

● 韩岳峰[1]　申瑛琦[2]　张　龙[3]

（1 吉林财经大学国际交流学院　长春　130117；

1，2，3 吉林财经大学国际经济贸易学院　长春　130117）

【摘　要】发展现代服务业，有利于国民经济的快速发展、产业结构的优化升级以及减少经济发展对环境资源的依赖性，是我国实现可持续发展的必然选择，现代服务业在经济发展与社会进步过程中所扮演的角色不言而喻。而要进一步发挥现代服务业的带动与反哺作用，首先要求我们能够因地制宜地选择和培育好现代服务业的主导产业。鉴于此，本文首先基于9个评价指标，运用主成分分析法对吉林省9个现代服务产业的综合竞争力展开分析，研究表明，金融业、租赁和商务服务业、教育业、房地产业及信息传输、计算机服务、软件业的综合竞争力居于全省前五位；进一步通过区位商检验，结果显示，主成分分析初步选定的5个优势产业中只有教育业与信息传输、计算机服务、软件业两个产业可以确立为当前吉林省现代服务业的主导产业。最后，基于研究结论总结启示、展开讨论。

【关键词】区位商　现代服务业　主导产业　吉林省　主成分分析

　　服务业发展问题是当今世界各国普遍关注的全球性问题，而加快现代服务业的发展是加快经济健康发展的最有效途径。据此，现代服务业的发展问题成为当前的一个研究热点。目前，各国现代服务业发展状况不尽相同，发展中国家与发达国家发展水平差距较大。鉴于现代服务业发展问题的复杂性，国内外学者选取了一些特定视角对其展开了较为深入的研究，主要集中在以下几个方面：一是现代服务业的特征与内涵。二是现代服务业发展的背景及阶段。三是现代服务业发展与工业化的关系。四是现代服务业发展与经济增长的关系。五是现代服务业发展的集聚和集群效应①。

　　总体而言，当前国内外关于现代服务业发展的研究视角过于单一，缺乏科学的实证分析及合理的检验，而准确地把握现代服务产业的发展状况是实现现代服务业快速健康发展的重要前提。近年来，在省委、省政府高度关注下，吉林省服务业，特别是现代服务业得到了一定的发展，为了实现吉林省现代服务业更好更快的发展，我们有必要深入分析吉林省现代服务业中的各个行业，比较它们对吉林省经济社

＊ 本文是吉林省教育厅"十二五"社会科学研究项目"吉林省现代服务业发展状况调查研究"（项目批准号：2013169）的阶段性研究成果。

① 李志堂．现代服务业研究成果评述[M]．北京：商业时代，2007，15.

会发展的作用大小，以确立不同时期下不同的产业发展政策，进而有的放矢地提出相关的产业支持政策，这对提升吉林省服务业整体水平，优化服务经济下的产业结构有着重大的现实意义。

1. 研究方法、指标体系与数据来源

1.1 研究方法

现代服务业主导产业的选择，不仅要考虑产业本身的发展规律，而且要考虑该产业对经济发展和社会进步的贡献大小。所选择的主导产业不仅要比省内其他现代服务产业更具有比较优势，而且与国内其他省份的该产业相比也更具有竞争力与发展潜力。

基于上述条件，本文首先采用主成分分析法，用以确定吉林省省内具有比较优势的现代服务产业，再运用区位商分析法进一步对吉林省具有比较优势的现代服务产业进行筛选，选出那些既是吉林省现代服务业中发展较好较快的产业，同时在全国范围内也具有一定竞争优势的产业，并最终将这些产业确定为吉林省现代服务业的主导产业。

1.2 主成分分析指标体系

现代服务业主导产业综合评价指标体系的构建，既要充分认识现代服务业本身发展的特殊性，也要兼顾评价指标的科学性、合理性及可操作性等。本研究通过对各现代服务产业的综合定量评估，选出吉林省应该重点发展的现代服务产业。需要说明的是，能选作现代服务业主导产业的服务产业必须满足如下几个条件(李朝鲜、李宝仁，2007)：

首先，能选作现代服务业主导产业的服务产业应具备一定的产业规模，否则无法发挥其对其他产业的导向和示范作用，对其他产业发展的带动作用不明显。

其次，能选作现代服务业主导产业的服务产业对经济发展要有一定技术指导性，能够推动相关产业快速发展。

再次，选出的主导产业应是朝阳产业，具有较好的社会效益、经济效益和发展潜力，是一定时期内经济的主要增长点。

基于上述原因，综合考虑现代服务业的市场需求、社会贡献及就业等原则，本文拟选定增加值系数、需求收入弹性、行业就业弹性等9个指标构建吉林省现代服务业主导产业评价指标体系(见表1)，以尽可能全面系统地反映吉林省现代服务业各产业的发展状况，为科学合理选择吉林省现代服务业的主导产业提供一定理论依据。具体来说，选定产业贡献率、产业专业化系数和增加值系数三项指标，分别反映一个产业的总体规模、发展速度和投资回报率；选定比较劳动生产率、产业关联度和需求收入弹性三个项指标，分别反映一个产业的生产效率、关联效应和经济发展动力；选定行业税收比重、行业平均工资增长率和行业就业弹性三项指标，分别反映一个产业给国家财政带来的贡献、改善居民生活质量速度和解决社会闲置劳动力的能力(朱妍琦，2010)。

表1　　　　　　　　　　　　　　吉林省现代服务业主导产业评价指标体系①

评价指标	计 算 公 式
产业贡献率(X_1)	某产业增加值/区域现代服务业增加值
产业专业化系数(X_2)	某产业增加值占区域现代服务业增加值比重/全国该产业增加值占全国现代服务业增加值比重

---

① 刘文华，田应华，刘伟辉，等. 重庆市服务业主导产业的选择与发展对策[J]. 经济地理，2011，9：1489-1492.

评价指标	计 算 公 式
增加值系数(X_3)	某产业年增加值/该产业年固定资产投入
比较劳动生产率(X_4)	某行业增加值占地区总产值比重/该行业劳动力占社会总劳动力比重
需求收入弹性(X_5)	某产业产值变化率/人均区域 GDP 变化率
行业税收比重(X_6)	某行业税收收入/区域服务业税收总额
行业平均工资增长率(X_7)	$\dfrac{\text{某行业当年增加值}-\text{该行业基期增加值}}{\text{基期该行业增加值}}$
行业就业弹性(X_8)	某行业从业人员增长率/行业产值增长率
产业关联度(X_9)①	$F_j = \dfrac{\sum\limits_{i=1}^{n}\overline{b_{ij}}}{\dfrac{1}{n}\sum\limits_{i=1}^{n}\sum\limits_{j=1}^{n}\overline{b_{ij}}}$ $\quad(j=1,2,\cdots,n)$

1.3　区位商公式及解释

区位商是一个地区某产业的产值与该地区总产值的比/全国这个产业的产值与全国总产值的比,其表达式为:

$$\mathrm{LQ}_{ij} = \dfrac{L_{ij}\Big/\sum\limits_{j=1}^{m}L_{ij}}{\sum\limits_{i=1}^{n}L_{ij}\Big/\sum\limits_{i=1}^{n}\sum\limits_{j=1}^{m}L_{ij}} \tag{1}$$

式中:L_{ij}表示第 i 个地区第 j 个行业的产出;LQ_{ij}表示第 i 地区 j 行业的区位商②。

区位商意在衡量一个地区在某产业上是否具有比较优势。通过区位商值与 1 的简单比较,我们就可以判定某产业在某地区的发展水平是否高于该产业在全国的平均发展水平。当区位商大于 1 时,说明该产业在该地区的发展水平要超过全国平均水平,具有一定产业优势。当区位商小于 1 时,说明该产业在该地区没有比较优势。当区位商等于 1 时,说明该地区该产业处于均势。

1.4　数据来源及处理

选取 2009 年、2010 年吉林省现代服务业 9 个产业③的数据,经相关计算处理,得到吉林省现代服务产业相应的指标数值(见表 2)。

从表 2 我们可以很容易观察到某个产业在某项指标上的得分值,得分值的高低反映出该产业在该项指标上竞争力的大小,例如,金融业(B)在增加值系数(X_3)指标上的得分值明显比其他产业在这项指标上的得分值高,这说明吉林省金融业的投资回报率相对于其他产业较高,而水利、环境与公共设施管理业(F)在增加值系数(X_3)指标上的得分值却很低,说明吉林省该产业的投资回报率不高,这也完全符合社会公共物品的性质。类似的,其他产业在某项指标上得分值的高低相应地也能得到合理的经济学解释。

---

① 产业关联度可以根据产业影响力系数与感应度系数计算得出,此处取二者的平均值。

② 方鹏程. 区位商视角下的深圳优势产业实证分析[J]. 特区经济,2011,9:40-41.

③ 信息传输、计算机服务、软件业(A),金融业(B),房地产业(C),租赁和商务服务业(D),科研研究、技术服务和地质勘查业(E),水利、环境与公共设施管理业(F),教育业(G),卫生、社会保障和社会福利事业(H),文化、体育和娱乐业(I)。

表 2　　　　　　　　　　　　**2009—2010 年吉林省 9 个产业 9 项原始指标数值**

指标	X_1	X_2	X_3	X_4	X_5	X_6	X_7	X_8	X_9
A	0.1378	1.06	3.74	1.25	0.77	0.055	0.090	0.12	0.6605
B	0.1545	0.54	16.82	0.79	0.80	0.187	0.174	0.24	0.7205
C	0.1818	0.62	1.97	2.41	0.69	0.288	0.096	0.41	0.6215
D	0.1146	1.10	3.75	1.36	1.06	0.100	0.041	0.25	0.8355
E	0.0586	0.86	1.50	0.42	0.27	0.021	0.139	0.58	0.6520
F	0.0228	1.06	0.06	0.15	0.34	0.018	0.154	0.88	0.6520
G	0.0430	1.13	0.74	0.54	0.14	0.011	0.059	0.04	0.7435
H	0.1014	1.35	2.52	0.31	0.41	0.015	0.097	0.25	0.8970
I	0.1856	1.22	3.01	2.37	0.34	0.019	0.076	-0.12	0.4515

注：表中所有数据根据 2009 年、2010 年《吉林省统计年鉴》原始数据测算而得。行业税收比重参照 2007 年吉林省税收收入统计表数据计算得出。

接下来根据区位商计算公式，运用 2007—2010 年《中国统计年鉴》和《吉林省统计年鉴》相关数据，计算出吉林省 2006—2009 年金融业，文化、体育和娱乐业，租赁和商务服务业和信息传输、计算机服务、软件业 4 个上文初步选定的现代服务业主导产业的区位商平均值。

2. 研究结果与分析

2.1　主成分分析法的应用

在得到吉林省现代服务业各产业评价指标的原始值之后，我们运用主成分分析法来评定现代服务业各产业发展的实际水平，具体操作步骤如下：

2.1.1　主成分的提取与解释

指标之间的数值或者计量单位之间可能存在着较大的差别，这会造成较小的数据被淹没，导致主成分偏差较大，所以我们需要通过 SPSS19.0 统计分析软件对原始数据进行标准化，以消除量纲，避免其影响指各项指标数据的可比性。

根据表 2 中的原始数据及相对应的标准化数据，通过主成分分析，可得到各指标变量的方差贡献分析表和旋转因子载荷矩阵。公因子的贡献率代表了公因子反映原始数据信息量的大小，通过方差贡献分析表可发现前三个公因子的累计贡献率已经达到 83.010%，完全符合方差贡献率大于或等于 80% 的原则，并且评价可信度较高。

由旋转因子载荷矩阵可以看出因子 1 在产业专业化系数、增加值系数和行业税收比重三项指标上的载荷较大，故可将其命名为竞争力因子。因子 2 主要解释行业就业弹性、需求收入弹性和行业平均工资增长率这三项指标，命名为贡献因子。因子 3 的载荷主要集中在比较劳动生产率、产业关联度和产业贡献率这三项指标，根据其特点将其命名为发展潜力因子。

2.1.2　综合得分的计算与排序

在指数合成方面，本文采用了线性加权合成的方法，即把各项指标的标准值与其权重相乘后再进行加总。通过 SPSS 19.0 软件分析及简单计算得到 3 个主成分因子的得分值及现代服务业各产业综合得分，一般来说，某个现代服务产业综合得分越高，表明该产业发展水平越高，越具有竞争优势。综合得分排名解释的是某产业在省内的发展程度，综合得分的正负解释是某产业在全国范围内是否具有竞争力。具体情况如表 3 所示。

表 3 　　　　　　　　　　　　　因子得分、综合得分及名次情况表

现代服务业	F_1	F_2	F_3	综合得分	名次
信息传输、计算机服务、软件业	−0.1143	0.4922	−0.1959	0.540765	5
金融业	2.1339	−0.3993	0.4544	6.610219	1
房地产业	1.1263	0.1685	−1.1019	2.120438	4
租赁和商务服务业	0.0604	1.2263	0.7751	4.645167	2
科研研究、技术服务和地质勘查业	−0.3807	−1.3340	−0.04475	−4.675728	8
水利、环境与公共设施管理业	−0.6924	−1.7445	0.2869	−6.137986	9
教育业	−0.6000	0.9659	1.0504	2.348687	3
卫生、社会保障和社会福利事业	−0.7398	0.0728	0.8027	−0.790970	6
文化、体育和娱乐业	−0.7934	0.5521	−2.0269	−4.660509	7

从表 3 可以看到，一方面，综合得分值有正负之分，正数代表该产业发展水平高于全国平均水平，负数则表示其发展水平低于全国平均水平。例如，房地产业的综合得分为 2.120438（正数），说明房地产业在吉林省的发展水平高于全国同时期的平均发展水平；同理，文化、体育和娱乐业的综合得分为 −4.660509（负数），说明其发展水平低于全国的平均水平。另一方面，在不考虑综合得分正负的情况下，从表 3 显示的名次来看，金融业、租赁和商务服务业、教育业与房地产业等排在前列，说明在吉林省省内各个现代服务产业的比较中，这几个产业是比较具有竞争力的产业，理论上主导产业一定会在排名靠前的产业中产生。

2.2　区位商检验分析

依据主成分分析法，综合得分排名靠后的产业不具有产业竞争优势。从表 3 来看，综合得分排名前五位的产业得分均大于零，第五位以后的得分均在 0 之下，以此判断第六位及以后的产业不选为吉林省现代服务业的主导产业。进一步来看，在排名前五位的产业中，综合得分排名第一位的房地产业因其产业依附性强，受经济景气影响剧烈，容易出现泡沫发展等特性，而且从旋转因子载荷矩阵中可以看出房地产业综合得分之所以高很大程度上是由于其因子 1 得分较高，拉高了它的综合得分，但是它在因子 2 和因子 3 上的得分都很低，说明从社会贡献和发展潜力来看该产业并不能显示现代服务业高附加性和高成长性的特征，所以不能将房地产业选为吉林省现代服务业的主导产业。

值得思考的是综合排名第五位的信息传输、计算机服务、软件业，它的综合得分虽然在主导产业中名次并不靠前，在竞争力因子和发展潜力因子上得分甚至为负值，但它对国民经济的导向和带动作用巨大[1]，是能够折射现代服务业高成长性、高增值性等基本特征的重要产业，是提升吉林省现代服务业整体水平的根本产业，并且它与工业发展高度相关，对加快吉林省经济增长方式的转变、促进产业结构转型、

---

[1]　王一卉，刘腾飞，范如婷 . 江苏省现代服务业主导产业选择研究[J]. 江苏商论，2110，8：114-116.

推进吉林省后工业社会时期经济良性发展具有重大意义。因此，信息传输、计算机服务、软件业应被确定为吉林省现代服务业主导产业中优先发展的产业，相关部门应重视其发展，充分发挥该产业的导向性和带动性作用。

依据主成分分析法所得出的综合得分及排名，初步判定，我省现代服务业的主导产业应该是金融业，租赁和商务服务业，教育业，信息传输、计算机服务、软件业。这四个产业最终能否选为吉林省的现代服务业主导产业，还要通过下文的区位商检验来判定。

根据区位商计算公式，运用2007—2010年《中国统计年鉴》和《吉林省统计年鉴》相关数据，计算出吉林省2006—2009年4个上文初步选定的现代服务业主导产业的区位商平均值，具体情况见表4。

表4　　　　　　　　　　　　　　　　　　　　区位商值表

产业	金融业	租赁和商务服务业	教育业	信息传输、计算机服务、软件业
区位商	0.54	0.82	1.05	1.29

从计算结果来看，区位商大于1的产业有两个，即教育业与信息传输、计算机服务、软件业，而金融业、租赁和商务服务业的区位商值小于1。

3. 最终结论、启示与讨论

本文是基于主成分分析与区位商检验进行分析的，所得出的结论及启示具有一定参考价值。有利于促进吉林省现代服务业的发展，同时，由于笔者知识水平有限，文章某些方面可能存在缺点与不足。具体结论、启示意义及讨论如下：

3.1 最终结论

结合前文研究成果及相关检验分析，可以得出以下结论：

（1）金融业不能选为吉林省现代服务业的主导产业。金融业的主成分分析综合得分虽高，但其区位商显示其并不是吉林省的优势产业。金融业本身是国民经济的血脉所在，目前吉林省经济总量位于全国中等位置，经济仍然主要依靠工业带动，加之相对封闭的地理位置，这些因素都使吉林省金融业的发展、改革和创新受到一定影响，导致吉林省的金融行业在全国范围内并不具有竞争优势，故我们不将金融业选为吉林省现代服务业的主导产业。

（2）租赁和商务服务业不能选为吉林省现代服务业的主导产业。租赁和商务服务业的区位商分析同样显示其不是吉林省的现代服务业主导产业。具体来说，吉林省的租赁和商务服务业发展水平略低于全国平均水平，发展也不成熟，经营规模较小，受市场价格影响剧烈，抵抗风险的能力低、监管滞后，其本身不具备主导产业的特征，故不将租赁和商务服务业选为吉林省现代服务业的主导产业。

（3）教育业，信息传输、计算机服务、软件业选为吉林省现代服务业的主导产业。参照主成分分析结论及对省内优势产业的区位商检验结果，最终选定教育业，信息传输、计算机服务、软件业这两个现代服务产业作为目前吉林省现代服务业的主导产业。但我们也应该注意到，虽然教育业，信息传输、计算机服务、软件业的区位商均大于1，但这两个产业的比较优势并不显著，或者我们只能说吉林省在这两个现代服务产业上具有潜在优势，这也在一定程度上揭示出作为老工业基地的吉林省，其现代服务业发展水平不高的事实。

3.2 基于结论的启示

综合主成分分析和区位商检验所得到的现代服务业主导产业对吉林省来说既是机遇，同时也是挑战。一方面，鉴于吉林省现代服务业主导产业选择方法及检验的科学合理性，分析结论可以为政府制定相关的产业政策提供一定理论指导，具有一定启示作用。另一方面，虽然分析得出的能作为吉林省现代服务业主导产业的两个产业在全国范围内已经具有一定的专业化优势，但和国内其他地区相比其产业优势并不明显，若是把握不好，可能把仅存的微小优势也丢掉。政府应提高重视，积极培育引导那些具有优势或潜在优势的现代服务业主导产业。

新时期下，吉林省应紧紧抓住国家振兴东北老工业基地的战略机遇，充分利用国家振兴老工业基地的政策措施，争取到国家更多的人力、物力和政策等方面的支持。要发挥政府在现代服务业发展中的投资引导作用，加大财政和科技资金对现代服务业重点项目发展的投资力度，建立现代服务业发展的专项基金，促进现代服务业实现跨越式发展，拓宽吉林省现代服务业投资途径；吉林省各地市政府也要合理引进一定数额的服务业发展资金，用于建设那些重点的现代服务产业，紧跟省委、省政府政策引导，进一步扩大现代服务业资金引导力度，吸引更多的社会资金投入到本地现代服务领域。

具体来说，首先，政府应该加大对教育业与信息传输、计算机服务、软件业两个主导产业的投资力度，重点发展，扩大其在全国范围内同行业竞争中的优势。

其次，考虑吉林省现代服务业整体发展水平低下、发展不协调等现实问题，政府应该适当加大对那些在省内现代服务业中具有一定优势的产业的投资，如金融业、租赁和商务服务业，逐步加快其发展步伐，使其逐步成为全国范围内具有一定竞争优势的产业。

再次，还有一些现代服务产业不仅在全国范围内不具有竞争力，而且在吉林省现代服务业中也是属于比较落后的产业，如科研研究、技术服务和地质勘查业与文化、体育和娱乐业，考虑到这些产业对新时期下吉林省经济社会发展影响巨大，政府要给予相当重视，尽快培育，充分利用优势产业对这些产业的带动、辐射与示范作用，使其快速成长为吉林省具有一定竞争力的现代服务产业①。

3.3 讨论

结合前文旋转因子载荷矩阵和表3，可以知道综合排名与增加值系数(X_3)基本上成正相关关系，要想提高某产业的综合排名，在一定程度上可以通过提高增加值系数这项指标的数值来实现，而产业增加值又与投资有关，因此，可通过投资来实现不同产业的阶段性发展需要。针对不同产业的发展水平及排名情况，本文提出了相应的解决方案。简单地说，政府对当前的主导产业投资力度最大，其次是潜在优势产业，最后才是那些不论在国内和还是在省内都不具有竞争力的现代服务产业，这在一定程度上也符合政府的支持政策。

但我们从增加值系数的计算公式看，在产业增加值可控范围内，增加投资并不一定提高了增加值系数。增加值系数是个双变量函数，我们不能单纯地认为提高某产业的投资就可以提高增加值系数进而增加该产业的竞争力，这是本文启示部分值得商榷的地方。接下来，笔者将会就这一问题进行进一步研究，拟通过实验的方式进行更为深入的探讨。

另外，本文在选定现代服务业主导产业选择的行业范畴时是以广东省统计局对现代服务业的行业界定为标准的，这在某种程度上说是不够合理的，毕竟吉林省和广东省的经济发展模式、服务业发展水平差距较大，而现代服务业的行业界定与经济发展模式及服务业发展阶段有一定关系，所以就目前来看本

---

① 蒋晓泉. 主导产业规划政策研究[J]. 经济研究，1994，5：66-71.

文在划定现代服务业范畴时也存在着不合理的地方。

再者，限于数据的可获得性以及笔者自身水平，本研究中可能存在其他不足之处。

（作者电子信箱：zhanglong19870820@163.com）

◎ 参考文献

[1] 李志堂. 现代服务业研究成果评述[M]. 北京：商业时代，2007，15.

[2] 李朝鲜，李宝仁. 现代服务业评价指标体系与方法研究[M]. 北京：中国经济出版社，2007.

[3] 朱妍琦. 洛阳市现代服务业主导产业的选择与发展研究[D]. 兰州：兰州大学，2010.

[4] 刘文华，田应华，刘伟辉，等. 重庆市服务业主导产业的选择与发展对策[J]. 经济地理，2011，9.

[5] 方鹏程. 区位商视角下的深圳优势产业实证分析[J]. 特区经济，2011，9.

[6] 王一卉，刘腾飞，范如婷. 江苏省现代服务业主导产业选择研究[J]. 江苏商论，2110，8.

[7] 蒋晓泉. 主导产业规划政策研究[J]. 经济研究，1994，5.

Analysis on Leading Industry Selection of Modern Service Based on Location Quotient Perspective

— Taking Jilin Province for Example

Han Yuefeng[1]   Shen Yingqi[2]   Zhang Long [3]

(1 College of International Exchange, Jilin University of Finance and Economics, Changchun, 130117；

1, 2, 3 College of International Economics and Trade, Jilin University of Finance and Economics, Changchun, 130117)

Abstract: The development of modern service industry is useful for the rapid development of the economic, optimization and upgrading of industrial structure and can reduce the dependence of economic development on environmental resources. It is the inevitable choice to achieve sustainable development of China. The modern service industry plays an important role in the process of economic development and social progress. To further develop the promoting and nurturing roles of the modern service industry, we need first select and nurture the leading industries of the modern service industry. In view of this, firstly the paper selects nine modern service industry indexes. Then it analyzes comprehensive competitiveness of these indexes by the principal component analysis method in Jilin Province. Research shows that the province's top five includes the financial sector, leasing and business services, education, real estate and information transmission, computer services, software industry's overall competitiveness. Then it makes further examination using the location quotient. That reveals that only two industries (education industry and the information transmission, computer services and software) can be established as the leading industries of the modern service industry in Jilin Province among five industries selected by principal component analysis. Finally, it summarizes revelation based on research findings and further discusses.

Key words: Location quotient; Modern services; Leading industry; Jilin Province; Principal component analysis

战略性新兴产业项目价值评估与
风险防范研究[*]

● 张宗成[1]　王　郧[2]

（1，2 华中科技大学非传统安全研究中心　武汉　430074 ）

【摘　要】本文系统研究了战略性新兴产业项目价值评估和投融资风险防范。首先从高新科技企业的特点入手，比较了传统的企业价值评估的理论方法和高新科技企业的价值评估方法；其次分析了战略性新兴产业的投融资风险构成和成因；最后在前两者基础之上，构建了战略型新兴产业的投融资风险防范机制和投融资渠道选择策略。

【关键词】战略性新兴产业　价值评估　期权定价模型　投融资风险

随着我国出台"十二五"规划发展纲要，把战略性新兴产业培育发展成为先导性、支柱性产业成为当前经济发展形势下的首要任务。而战略性新兴产业的项目价值评估与风险管理，一直是学术界和实务界认真研究和探讨的重要课题。本文是对这一问题的系统性深入研究和整理。本文首先在现有前沿文献综述的基础上，总结了高新科技企业价值评估方法及模型，其次系统性分析了战略性新兴产业投融资风险构成和成因；最后构建了战略型新兴产业的投融资风险防范机制和投融资渠道选择策略。

1. 现有研究文献综述

现有的文献中，有关企业价值评估方法的研究文献众多，就具体的方法而言，传统估价方法偏重于成本、收益、资产、负债和银行账户资金往来，故难以适应高新技术企业价值评估。目前国际上通用资产评估方法可分为：成本法、市场法和收益法（汤姆·科普兰，2002）。方静（2004）研究指出，传统的成本法、市场法和收益法等企业价值评估方法偏重于成本、收益、资产、负债和银行账户资金往来，对于高新科技企业，由于其自身所具有的缺少实物资产、高风险性、高成长性、缺乏信用记载这些特点，采用传统的估价方法会造成较大误差。从在理论界和实务界对高新科技企业估价问题所进行的研究看，主要有两类：一类是在传统的企业估值方法的理论和框架内，通过对某些指标的调整而实现对高新科技企业的估值，如折现现金流量法；另一类是突破传统企业估价理论，把实物期权方法引入高新科技企业的估值中。依据现代经济增长理论，在对高新科技企业进行价值评估时要做到：认识知识经济时代高新科技企业资产的价值构成，关注企业整体素质和管理制度，注重资产评估方法的选择和创新。肖翔（2003）研究了高新技术企业的特殊性，以及由此决定的评估方面的特点和难点；结合高新技术企业的不同发展阶段的特

＊ 本文是国家"985"工程（2010—2020 年）"非传统安全研究"资助项目，第 52 批中国博士后科学基金面上资助课题（项目批准号：2012M521435）的阶段性研究成果。

点，重点研究了折现现金流法、期权定价法、综合法等评估方法的应用及其适用范围。本文主要探讨基于期权定价模型的估价方法在高新技术企业中的应用，该方法的优点在于较好地解决了折现现金流量法的主观判断性强的问题。

对于战略性新兴产业的风险分析与防范，近年来也涌现了大量研究文献，在此不一一赘述。刘铁和王九云（2011）做了一个总结性综述指出：战略性新兴产业项目的风险有事故风险、技术风险、市场风险、效益风险、融资风险、管理风险。战略性新兴产业项目风险存在的原因有：特性、天灾、人祸。某些战略性新兴产业项目的事故风险一旦发生，其后果极为严重，如苏联切尔诺贝利核灾难和日本福岛第一核电站事故。对战略性新兴产业项目风险的防范需要建立健全风险的评价与设计机制、预测与预警机制、投资与救助机制、减灾与防灾机制、保险与赔偿机制、政策与体制机制、宣传与教育机制、监督与管理机制。然而作者并没有深入研究和具体分析风险的成因，以及具体防范机制的设计问题。本文旨在弥补这方面的研究积累。

2. 高新科技企业价值评估方法

高新科技企业构成和推动了战略新兴产业，因此战略性新兴产业投资和融资的具体对象是高新科技企业。而战略性新兴产业投融资风险管理的首要任务，是对高新科技企业的价值评估。对高新科技企业进行价值评估，就必须充分考虑人力资源、专业技术等无形资产发挥的独特作用。

鉴于高新技术公司的风险特性，可用期权定价模型，把企业拥有的无形资产所有权看作一个买方期权，应用于企业价值评估值中。在期权定价模型中，最著名的是 Black-Scholes 模型。设买权价值 $= C$，买权价值 C 代表期权价格，即是要评估的企业对象。标的资产当前市场价值 $= S_0$，执行价格 $= X$。对于一个执行价格为 X，标的资产当前价值为 S_0 的买方期权，其收益的现金流等于 $S_0 - X$；但是当 $S_0 \leq X$ 的时候，由于投资者会放弃行权，这种情况下它的收益现金流为 0：价格上扬（$S_0 > X$）时，投资者选择执行期权，按照期权执行价格来买股票；如果价格下跌（$S_0 \leq X$），投资者就会选择放弃期权，因为期权是一个并不附有义务的权利。

买权的价值公式（如果是卖权只需要把 $S_t - X$ 修改为 $X - S_t$）：

$$C = e^{-rt} E[\max(S_t - X, 0)]$$

其中，$\max(.)$ 是最大值的函数，S_t 是指行权时的股票市场价格，是一个波动值，因此公式中使用了求期望值的符号 E。e^{-rt} 是连续复利的折现系数（e 为自然对数的底），其作用是把标的资产到期日的价值折现为当前的价值。X 为固定值（执行价 X 是签合约时固定的），C 的价值取决于 S_t 的各种取值及其相应的概率。假设 S_t 服从对数正态分布，则通过对 Black-Scholes 微分方程的积分求解，可以得到 Black-Scholes 模型的应用形式：

$$C = S_0 N(d_1) - X e^{-rt} N(d_2)$$

其中 $N(x)$ 表示标准正态分布函数，即：

$$N(x) = P[Z \leq x]$$

表示在正态分布的情况下，变量值不大于 x 的累计概率。公式中的 d_1、d_2 和其他变量定义如下：

$$d_1 = \frac{\ln(S_0/X) + (r + \sigma^2/2)t}{\sigma\sqrt{t}}$$

$$d_2 = d_1 - \sigma\sqrt{t}$$

式中，X 代表执行价；S_0 代表标的资产现价；t 代表期权到期日前的时间；σ 代表股票年回报率标准差；r

代表无风险利率(常数)。

在实际应用中我们还要考虑标的股票派发股利的情况。股利的现值是股票价值的一部分，但是只有股东可以享有该收益，期权持有人不能享有。因此，在计算标的股票股价时要从股价中扣除期权到期日前所派发的全部股利的现值。也就是说把所有到期日前发放的未来股利视同已经发放，将这些股利的现值从现行股票价格中扣除。此时，模型建立在调整后的股票价格而不是实际价格基础上。在企业价值评估中，企业的利润分配可以视为股票的股利派发。调整后的 Black-Scholes 模型如下：

$$C = S_0 e^{-\delta t} N(d_1) - X e^{-rt} N(d_2)$$

$$d_1 = \frac{\ln(S_0/X) + (r - \delta + \sigma^2/2)t}{\sigma\sqrt{t}}$$

$$d_2 = d_1 - \sigma\sqrt{t}$$

$\delta = $ 标的股票(资产)的年股利收益率(假设股利连续支付)

接下来做一个实例分析：假设一个拥有制造一种治疗溃疡药品专利权的企业家正在与一家医药公司进行接触。这名企业家已经得到了美国食品药品管理署(FDA)的批文，可在今后20年内享有此项专利权。虽然这种药品确有较好的疗效，但非常昂贵，市场也相对较小。设生产这种药品的原始投资为5亿美元，而当前销售这种药品所获现金流量的现值仅为3.5亿美元。假定通过数据的收集和分析，产品现金流量现值的年方差为0.05。

虽然目前销售药品所获的净现值为负，但生产这种产品的专利权可能仍是有价值的，因为现金流的现值会发生变化。换句话说，一两年后完全有可能出现这种药品的生产不仅可行而且还可能盈利的情况。

期权定价模型中的一些输入变量如下：

标的资产价值＝生产销售该药品所获得现金流的现值＝$S_0 = 3.5$(亿元)

执行价值＝生产该药品所需原始投资＝$X = 5$(亿元)

期权有效期＝专利权的寿命＝$t = 20$(年)

无风险利率＝与期权期限相同的国库券利率＝$r = 7\%$

标的资产价格变动方差＝计算机模拟现金流现值的方差＝$\sigma^2 = 0.05$

红利收益率＝$\dfrac{1}{专利权的寿命} = \delta = 0.05$

根据上述参数，分别计算各项数据如下：

$d_1 = 0.5432$　　　$N(d_1) = 0.7065$

$d_2 = -0.4567$　　$N(d_2) = 0.3240$

$e^{-\delta t} = 0.3679$　　$e^{-rt} = 0.2466$

股权价值＝买方期权价值＝$S_0 e^{-\delta t} N(d_1) - X e^{-rt} N(d_2) = 5102$(万元)

这个例子说明，虽然这种治疗溃疡药物的专利目前测算的净现值为负，但是对专利所有者而言，这个专利是有价值的。整个计算过程的关键是如何定义案例里的数字作为期权定价公式里的变量。人们对未来经济增长模式难以预测，在这样的环境下技术的发展及其应用前景都很不确定，对于企业来说能否把握不确定环境下的各种投资机会在很大程度上决定企业的价值。期权定价方法无需预测未来，计算时输入变量少而且客观，因此它很好地解决了传统的折现现金流量法中存在的主观性强的问题。由此可见，期权定价模型可以广泛地应用于高新科技企业的价值评估。

3. 战略性新兴产业投融资风险构成及成因

3.1 战略性新兴产业投融资风险构成分析

实施战略性新兴产业项目的风险主要包括以下方面，如图1所示①：

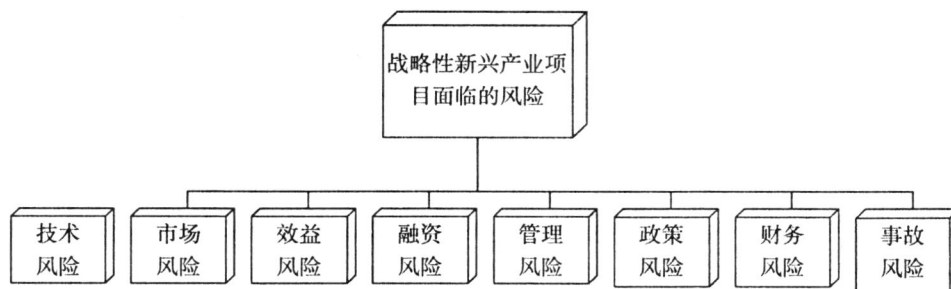

图1 战略性新兴产业项目面临的风险

3.1.1 事故风险

战略性新兴产业项目的事故风险，是指战略性新兴产业项目在实施过程中发生的可以带来人员伤亡、物质损失或环境污染的意外事件的可能性、危险性。发生事故可能给项目自身及周边带来人员伤亡、物质损失和环境生态的损失、破坏等多种危害、危险和损失，甚至毁灭性的损失。核电事故就是突出的例证。世界历史上至少发生过10次核事故，造成核污染面积广、危害大、时间长的事故有两次。一次是1986年4月26日苏联切尔诺贝利核电事故，是7级；另一次是2011年3月11日日本福岛发生的核电事故，也是7级。切尔诺贝利核电站核污染事故已有27年，但后遗症仍未消除。日本福岛核事故的核泄漏对太平洋的污染，据专家预测可能持续30年。在战略性新兴产业的其他产业、领域里的项目也存在不同程度、不同表现形式的风险性。

3.1.2 技术风险

战略性新兴产业项目的发展需要新兴技术与新兴产业的高度融合。在项目实施中技术研发、技术转化、技术应用及在产品生产、产品经营、产品使用过程中因技术因素，而常常出现风险。战略性新兴产业项目理处于高新技术前沿，一般是前所未有的新技术，从技术原理的构思到技术开发组织实施过程中，可能遇到诸如试验、转化、产品开发过程中有如工艺、设备、材料等多方的困难。有些相关的技术未必可用，可用的技术未必成熟，在新技术开发中存在难以预料的不确定性。有资料表明，战略性新兴产业化项目在许多西方国家的失败率高达80％。在新技术试验准备、新技术转化为产品等过程，都存在风险。

3.1.3 市场风险

由于国内外市场竞争激烈，不确定性因素很多，必然会给战略性新兴产业项目及产品带来较大的市场风险。市场波动大、变化快，战略性新兴产业项目产品和服务，特别是未定型产品、新产品的市场可变因素多，在产品营销数量和质量上、营销结构和方式上，可能出现不对称、不协调，在市场接受能力、市场接受时间、市场接受空间上，都存在风险因素。在著名的录像带格式竞争中，索尼公司的BRTE格式在性能上远远强于VHS格式，但是VHS格式却在民用市场中获得成功。在市场竞争中，一个产品不仅要

---

① 刘铁，王九云．战略性新兴产业项目风险分析与防范[J]．学习与探索，2011，5：167．

看其技术是否先进，还要受到用户的消费习惯、消费成本、市场规模和特点，以及企业的市场策略等因素的影响。

3.1.4 效益风险

战略性新兴产业项目是以新技术、高投入为比较优势取得有利市场竞争地位，并争取获得高额利润。但是，战略性新兴产业并不一定会获得高额利润，也可能是利润不高，还可能是负利润。

一是因为战略性新兴产业中的个别行业项目极具社会价值，是国家急需，极具战略意义。在政治、经济、社会、国防、民生等方面极具战略价值的新兴产业项目，但企业经济效益可能不高或者是负利润。二是竞争风险所导致。战略性新兴产业项目的新产品，如果未能尽快进入市场或项目产品持续创新能力不足，优势和垄断地位被打破，出现众多竞争者，面对市场竞争，产品价格就要降低，商业利润就要锐减。这与战略性新兴产业项目高投入正好形成反差，使产业项目失去赢利机会，出现较明显的效益风险。

3.1.5 融资风险

战略性新兴产业项目与战略性新兴产业一样具有三大融资风险：一是前期高投入低收益带来的融资风险；二是市场的不确定性带来的融资风险；三是核心技术研发能力不足带来的融资风险。

3.1.6 管理风险

管理风险包括管理体制缺陷带来的风险和管理经验不足带来的风险。体制机制是促进和制约我国培育发展战略性新兴产业的关键。管理体制机制不顺，也会制约企业发展而带来风险。我国战略性新兴产业的发展具有举国体制、后发空间、市场规划的特点和优势。作为已经提升到国家和区域战略层面的战略性新兴产业的培育发展，也面临着许多尚未打破的体制僵局和机制障碍。

3.1.7 政策风险

政策风险的一个体现是：因政府法律、法规、政策、管理体制、规划的变动，税率、利率的变化或行业专项整治，双边或多边贸易摩擦等造成的影响。政策风险另一个体现是：不同省市的产业扶持政策同构化、政策的短期行为、政策缺乏系统性以及国际贸易摩擦。

3.1.8 财务风险

财务风险是各种风险的综合体现。广义的财务风险主要包括融资风险、投资风险、资金收回风险和收益分配风险。国际上通行的财务风险主要是指狭义的财务风险，是指在融资环节引发的财务风险，即指企业在融资过程中，由融资来源和融资结构等因素引发的财务风险，主要表现为融资需求得不到满足，债务结构不合理，财务指标出现异常变动。一方面是我国融资体系尚不健全，企业普遍存在融资难、资金成本高、融资结构不合理的问题；另一方面新兴产业的高风险，使得收益不稳定，如果公司用负债进行的投资不能按期收回并取得预期收益，公司必将面临无力偿还债务的风险。

3.2 战略性新兴产业投融资风险成因

战略性新兴产业的高新技术基础决定了其产业特点以及融资过程中不同于其他产业的特有风险因素，其风险成因具体如图2所示：

3.2.1 前期高投入低收益

战略性新兴产业初始研发期的大量资金需求和极低的收益水平，较长的研发期使得企业在产品研发阶段长时间处于对资金的迫切需求之中，而此时的低销售量低收益又使得企业的盈利能力和偿债能力指标在一段时间内都处在很低的水平，鉴于投资风险与时间的正向变动关系，投资者往往不愿意将资本投入需要很长时间才能有投资回报的高新科技企业，而金融机构同样不倾向把资金借给偿债能力不佳的企业。同时，限于证券市场对于公司连续盈利3年才可上市规则，大部分高新科技企业在初创期是无法进行股票融资的。加之研发阶段高新科技企业的资金需求压力，使得该行业内企业在初创期及成长期时产品

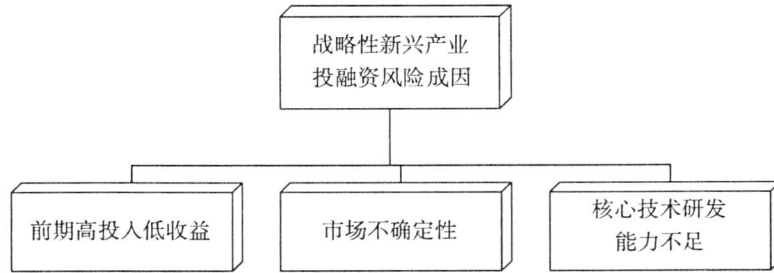

图2 战略性新兴产业投融资风险成因

研发阶段中的融资风险急剧上升，融资能力严重受限。

3.2.2 市场不确定性

战略性新兴产业所运用的技术往往具有前瞻性和复杂性，虽然其间也使用大量的市场调查数据，但其在研发阶段所确定的开发方向和目标市场大多是依据企业对市场的主观预期。不过，在当下科学技术飞速发展的时代，技术的发展和需求具有极大的变动性和不确定性，这些不确定因素使得高新科技企业的产品即使在研发成功后，也无法得到足够的市场需求保证。因而，该行业内的企业具有相当大的投资风险，而金融资本的所有者或代理人在进行资本投资或资金借贷时势必把资金的可收回性放在决策因素的首位。而像前景未定、不确定因素繁多的战略性新兴产业又使得资本所有者无法确定自身的投资风险及必要收益的大小，最终减低了资本所有者的投资或借款意愿，加大了高新科技企业融资障碍。

3.2.3 核心技术研发能力不足

核心技术是产品核心竞争力的关键决定因素之一，而核心竞争力又直接决定了高新科技企业产品的市场占有能力和产品盈利能力，它是一个企业甚至产业能否长期可持续发展的重要影响因素，尤其是科技含量极高的战略性新兴产业。能否拥有高新技术产品的核心技术研发能力，影响了产品的市场适应力和更新换代速度，进而影响高新科技企业的盈利能力。同时，核心技术的控制权还大大影响着高新技术产品的销售利润在不同主体间的分配，仅仅依靠出卖单纯的劳动力进行机械化批量生产却无力接触核心技术的生产方往往只能分得高新技术产品销售利润中极小的一部分，而核心技术的研发方却可凭借其对专利权的控制分得极高的利润份额。这样，不佳的核心技术研发能力一方面会降低战略性新兴产业的盈利能力，使其不能在通过金融机构融资时获得优质评价，进而加大债权融资难度。同时，核心技术受控于他人的战略性新兴产业也会因较大的依赖性而丧失独立经营决策的能力，产生更大的不确定性，于投资人而言风险增加，收益不可控，从而降低其投资意愿，增加股权融资的难度。不可否认的是，中国目前的战略性新兴产业对核心技术的研发能力较之于西方国家还存在着较大的差距，很多高科技产品的核心技术还掌握在他人手中，因研发能力不足带来的融资风险正日渐突出。

4. 战略性新兴产业投融资风险防范及渠道选择

对战略性新兴产业投融资风险的分析是为了更有效及时地对其融资风险进行防范，以最大限度地降低该风险对企业经营发展的限制和影响，而具体的风险防范措施是不可或缺的，可以放在一整套的投融资风险防范机制设计中去考虑。而投融资渠道选择策略主要是针对产业生命周期发展的各个阶段而言的，是风险防范措施的具体细化。

4.1 战略性新兴产业投融资风险防范措施

战略性新兴产业投融资风险防范措施如图3所示。

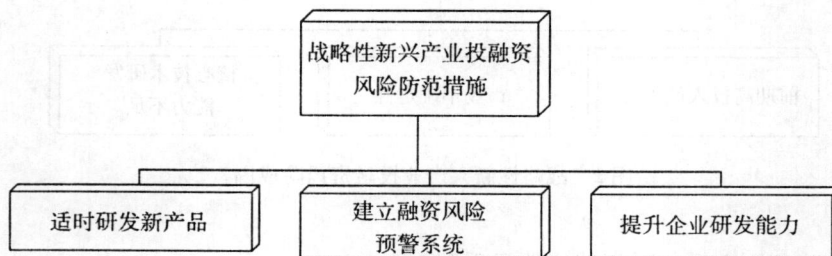

图3　战略性新兴产业投融资风险防范措施

4.1.1　适时研发新产品

由战略性新兴产业的投融资风险分析,可以知道高科技产品往往要经过较长的研发阶段,此阶段新产品几乎无法带来任何现金流入,且在研发期又需要大量持续的资金投入,因此,要防范此时因高投入低收益带来的融资风险,就要合理规划新产品的研发时间。首先,高新科技企业应尽量避免多产品的同时研发,否则将带来较大的资金需求压力,引发更深的融资危机。另外,新产品的研发最好选择在企业其他产品已进入成熟期的时期,因为处于成熟期的产品其产销量较为稳定,已不需要更多的资金投入,相反却可带来稳定的现金流入,从而支持高新科技企业进行新产品的研发,有效缓解资金需求的压力。除了考虑企业自身,新产品的研发决策还应结合市场因素,即研发前应进行详尽的市场需求以及行业环境的调查,确保产品的上市能够避开经济波动较大、市场需求低迷的时期,力求稳健。

4.1.2　建立融资风险预警系统

目前,国外众多大型高新科技企业都有极强的财务风险管理意识,尤其是对融资风险的监控与防范,相比之下,国内企业在这方面的关注明显不足,其对融资过程中的风险尚不具备应有的名感性,因此急需建立一套有效适用的融资风险预警系统,以求及时准确掌握企业的融资风险水平,在危机发生前进行控制。一套有效的融资风险预警系统,应该具有监测、识别、预防与补救三大功能,也即该系统应能够监测企业运营的整个过程,实时监控企业的融资风险水平,准确识别可能导致融资危机发生的因素和事件,并可以在危机发生前提示企业采取恰当的措施予以预防,也能够在危机发生时为企业提供有效的补救方案。同时,为使高新科技企业可以更好地利用该系统,企业应建立专门的风险管理组织机构,并配备专业人士研究适合本企业的融资风险预警系统,系统内控制因素及控制程序都应充分结合战略性新兴产业以及企业自身的特点,具有针对性和代表性,而这些都需要企业管理层的支持和合理授权才能实现。

4.1.3　提升企业研发能力

为更顺利的获得金融机构的贷款以及投资者的注资,从而降低融资风险,最根本的方式就是提升产业的综合竞争力,提高业内企业的盈利能力,而要达到这样的目标,对于战略性新兴产业,最关键的因素就是能否提升企业对高科技产品的研发能力,能否掌握高科技产品的核心技术。目前很多企业采取的方式是吸引外资,利用跨国公司的形式来获得更多的高新技术,从而提升自身的研发能力。这不失为了解最新科技的有效方法,但要从根本上提升研发能力,高新科技企业还需竭力提升自主研发创新科技的能力,在加大研发投入的同时,着重吸纳和培养高端科技人才,建立专业化的研发基地,营造良好的科研创新氛围。

128

4.2 战略性新兴产业发展阶段分析

根据产业发展周期理论，产业发展可以分为初创期、成长期、成熟期、持续期及衰退期。在不同的发展阶段，需要采取不同的投融资策略。进入衰退期时，除采取一定措施维持和延长生命周期而外，产业应主动转型升级、对产品应快速更新换代，即进入新一轮的初创期。技术体系、创新路径、主导设计、产业规模和市场环境是技术创新向战略性新兴产业演变中涉及的五大要素。技术体系、创新模式、主导设计主要反映的是技术创新能力，产业规模、市场环境主要反映的是市场开发能力。可以从这五大因素着手（如表1所示），分别分析和归纳战略性新兴产业的孕育、成长和发展三个阶段的特征。

表1   七大战略性新兴产业发展阶段判断

创新要素	节能环保	新一代信息技术	生物	高端装备制造	新能源	新材料	新能源汽车
技术体系	B	C	A	B	C	B	B
创新模式	B	C	A	B	B	B	B
主导设计	B	C	A	B	A	B	B
经济规模	B	C	A	B	A	A	A
市场环境	C	B	A	B	A	B	B
综合判断	B	C	A	B	A	B	B

注：A 代表初创期，B 代表成长期，C 代表发展期，D 代表成熟期。

资料来源：段小华. 战略性新兴产业的投入方式、组织形式与政策手段. 改革，2011，2：93.

不同战略性新兴产业由于技术基础、发展模式和产业背景不同，技术创新和市场发育可能很不平衡。五个要素可能处于不同的阶段，有的产业技术领先于市场，有的产业市场领先于技术。综合五个要素判断，生物产业、新能源产业处于初创期，节能环保、高端装备制造、新材料、新能源汽车产业处于成长期，新一代信息技术产业处于发展期，战略性新兴产业的阶段性特征描述如表2所示。

表2   战略性新兴产业的阶段性特征描述

创新要素	孕育期	成长期	发展期	形成的标志
技术体系	主要核心技术研发已经取得突破	解决了大部分的产品开发和工艺流程，具备技术集成应用条件	上下游产业配套技术的全面发展，构成新的产业技术体系	"三网融合"的计算机网络通信、内容产业、终端显示等技术体系完备
创新模式	突破性的产品创新开始出现，新企业群体和破坏性的技术体系进入行业	产品创新和工艺创新并行，技术路线基本确定	产品创新减少，大量渐进性的工艺创新出现，产业趋于稳定	如新能源产业、生物育种产业改变了传统能源和农业创新模式
主导设计	无明确的主导设计，各种技术路线并存	开发出明确的主导设计，新产品、新技术的成本不断下降，工艺趋于完善	主导产品和技术相对成熟，标准体系已形成，可大规模市场应用	如传感器的微型化、规模化应用对物联网产业的形成新的发展机会

创新要素	孕育期	成长期	发展期	形成的标志
产业规模	新兴产业的用户较少,产业规模小,但增长很快,配套产业尚不完善、不平衡	新兴产业的产值、专用设备和配套产业等在整个经济体系中的总规模达到一定量级	新兴产业已形成完整的产业链,上下游配套产业已经完备,正向国民经济主导产业发展	如新能源汽车在电池技术充电设施、可靠性等取得突破,综合使用成本较低,形成经济规模,进入家用市场
市场环境	由于路径依赖性,生产和消费脱节,投融资体制不健全,商业模式未成型,产业政策尚待建立	适合不同类型技术、不同类型企业、不同商业模式的市场结构和政策环境初步形成	已形成多种成熟的商业模式,竞争环境有序,产业政策完备	如新材料、新能源等解决了多品种、微量、非稳定等多种技术问题,应用领域多,存在多种投融资模式和产业政策

资料来源:段小华.战略性新兴产业的投入方式、组织形式与政策手段.改革,2011,2:91.

4.2.1 战略性新兴产业初创期投融资策略

在产业初创期,新产品尚未得到市场认可,市场不确定因素较多,生产技术不稳定,企业短期偿债能力弱,经营尚未步入正轨。对与这一阶段的投融资渠道,如果采用银行贷款等债权融资,则需要企业还本付息,会增加企业经营负担,同时也会加大银行风险。因此,自有资产投资、政府投资,以及风险投资、私募股权投资、创业板上市、借壳上市等风险偏好型的股权融资渠道更适合该阶段的融资需求。

4.2.2 战略性新兴产业成长期投融资策略

进入产业成长期,新兴产业基本得到市场认同,主要产品销量快速增长,经营风险明显下降,但为寻求扩张和开发新产品的资金需求巨大。如节能环保、高端装备、新材料和新能源汽车产业,形成了一定的技术体系和创新模式,市场规模有较大的成长空间,总体来看处于产业成长期。

此时企业内部产生的净现金流量可能还为负,将主要依靠外部资金。因此,金融机构长期借款或中短期贷款、政策性贷款等债权融资渠道,以及保守型风险投资、国际组织信贷等股权融资渠道更适合该阶段的融资需求。

4.2.3 战略性新兴产业成熟期投融资策略

进入产业成熟期,代表性产品占据了市场,技术风险、经营风险和市场风险明显下降,企业盈利能力不断显现,现金净流入量增加。如新一代信息技术产业技术相对成熟,市场需求较为稳定,部分龙头企业已向产业成熟期迈进。

在这一阶段投资方更加看重对企业所有权的控制,并开始注重成本控制。此阶段商业银行贷款、债券融资等低成本的债权融资渠道更适合,同时企业也可以利用留存收益、长期借款、商业信用、发行股票和短期借款等来满足资金需求。

4.2.4 战略性新兴产业持续期投融资策略

进入产业持续期,主要产品的市场份额相对稳定,生产技术和研发体系非常成熟,部分企业的规模和盈利能力达到证券市场主板公开上市的要求。如新能源产业中的光伏产业,2010年我国光伏电池产量连续4年居世界首位,由于基础较好,已经进入成熟期或持续期。

在该阶段,初创期和发展期介入的风险投资将逐步退出,企业融资以主板上市、并购融资、发行股票、非上市公司增资扩股等股权融资渠道为主(如图4所示)。

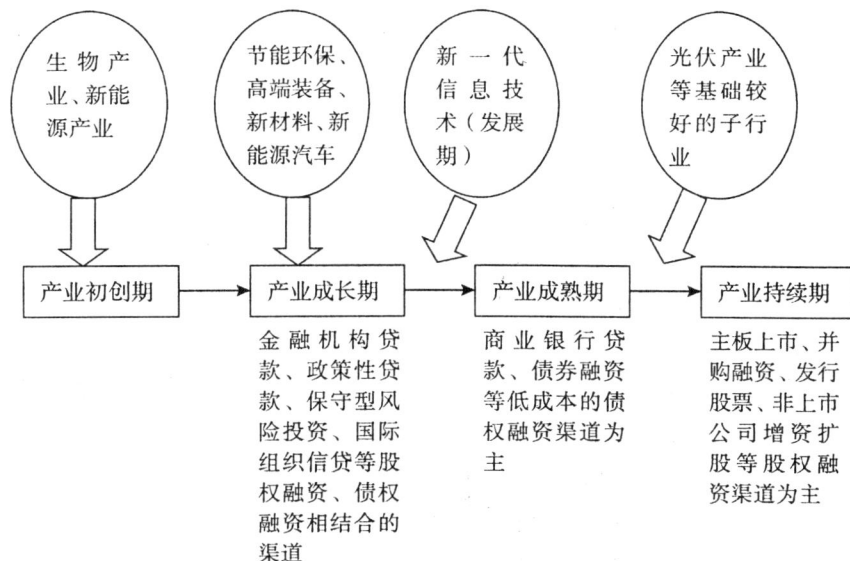

图 4 "四阶段"投融资渠道选择

4.3 战略性新兴产业投融资渠道选择策略

在进行了战略性新兴产业发展阶段分析之后，要将投融资风险防范措施具体细化，就必须结合投融资渠道选择策略来分析。而战略性新兴产业的重点环节主要包括技术研发和产业化两个环节，应根据不同环节的发展特点选择相应的投资渠道。

4.3.1 技术研发环节

技术研发属于技术密集型领域，风险大，不确定性因素多，市场前景不明朗。同时，研发企业资产以知识产权等无形资产为主，很难向银行等金融机构提供有效的固定资产抵押等担保方式，商业银行也会选择回避不确定风险，尤其是中小研发企业较难获得银行贷款。因此，研发环节更适合政府投资以及风险投资等风险偏好型的股权融资模式。

4.3.2 产业化环节

产业化环节是技术研发取得实质性进展后的市场推广阶段，固定资产投资以及流动资金周转所需资金需求较大。相对于技术研发环节，产业化环节市场风险较小，且成本基本可控。因此，处于产业化阶段的企业更适合于采用商业银行信贷等债权融资为主，股权融资为辅的风险稳健性融资模式(如图5所示)。

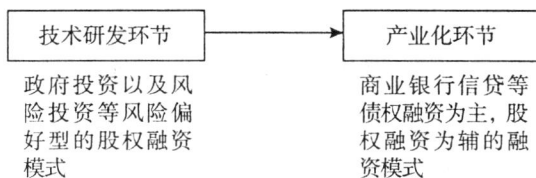

图 5 "两环节"投融资渠道选择

总体来看，要根据企业发展的实际情况来确定"四阶段、两环节"的投融资渠道选择策略。以生物产业为例，国内生物产业尚处于产业初创期，技术研发体系和自主创新能力远落后于国际先进水平，产业

131

总体投融资渠道以股权融资渠道为主。但是对于生物产业中部分技术和产品相对成熟的企业，公司业务主要处于产业化推广阶段，应当采用商业银行信贷等债权融资为主、股权融资为辅的融资模式。

（作者电子邮箱：chq0901@163.com）

◎ 参考文献

[1] 段小华. 战略性新兴产业的投入方式、组织形式与政策手段[J]. 改革，2011，2.

[2] 丁华. 战略性新兴产业的理论基础与研究现状. 选自：第七届中国科技政策与管理学术年会论文集[C]. 中国科学学与科技政策研究会，2011.

[3] 高峰. 战略性新兴产业融资对策模型研究. 选自：第六届中国科技政策与管理学术年会论文集[C]. 中国科学学与科技政策研究会，2010.

[4] 李德胜，赵永祥. 以技术创新加快培育和发展武汉战略性新兴产业的思考和建议. 选自：第七届中国科技政策与管理学术年会论文集[C]. 中国科学学与科技政策研究会，2011.

[5] 牛立超. 战略性新兴产业发展与演进研究[D]. 北京：首都经济贸易大学，2011.

[6] 汤姆·科普兰. 价值评估[M]. 北京：电子工业出版社，2002.

[7] 王桂荣. 高新科技企业价值评估方法研究[J]. 时代经贸，2008，12.

[8] 王春艳. 战略性新兴产业发展的国际比较及对我国的启示. 选自：2010年度京津冀区域协作论坛论文集[C]. 2010.

[9] 文静. 高新技术企业价值评估的研究[J]. 商业研究，2004，12.

[10] 肖翔. 高新技术企业价值评估方法研究[J]. 数量经济技术经济研究，2003，2.

[11] 肖建，谭胜，袁继国. 科技创业企业的风险投资项目价值评估模型[J]. 财经科学，2008，7.

[12] 杨意坚. 实物期权理论在新产品开发项目价值评估中的应用[J]. 生产力研究，2009，22.

[13] 张宗成，戚道安. 运用期权定价模型对债转股的定量研究[J]. 华中科技大学学报（社科版），2001，3.

[14] 张宗成，戚道安. 创业投资定价模型的推导[J]. 华中科技大学学报（自然科学版），2002，7.

[15] 周春喜，论创业板公司的资产评估[J]. 工业技术经济，2002，1.

[16] 朱东辰，余津津. 论风险投资中的风险企业价值评估——一种基于多阶段复合实物期权的分析[J]. 科研管理，2003，4.

The Value Assessment and Investment Financing Risk Prevention of Strategic Emerging Industries

Zhang Zongcheng[1] Wang Yun[2]

(1, 2Non-traditional Security Research Center of Huazhong University of Science & Technology, Wuhan, 430074)

Abstract：This paper studies the value assessment and investment financing risk prevention of Strategic emerging industries. First, we compare the method of traditional enterprise value assessment and method to assess the value of high-tech enterprises; secondly, we analysis the reason on the risk of investment and financing; finally, we construct the financing risk prevention mechanism and the financing channel selection strategy of strategic emerging industry.

Key words：Strategic emerging industry；Value assessment；B-S models；The risk of investment and financing

中国外汇储备币种组合的 VaR 分析

● 李　锋

（武汉大学经济与管理学院　武汉　430072）

【摘　要】本文对四组人民币汇率收益序列分别进行平稳性检验、正态性检验和异方差检验，验证了使用 VaR 模型度量中国外汇储备汇率风险的适用性。本文利用 GARCH 族模型估计储备资产组合的 VaR 值，并通过 VaR 值的准确性检验证实 GARCH-t 和 GARCH-GED 模型为我国外汇储备汇率风险的最佳度量方法。最后进行 VaR 值分解说明外汇储备币种组合的调整方向，即增持美元资产同时对欧元资产进行监控。

【关键词】外汇储备　汇率风险　VaR　GARCH

1. 导言

1994 年实施外汇管理体制改革以后，持续的国际收支双顺差导致我国外汇储备迅速累积，2006 年 2 月以后中国的外汇储备规模始终高居全球第一。截至 2012 年 12 月，中国外汇储备总量达到 3.3 万亿美元，超出 G7 国家（美国、日本、英国、德国、法国、加拿大、意大利）的总和。长期以来，中国把储备资产的安全性和流动性置于首位，官方外汇储备主要投资于发达国家高流动性和高安全性的货币工具和政府债券。2005 年 7 月我国实施汇率形成机制改革以后，伴随着外汇市场一系列配套措施的逐步出台，人民币对外币的汇率波动幅度逐渐加大，我们急需在准确度量储备资产汇率风险的基础上进行管理模式的创新。

Markowitz（1952）的《资产组合选择》一文中最早出现 VaR（Value at Risk，在险价值）的思想萌芽。Roy（1952）提出的"安全第一模型"可以视为 VaR 的起点。1994 年 J. P. Morgan 投资银行首先推出了基于 VaR 的风险度量系统 Risk Metrics。自此，对 VaR 模型的研究和应用逐渐走向成熟，目前它已发展成为银行、非银行金融机构等各类组织进行风险度量的标准方法。

VaR（Value at Risk，在险价值）指在一定的置信水平下，资产组合未来的一段时间内由于金融资产价格波动可能遭受的最大损失。对收益率概率分布的不同假设和估计，形成了 VaR 的三类算法：第一，非参数法，无须假定市场因子变化的统计分布，直接通过对已有历史数据的分析来模拟估计 VaR，主要包括历史模拟法、蒙特卡罗模拟法（Monte Carlo Simulation）和拔靴法（bootsstrapping）；第二，参数法，是利用资产价值函数与市场因子之间的近似关系、市场因子的统计分布特征来计算 VaR，通常假设收益率服从某一特定分布，计算过程涉及参数的估计，主要包括方差—协方差法和 GARCH 族模型（Generalized

Autoregressive Conditional Heteroskedasticity)等；第三，半参数法，是参数法和非参数法的混合体，核心思想是利用参数法得到样本数据的条件标准差，然后使用非参数法得到样本数据的分位数，进而得到 VaR 值，主要包括极值理论(extreme value theory)、条件在险价值(Conditional Value at Risk，CVaR)和最大似然 GARCH 等。计算 VaR 主要包括三个要素：组合资产的持有时间范围、置信水平以及资产收益率的分布，其中组合资产的持有时间范围和置信水平由主观确定，因此 VaR 计算的关键在于正确估算资产收益率分布。

具体到 VaR 模型在外汇储备汇率风险分析领域的应用，国外学者如 Chiou 等(2008)运用指数加权移动平均法(Exponential Weighted Moving Average，EWMA)、拔靴法、蒙特卡罗模拟法计算了三个组群(所有国家、工业国家和发展中国家)1995—2001 年外汇储备的 VaR 值，发现通过 EWMA 计算的方差—协方差法拟合效果最好。国内的艾之涛、杨招军(2010)同样使用 EWMA 的方差—协方差法估计 VaR 值，他们令日元和英镑比例为固定值15%和10%，通过变动美元和欧元的相对比例来考察对 VaR 的影响，发现：随着欧元权重的增加，外汇储备总体的 VaR 值不断增大。采用方差协方差法必须满足资产收益率服从正态分布的假设，但是以上两篇文献并没有在建模之前进行正态性检验。事实上，金融资产收益率不服从正态分布已经得到大量经验研究的支持。

王硕、曾诗鸿(2010)利用 VaR 方法研究中国外汇储备的风险结构认为，虽然中国外汇储备中美元资产的比重很大，但是美元资产边际 VaR、成分 VaR 较小，美元风险小，应当增持美元，而欧元资产对外汇储备 VaR 的影响较大，风险较大，应该减持欧元。不过该文正态性检验结果显示汇率对数收益率服从正态分布，这个结论与多数研究不同。潘志斌(2010)对中国外汇储备汇率风险的内部构成、边际变化及其额外增量的研究发现，欧元和英镑资产的成分 VaR 明显大于美元和日元资产，它们对中国外汇储备整体汇率风险的影响较大。该文利用局部线性估计法计算在非正态分布下的 VaR 值分解，较之于王硕、曾诗鸿(2010)更符合实际。

GARCH 模型因为能够有效刻画资产收益率波动的聚类和异方差现象，因而在计算外汇储备 VaR 时得到普遍应用。闫素仙、张建强(2012)利用 VaR-GARCH 模型进行实证研究，研究表明：欧元资产风险较大，对外汇储备的风险影响最大，虽然美元资产比重很大，但是美元资产的风险还是较小，对外汇储备的影响较小，而目前外汇储备中日元、英镑资产的比重非常低，因而对外汇储备的风险影响也较小。因此，考虑到控制外汇储备的风险，应当减持欧元资产，适当增持日元资产，谨慎增持英镑资产，在特定情况下，也可以继续适当增持美元资产。为了评价所构建模型对于 VaR 值度量的准确性，闫素仙、张建强(2012)使用 Kupiec(1995)提出的失败检验进行检测。Engle(2002)提出的 DCC-GARCH 模型克服了静态模型的缺点，能够更准确地度量外汇储备不同币种资产之间的动态相关性。马杰(2010)在实证分析中引入 DCC-GARCH(Dynamic Conditional Correlation GARCH)模型。姜昱、邢曙光(2010)则采用 DCC-GARCH 模型与 CVaR 相结合的方法动态分析外汇储备的汇率风险。CVaR 由 Rockafellar 和 Uryasev(2000)提出，同时考虑了超过 VaR 值的频率和超过 VaR 值损失的条件期望，改善了 VaR 模型在处理损失分布的厚尾现象时存在的问题。姜昱、邢曙光(2010)在估算 CVaR 时，也是主观设定收益率符合正态分布，他们计算出的 CVaR 比 VaR 更大，反映出 CVaR 是更谨慎的风险度量工具。

在前人研究的基础上，本文选取 2006 年 8 月 28 日到 2013 年 3 月 1 日的美元、欧元、日元和英镑四种货币对人民币的日汇率收益率进行 VaR 分析。具体来说，通过四种资产的 GARCH 模型计算出 VaR 值后，对 VaR 值进行准确性检验，以验证 VaR 值的准确性以及模型设定的合理性。然后借助 VaR 值分解，讨论中国外汇储备币种构成的调整方向。

2. 外汇储备汇率风险的 VaR 分析

2.1 数据选择与说明

中国没有对外公布外汇储备资产组合的具体币种信息。张斌等（2010）同时参考 IMF 的外汇储备币种构成数据（Currency Composition of Foreign Exchange Reserve，CCFER）和美国财政部国际资本报告系统数据（Treasury International Capital，TIC）估计中国外汇储备资产主要由美元、欧元、日元及英镑等货币资产构成，且各种货币资产的权重分别是：美元 71.1%，欧元 23.2%，日元 1.4%，英镑 3.7%。有鉴于此，本文选取 USD/RMB、EUR/RMB、JPY/RMB、GBP/RMB 的每日汇率中间价来研究我国外汇储备的汇率风险。虽然我国在 2005 年 7 月 21 日实施人民币汇率形成机制改革，但是实际上，人民币与美元的脱钩、汇率更大幅度的双向波动发生在 2006 年春天以后，另外为了保证数据来源的一致性，所有汇率数据均来源于国家外汇管理局官方网站，而英镑的发布时间为 2006 年 8 月 1 日，所以本文选取的样本区间为 2006 年 8 月 28 日至 2013 年 3 月 1 日，除去工作日及节假日，共 1580×4 个数据。

首先对人民币汇率的原始数据进行对数处理，然后在此基础上进行一阶差分，从而得到几何收益率 R_t，即 $R_t = \ln p_t - \ln p_{t-1}$，其中 p_t 为我国外汇市场四种货币兑人民币的日中间汇率。对原始数据取自然对数有助于使人民币汇率序列趋势线性化，由此得到的几何收益率也具有良好的统计特征，而且在汇率波动较小时，R_t 近似等于汇率的日变化率：$\dfrac{p_t - p_{t-1}}{p_{t-1}}$。

实证分析工具采用 Eviews6.0、Excel 和 Matlab7.0。

2.2 模型前提假设的检验

应用 VaR 模型度量汇率风险之前，需要对模型所做的假设进行检验，否则模型的运用将失去现实意义。

2.2.1 平稳性检验

首先对人民币汇率对数序列进行 ADF 检验。根据表 1 的检验结果，四组 ADF 检验值均大于三个置信水平下的临界值，说明人民币汇率对数序列是非平稳性时间序列。

表 1　　　　　　　　　　　　　　四组汇率对数序列的 ADF 检验

	ADF 检验		1%临界值	5%临界值	10%临界值	Prob.
ADF 检验 统计量	USD/RMB	3.007998	−3.434286	−2.863165	−2.567683	1
	EUR/RMB	−1.586912	−3.434286	−2.863165	−2.567683	0.4891
	GBP/RMB	−0.418223	−3.434286	−2.863165	−2.567683	0.9037
	JPY/RMB	−1.553827	−3.434286	−2.863165	−2.567683	0.5061

在此基础上，对人民币汇率对数序列的一阶差分继续进行 ADF 检验，由表 2 可知，ADF 检验值都小于三个置信水平下的临界值，说明人民币汇率对数序列是一阶单整序列。

表2 四组汇率序列一阶差分的 ADF 检验

ADF 检验（一阶）			1%临界值	5%临界值	10%临界值	Prob.
ADF 检验统计量	USD/RMB	−37.58197	−3.434288	−2.863166	−2.567684	0
	EUR/RMB	−39.2368	−3.434288	−2.863166	−2.567684	0
	GBP/RMB	−37.49658	−3.434288	−2.863166	−2.567684	0
	JPY/RMB	−30.45704	−3.434291	−2.863168	−2.567684	0

2.2.2 正态性检验

使用 VaR 模型度量风险时，序列分布是否满足正态假设会影响 VaR 计算方法的选择。Jarque-Bera 检验结果如图 1 所示。

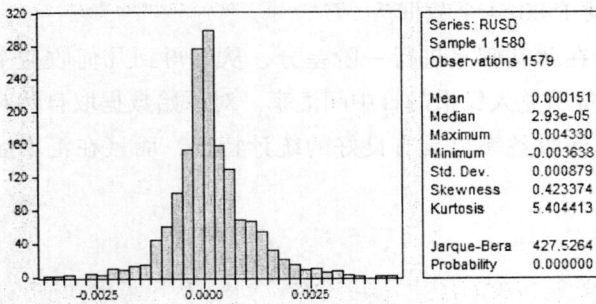

图 1A USD/RMB J-B 检验

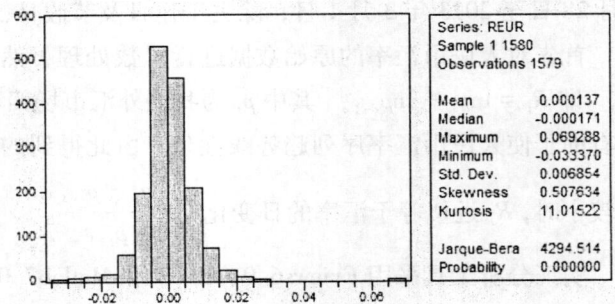

图 1B EUR/RMB J-B 检验

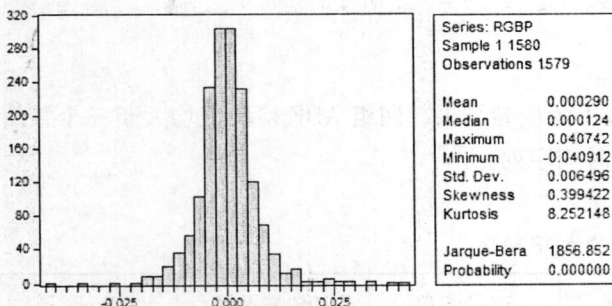

图 1C GBP/RMB J-B 检验

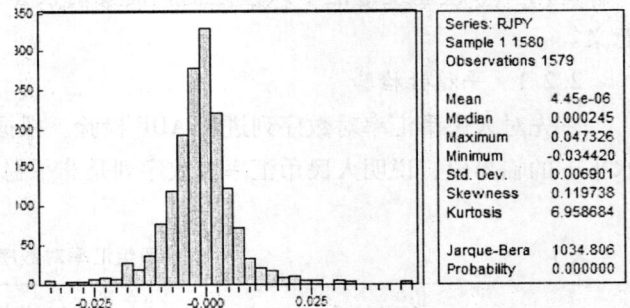

图 1D JPY/RMB J-B 检验

从图 1 可以看出，在采样区间内，四组直方图的偏度 S 和峰度 K 均满足 $S > 0$，$K > 3$，因此样本均呈现出"右偏、尖峰"的特征；其次四组直方图 J-B 所对应的概率都很小，远小于检验水平为 1%的假定，因此拒绝分布为正态分布的假定。

2.2.3 自相关和偏自相关性检验

对人民币汇率收益率进行自相关和偏自相关性性检验，检验结果如图 2 所示。取显著性水平 5%时，四组结果显示的自相关系数 Q 统计量的相伴概率基本都大于 5%，大致上可以接受序列不相关的原假定，而且显著性 Q 统计量值越来越大，说明人民币汇率在逐渐走向白噪声。

Correlogram of RUSD

	A	B	C	D	E	F	G
4							
5	Autocorrelation	Partial Correlation		AC	PAC	Q-Stat	Prob
6							
7			1	0.055	0.055	4.7377	0.030
8			2	-0.005	-0.008	4.7817	0.092
9			3	0.032	0.033	6.4132	0.093
10			4	-0.035	-0.039	8.3862	0.078
11			5	0.024	0.028	9.2630	0.099
12			6	0.017	0.013	9.7308	0.136
13			7	0.042	0.043	12.520	0.085
14			8	-0.011	-0.019	12.717	0.122
15			9	-0.004	-0.000	12.739	0.175
16			10	0.025	0.023	13.728	0.186
17			11	0.020	0.021	14.380	0.213
18			12	0.058	0.053	19.788	0.071
19			13	-0.007	-0.015	19.857	0.099
20			14	0.031	0.033	21.431	0.091
21			15	0.011	0.005	21.610	0.118
22			16	0.001	0.004	21.611	0.156
23			17	-0.000	-0.009	21.611	0.200
24			18	-0.006	-0.005	21.660	0.247
25			19	0.070	0.067	29.537	0.058
26			20	0.079	0.074	39.460	0.006
27							

图 2A　USD/RMB 的汇率收益率的自相关性检验

Correlogram of REUR

	A	B	C	D	E	F	G
4							
5	Autocorrelation	Partial Correlation		AC	PAC	Q-Stat	Prob
6							
7			1	0.012	0.012	0.2242	0.636
8			2	0.008	0.008	0.3363	0.845
9			3	-0.017	-0.018	0.8178	0.845
10			4	0.023	0.024	1.6831	0.794
11			5	-0.036	-0.036	3.7150	0.591
12			6	0.032	0.032	5.3535	0.499
13			7	0.033	0.034	7.1015	0.418
14			8	-0.003	-0.006	7.1141	0.524
15			9	-0.024	-0.021	7.9968	0.534
16			10	-0.013	-0.014	8.2765	0.602
17			11	0.032	0.034	9.9276	0.537
18			12	-0.005	-0.005	9.9661	0.619
19			13	0.052	0.050	14.225	0.358
20			14	0.020	0.018	14.869	0.387
21			15	0.034	0.031	16.669	0.339
22			16	0.008	0.013	16.762	0.401
23			17	-0.010	-0.014	16.920	0.460
24			18	-0.010	-0.009	17.096	0.517
25			19	0.026	0.023	18.136	0.513
26			20	-0.021	-0.024	18.860	0.531
27							

图 2B　EUR/RMB 的汇率收益率的自相关性检验

2.2.4　ARCH 效应检验

由表 3 可知，对各汇率收益率序列的 Ljung-Box 检验显示，在滞后阶数 $q > 1$ 时，四组人民币汇率对数日收益率都存在明显的 ARCH 效应，从而一定程度上反映了外汇市场上的人民币汇率波动比较普遍的聚类现象，所以可以考虑使用低阶的 GARCH 族模型的 VaR 方法来进行我国外汇储备的汇率风险度量研究。

Correlogram of RGBP

	Autocorrelation	Partial Correlation		AC	PAC	Q-Stat	Prob
1				0.057	0.057	5.1162	0.024
2				0.015	0.012	5.4637	0.065
3				-0.047	-0.049	9.0200	0.029
4				-0.034	-0.028	10.800	0.029
5				-0.017	-0.012	11.250	0.047
6				0.014	0.015	11.577	0.072
7				-0.008	-0.013	11.689	0.111
8				-0.018	-0.020	12.192	0.143
9				-0.073	-0.071	20.758	0.014
10				-0.079	-0.071	30.619	0.001
11				0.035	0.044	32.544	0.001
12				0.041	0.032	35.274	0.000
13				0.108	0.094	54.033	0.000
14				0.080	0.068	64.228	0.000
15				0.090	0.087	77.087·	0.000
16				0.045	0.051	80.393	0.000
17				-0.061	-0.060	86.268	0.000
18				-0.018	-0.008	86.764	0.000
19				0.027	0.029	87.958	0.000
20				0.019	0.018	88.548	0.000

图 2C GBP/RMB 的汇率收益率的自相关性检验

Correlogram of RJPY

	Autocorrelation	Partial Correlation		AC	PAC	Q-Stat	Prob
1				-0.011	-0.011	0.1824	0.669
2				-0.076	-0.076	9.3802	0.009
3				0.029	0.027	10.707	0.013
4				-0.010	-0.015	10.852	0.028
5				-0.003	0.001	10.865	0.054
6				-0.032	-0.035	12.480	0.052
7				-0.027	-0.028	13.662	0.058
8				0.030	0.024	15.059	0.058
9				0.003	0.001	15.071	0.089
10				0.061	0.066	20.946	0.021
11				0.017	0.017	21.432	0.029
12				-0.019	-0.010	22.013	0.037
13				0.018	0.015	22.521	0.048
14				-0.001	-0.002	22.524	0.068
15				-0.044	-0.039	25.679	0.042
16				-0.016	-0.016	26.106	0.053
17				0.005	0.003	26.150	0.072
18				0.059	0.057	31.791	0.023
19				0.069	0.071	39.341	0.004
20				-0.037	-0.031	41.564	0.003

图 2D JPY/RMB 的汇率收益率的自相关性检验

表3　　　　　　　　　　　　　　四组收益率序列 ARCH 检验

	obs×R-squared				Prob			
	USD	EUR	GBP	JPY	USD	EUR	GBP	JPY
1	38. 11357	9. 52632	68. 3445	16. 09673	0	0. 002	0	0. 0001
2	62. 63809	13. 45494	75. 51092	101. 7521	0	0. 0012	0	0

138

	obs×R-squared				Prob			
	USD	EUR	GBP	JPY	USD	EUR	GBP	JPY
3	106. 399	17. 60752	126. 9012	101. 6723	0	0. 0005	0	0
4	114. 9542	38. 35678	224. 0043	113. 3049	0	0	0	0
5	132. 3937	43. 58018	252. 3045	118. 9668	0	0	0	0
6	132. 7918	45. 42164	263. 3946	119. 3335	0	0	0	0
7	133. 2269	49. 60064	265. 9801	119. 5997	0	0	0	0
8	135. 1552	49. 57517	265. 7846	135. 7548	0	0	0	0
9	137. 6368	50. 62273	269. 6648	145. 7308	0	0	0	0
10	138. 7452	51. 70173	270. 4783	153. 3008	0	0	0	0

2.3 GARCH 族模型的构建

结合 AIC 和 SC 值最小的原则进行验证，选取 GARCH(1，1)模型分别对四组汇率收益率在正态分布、t 分布和 GED 分布下的 GARCH(1，1)模型进行参数估计，结果见表 4。

表 4　　　　　　　　　　　　　　四组收益率序列 GARCH 模型估计结果

USD/RMB	模型参数	模型类型		
		GARCH-N	GARCH-t	GARCH-GED
均值方程	μ	0. 00000317 (0. 1514) *	2. 78E−06 (0. 1804) *	4. 44E−06 (0. 0394)
方差方程	ω	8. 38E−12 (0. 5936) *	2. 81E−11 (0. 3784) *	2. 06E−11 (0. 4412) *
	α	0. 256603 (0. 0000)	0. 339628 (0. 0000)	0. 290075 (0. 0000)
	β	0. 802869 (0. 0000)	0. 750476 (0. 0000)	0. 779257 (0. 0000)
EUR/RMB	模型参数	模型类型		
		GARCH-N	GARCH-t	GARCH-GED
均值方程	μ	−1. 78E−05 (0. 8956) *	−3. 43E−05 (0. 7966) *	−812E−05 (0. 5367) *
方差方程	ω	1. 57E−07 (0. 0524) *	2. 70E−07 (0. 0694) *	2. 13E−07 (0. 1017) *
	α	0. 053970 (0. 0000)	0. 056790 (0. 0000)	0. 055018 (0. 0000)
	β	0. 943622 (0. 0000)	0. 937396 (0. 0000)	0. 940850 (0. 0000)

GBP/RMB	模型参数	模型类型		
		GARCH-N	GARCH-t	GARCH-GED
均值方程	μ	0.000161 (0.1919)*	0.000134 (0.2678)*	0.000125 (0.2975)*
方差方程	ω	2.90E-07 (0.0033)	2.73E-07 (0.0381)	2.86E-07 (0.029)
	α	0.057580 (0.0000)	0.060431 (0.0000)	0.058602 (0.0000)
	β	0.934773 (0.0000)	0.933122 (0.0000)	0.933961 (0.0000)
JPY/RMB	模型参数	模型类型		
		GARCH-N	GARCH-t	GARCH-GED
均值方程	μ	0.000249 (0.0897)*	0.000121 (0.3642)*	0.000225 (0.0748)*
方差方程	ω	1.77E-06 (0.0000)	8.41E-07 (0.0130)	1.18E-06 (0.0024)
	α	0.080439 (0.0000)	0.075879 (0.0000)	0.078470 (0.0000)
	β	0.881623 (0.0000)	0.910095 (0.0000)	0.896762 (0.0000)

注：参数估计值后括号中的数为估计对应的 P 值，*表示在 5% 显著水平下的参数估计不显著。ω 代表常数项，α 代表 GARCH(1，1)模型中 $\hat{\mu}_{t-1}$ 的系数，β 代表 GARCH(1，1)模型中 $\hat{\sigma}_{t-1}^2$ 的系数。

得到 GARCH(1，1)估计模型后，对结果进行相关的残差检验，来验证是否很好地刻画了残差的异方差现象。首先进行 Q 检验，结果如下：在 5% 的显著性水平下只有 JPY/RMB 的汇率收益率是显著的，其他三组都是不显著的；然后进行异方差效应的 LM 检验，可以发现四组残差序列显著不存在 ARCH 效应。通过这两个统计量的检验，可以认为 GARCH(1，1)模型能比较好地刻画出四组收益率序列的异方差现象。

2.4 VaR 值的计算

根据上述 GARCH 分别生成四组收益率序列的条件方差序列 $\{h_t\}$，然后将 $\{h_t\}$ 带入公式 $VaR_t = z_{1-\alpha}$ $\sqrt{h_t}$ 中就可求出动态的 VaR。在计算 VaR 时，本文使用 GARCH-N、GARCH-t、GARCH-GED 三种分布形式。GARCH(1，1)模型估计的四组 VaR 值见表 5。

正态分布和 t 分布的分位数可以通过查表获得。对于 GED 分布，可以通过 MATLAB 编程、数值积分，利用 GED 的概率分布函数得到 GED 分布的分位数。在置信水平分别为 90%、95% 和 99% 的情况下，GED 的分位数分别是 $z_{0.1} = 1.260258930$、$z_{0.05} = 1.650840061$ 和 $z_{0.01} = 2.416596094$。

表 5		GARCH(1，1)模型估计的四组 VaR 值			
USD/RMB	显著性水平	VaR			
		最大值	最小值	均值	标准差
GARCH (1，1)-N	1%	0.006	1.00E-04	0.0023	2.51E-06
	5%	0.0043	3.62E-05	0.0016	1.78E-06
	10%	0.0033	2.82E-05	0.0013	1.38E-06
GARCH (1，1)-t	1%	0.0077	4.65E-05	0.0026	3.20E-06
	5%	0.0051	3.09E-05	0.0018	2.13E-06
	10%	0.0039	2.34E-05	0.0013	1.62E-06
GARCH (1，1) -GED	1%	0.0068	4.28E-05	0.0024	2.71E-06
	5%	0.0046	2.93E-05	0.0017	1.85E-06
	10%	0.0035	2.23E-05	0.0013	1.41E-06
EUR/RMB	显著性水平	VaR			
		最大值	最小值	均值	标准差
GARCH (1，1)-N	1%	0.0465	7.20E-03	0.016	1.04E-04
	5%	0.0329	0.0051	0.0114	7.34E-05
	10%	0.0256	0.004	0.0088	5.71E-05
GARCH (1，1)-t	1%	0.0532	0.0087	0.0183	1.14E-04
	5%	0.0354	0.0058	0.0122	7.61E-05
	10%	0.0268	0.0044	0.0092	5.77E-05
GARCH (1，1) -GED	1%	0.0483	0.0077	0.0167	1.06E-04
	5%	0.033	0.0053	0.0114	7.23E-05
	10%	0.0252	0.004	0.0087	5.52E-05
GBP/RMB	显著性水平	VaR			
		最大值	最小值	均值	标准差
GARCH (1，1)-N	1%	0.0423	7.20E-03	0.0151	1.05E-04
	5%	0.0299	0.0051	0.0107	7.45E-05
	10%	0.0233	0.004	0.0083	5.80E-05
GARCH (1，1)-t	1%	0.049	0.0079	0.0172	1.23E-04
	5%	0.0326	0.0053	0.0114	8.21E-05
	10%	0.0247	0.004	0.0087	6.22E-05
GARCH (1，1) -GED	1%	0.0442	0.0075	0.0157	1.10E-04
	5%	0.0302	0.0051	0.0107	7.54E-05
	10%	0.0231	0.0039	0.0082	5.76E-05
JPY/RMB	显著性水平	VaR			
		最大值	最小值	均值	标准差
GARCH (1，1)-N	1%	0.0405	0.01	0.016	7.51E-05
	5%	0.0286	0.0071	0.0114	5.31E-05
	10%	0.0055	0.0223	0.0088	4.13E-05

JPY/RMB	显著性 水平	VaR			
		最大值	最小值	均值	标准差
GARCH (1, 1)-t	1%	0.0477	0.0101	0.0188	9.93E-05
	5%	0.0317	0.0067	0.0113	6.60E-05
	10%	0.024	0.0051	0.0095	5.01E-05
GARCH (1, 1) -GED	1%	0.0428	0.0097	0.0167	8.46E-05
	5%	0.0292	0.0066	0.0114	5.78E-05
	10%	0.0223	0.005	0.0087	4.41E-05

注：所得数据均是由 Matlab 软件和 Excel 计算所得。

2.5 准确性检验

VaR 模型准确性检验是指模型的测算结果对实际损失的覆盖程度(即 VaR 模型的实际损益结果超过 VaR 的概率是否小于显著性水平)。准确性检验的方法包括失败检验法、区间预测法、分布预测法、超额损失大小检验法、方差检验法、概率预测法和风险轨迹检验法。本文采取失败频率检验法。

失败频率检验法的基本原理是：假定 VaR 的显著水平为 α，M 为实际损失值超过 VaR 的天数，N 为实际样本天数，那么 $p = M/N$ 为失败率。将失败率与 α 比较，来判断模型的准确性：若 $p > \alpha$ 说明模型低估了风险值；若 $p < \alpha$ 表示模型的计算结果覆盖了实际损失；如果 p 很小，它们相差太大，则表明模型的估计过于保守。即对准确性的评估就转化为检验 p 是否显著不同于显著水平 α。

Kupiec(1995)提出了似然比检验，在零假设为 $p = \alpha$ 的条件下，统计量 LR 为：

$$LR = -2\ln[(1-\alpha)^{N-M}\alpha^M] + 2\ln[(1-M/N)^{N-M}(M/N)^M] \sim \chi^2(1)$$

相应的接受域是：$\chi^2_{1-\alpha/2}(1) < LR < \chi^2_{\alpha/2}(1)$，表明观测到的失败次数 M 只要落在接受域内则说明 p 显著相同于显著水平 α。如果 M 的计算结果小于 $\chi^2_{1-\alpha/2}(1)$，则模型过于保守，过高估计了风险，反之亦然。

本文选择样本期内 $N = 1580$ 个交易日内的 VaR 与通期的实际收益率进行对比，使用数理统计的知识和 Matlab 编程得到 LR 统计量和接受域，计算结果如表 6 所示(M 取整数)。

表6   **LR 检验的接受区域**

显著水平	1%	5%	10%
LR 接受域	0.000039<LR<7.879439	0.000982<LR<5.023886	0.003932<LR<3.8414591
M 值接受域	7≤M≤28	61≤M≤99	136≤M≤181

注：M 值的计算所用软件为 Matlab，LR 是通过数理统计的知识所得。

然后算出四组收益率所对应的失败次数 M，并对照表 6 的接受区域，比较判断是否接受原假设，具体结果见表 7。

USD/RMB	$\alpha = 1\%$		$\alpha = 5\%$		$\alpha = 10\%$	
	失败次数	检验结果	失败次数	检验结果	失败次数	检验结果
GARCH(1, 1)-N	30	拒绝	89	接受	125	接受
GARCH(1, 1)-t	24	接受	68	接受	125	接受
GARCH(1, 1)-GED	28	接受	77	接受	125	接受
EUR/RMB	$\alpha = 1\%$		$\alpha = 5\%$		$\alpha = 10\%$	
	失败次数	检验结果	失败次数	检验结果	失败次数	检验结果
GARCH(1, 1)-N	24	接受	68	接受	138	接受
GARCH(1, 1)-t	14	接受	61	接受	125	拒绝
GARCH(1, 1)-GED	22	接受	68	接受	142	接受
GBP/RMB	$\alpha = 1\%$		$\alpha = 5\%$		$\alpha = 10\%$	
	失败次数	检验结果	失败次数	检验结果	失败次数	检验结果
GARCH(1, 1)-N	33	拒绝	68	接受	117	拒绝
GARCH(1, 1)-t	17	接受	61	接受	109	拒绝
GARCH(1, 1)-GED	28	接受	68	接受	119	拒绝
JPY/RMB	$\alpha = 1\%$		$\alpha = 5\%$		$\alpha = 10\%$	
	失败次数	检验结果	失败次数	检验结果	失败次数	检验结果
GARCH(1, 1)-N	23	接受	67	接受	136	接受
GARCH(1, 1)-t	17	接受	68	接受	96	拒绝
GARCH(1, 1)-GED	22	接受	67	接受	138	接受

从 VaR 方法的失败次数及检验结果可以判断，GARCH(1, 1)-t 和 GARCH(1, 1)-GED 可以更好地衡量我国外汇储备的汇率风险。

3. 外汇储备币种组合的 VaR 分解与优化

3.1   M-VaR(边际 VaR)

组合的 VaR 表达式为：$\mathrm{VaR}_P = z_{1-\alpha}\sigma_P W_0$。其中，$z_{1-\alpha}$ 为标准正态分布的 α 分位数，W_0 为初始资产，假设投资组合 P 中包括 n 个产品，权重向量设为：$w = [\omega_1, \omega_2, \cdots, \omega_n]$，且满足：$\omega_1 + \omega_2 + \cdots + \omega_n = 1$，根据组合收益率方差的定义有：$\sigma_P^2 = w\sigma\rho\sigma^{\mathrm{T}}\omega^{\mathrm{T}}$，其中：

$$\sigma = \begin{bmatrix} \sigma_1, & 0, & \cdots, & 0 \\ 0, & \sigma_2, & \cdots, & 0 \\ \cdots & & & \\ 0, & 0, & \cdots, & \sigma_n \end{bmatrix} \tag{1}$$

式(1)是 n 个资产的标准差矩阵。$\rho = (\rho_{i,j})$ ($i, j = 1, 2, \cdots, n$) 为 n 个金融产品的收益率的相关系数矩阵。可以看出：组合 P 中某一资产的 M-VaR 是对应资产头寸变化而导致的组合 VaR 变化，即：

$$M - \text{VaR} = \frac{\partial \text{VaR}(P)}{\partial w} \tag{2}$$

$$\beta_i = \frac{\text{cov}(R_i, R_P)}{\sigma_P^2} \tag{3}$$

假设组合的期望回报为 0，则有：

$$M - VaR = \beta_i VaR(P), \quad R_P = \sum_{i=1}^{n} \omega_i R_i \tag{4}$$

3.2 C-VaR(成分 VaR)

对于一个资产组合，未分散化的 VaR 显然是不能表示每一个成分的贡献的。所以要求：

$$\text{VaR}(P) = \sum_{i=1}^{n} C - \text{VaR}_i \tag{5}$$

则公式中的 C-VaR 为成分 VaR。由边际 VaR 的定义有：$C - \text{VaR}_i = \omega_i M - \text{VaR}_i$。

借鉴艾之涛、杨招军(2010)的处理方法，假定日元和英镑的比例分别为 15% 和 10%，同时欧元比例逐渐增大而美元比例逐渐减小，研究美元和欧元的相对比例发生变化时的 VaR、边际 VaR 和成分 VaR。为了计算简便，对我国的外汇储备总值取整，即计算在 95% 的置信水平下价值为 3 万亿美元的外汇储备的 VaR、M-VaR 和 C-VaR。计算结果如表 8 所示。

表 8　　　　　　　　　　　　三种假设下我国外汇储备的币种结构分析

(a)	USD	EUR	GBP	JPY
ω	0.5	0.25	0.1	0.15
组合方差	1.46E-05			
加权平均收益率	1.39E-04			
VaR	188.3958 亿美元			
M-VaR	43.09	336.23	315.638	288.19
C-VaR	21.545	84.57	31.5638	4.32E+01
(b)	USD	EUR	GBP	JPY
ω	0.45	0.3	0.1	0.15
组合方差	1.69E-05			
加权平均收益率	1.39E-04			
VaR	203.115572 亿美元			
M-VaR	43.06	337.983	319.155	340.3
C-VaR	19.377	101.395	31.9155	51.045
(c)	USD	EUR	GBP	JPY
ω	0.4	0.35	0.1	0.15
组合方差	1.95E-05			
加权平均收益率	1.38E-04			
VaR	217.855632 亿美元			
M-VaR	43.03	338.057	318.937	340.157
C-VaR	17.212	118.32	31.8937	51.0235

可以看出，在既定置信水平下，随着欧元比例的增大，同时持有美元的比例减小，外汇储备总体的VaR值和组合方差不断增大，说明外汇储备的风险价值随着欧元的比例逐渐增大，收益率则几乎没变。因此仅从控制风险的角度考虑，我国应该减少外汇储备中欧元的比重而增加美元资产的比重。

另外，表8中的M-VaR值都为正数，说明四种币种的权重都与组合的风险价值成正比例关系。从数值上看，美元的M-VaR值最小，说明美元比其他三种币种稳定，虽然美元的权重最大，但是增加一单位美元所带来的风险是其中最小的，相对来说欧元所带来的风险是最大的。所以从M-VaR理论来说，持有美元是一个较好的决策。从表中的C-VaR角度来看，（a）、（b）、（c）三种情况的VaR分别为180.8788、203.7325、218.4492，与实际的分别相差为7.517亿美元、0.617亿美元和0.5936亿美元，可见误差非常小。同时美元的C-VaR价值是最小的，也充分说明了美元的风险最小和收益的稳定性。

4. 结论与政策建议

本文借助VaR模型，对我国外汇储备汇率风险进行了测算，基于防范汇率风险的目的对币种结构进行了优化分析，得出以下结论：人民币汇率收益率序列存在尖峰、厚尾和异方差等特性，GARCH(1，1)-t和GARCH(1，1)-GED模型是度量汇率风险的最优模型；从防范汇率风险的角度，中国应该增持美元，控制欧元的持有量并加强监督。

随着我国外汇市场的不断成熟，汇率波动的日益市场化，汇率风险正在逐步加大，建议借鉴国际流行的VaR工具，建立以VaR为风险度量标准的汇率风险度量体系，实现对人民币汇率风险的统一监督和管理，同时也要充分考虑它的适用性，进行必要的检验来确保结果的准确性和可靠性。

（作者电子邮箱：fengl@126.com）

◎ **参考文献**

[1] 艾之涛，杨招军．基于VaR方法的我国外汇储备币种结构风险分析[J]．经济数学，2010，6．

[2] 姜昱，邢曙光．基于DCC-GARCH-CVaR的外汇储备汇率风险动态分析[J]．财经理论与实践，2010，3．

[3] 马杰．基于DCC-GARCH模型的外汇储备结构动态调整研究[J]．中南财经政法大学学报，2010，13（3）．

[4] 潘志斌．我国外汇储备汇率风险的内部构成、边际变化及其额外增量[J]．华东师范大学学报(哲学社会科学版)，2010，42(5)．

[5] 王硕，曾诗鸿．基于VaR方法的中国外汇储备风险结构分析[J]．西南金融，2010，6．

[6] 闫素仙，张建强．中国外汇储备汇率结构风险研究[J]．河北经贸大学学报，2012，33(1)．

[7] 张斌，王勋，华秀萍．中国外汇储备的名义收益率和真实收益率[J]．经济研究，2010，10．

[8] Chiou, J., Hung, J., and Hseu M.. A VaR investigation of currency composition in foreign exchange reserves [J]. *International Research Journal of Finance and Economics*, 2008, 21.

[9] Engle, R.. Dynamic conditional correlation: A simple class of multivariate generalized autoregressive conditional heteroskedasticity models[J]. *Journal of Business and Economic Statistics*, 2002, 20(3).

[10] Kupiec, P. H.. Techniques for verifying the accuracy of risk measurement models [J]. *Journal of Derivatives*, 1995, 3(2).

[11] Markowitz, H. M.. Portfolio selection[J]. *Journal of Finance*, 1952, 7.

[12] Roy, A. D.. Safety first and the holding of assets[J]. *Econometrica*, 1952, 20.

[13] Rockafeller, R., and Uryasev, S.. Optimization of conditional value at risk[J]. *The Journal of Risk*, 2000, 2(3).

A VaR Investigation of Currency Composition in China's Foreign Exchange Reserves

Li Feng

(Economics and Management school of Wuhan University, Wuhan, 430072)

Abstract: At first, the paper proves VaR model's applicability in the measurement of China's foreign exchange reserves' exchange rate risk by applying stationarity test, normal test and heteroskedasticity test on RMB exchange rate series. After hypothesis testing GARCH family model is used to estimate the VaR of foreign exchange reserve's investment portfolio and get the most effective and reasonable model by means of accuracy test, i. e. GARCH-t and GARCH-GED GARCH model. A VaR decomposition is then conducted to get adjustment direction of currency composition in China's foreign exchange reserves—specifically, we should reduce the share of Euro while increase the share of the US dollar.

Key words: Foreign exchange reserves; Exchange rate risk; VaR; GARCH

珞珈管理评论 [2013 年卷 第 2 辑（总第 13 辑）]   Luojia Management Review No. 2, 2013(Sum. 13)

从寿险发展的基本面看我国寿险业发展

● 刘　畅[1]　高　娜[2]　刘　伟[3]

(1, 2, 3 武汉大学经济与管理学院　武汉　430072)

【摘　要】自从恢复寿险业以来，我国寿险业取得了巨大发展。影响寿险业发展的因素很多，从当前面临的经济社会的大环境、寿险发展的基本面来讲，经济增长、居民收入、人口老龄化是推动中国寿险业强劲发展的重要力量。本文在理论与定性分析的基础上，利用 1990—2012 年的统计数据，说明以上各因素对寿险业的阶段推动作用，实证并定量描述其影响力大小。在此基础上，预测我国寿险业未来发展状况，并提出相关的政策建议。

【关键词】经济增长　居民收入　人口老龄化　寿险业发展

中国寿险业已经历了 30 年的快速发展期，发生了积极而深刻的变化，实现了从量变到质变的跨越，取得了举世瞩目的成就。即使不考虑复业初期年年超过 100％甚至达到 500％多的恢复性增长，期间也是高潮迭起，而负增长的低谷并不多见。然而，2011 年以来的低增长甚至负增长引起了许多业内人士的担忧，认为中国寿险业的增长繁荣已然逝去，行业的发展将面临瓶颈。但笔者认为，抛开寿险发展的国际经验及国家战略层面的政策红利支持，仅从寿险发展的基本面来看，我国寿险业的春天仍没有结束。国民经济的持续发展、居民收入的稳步提高、人口老龄化的不断加剧，将继续推动我国寿险业向前发展。因此，研究这些因素对寿险业的阶段推动，并在此基础上预测我国寿险业未来增长水平，提出合理的意见及建议，不仅具有重要的理论意义，而且具有巨大的现实意义与实践价值。

1. 经济增长、居民收入、人口老龄化与寿险业发展

1.1　经济增长对寿险业的重要支撑

寿险市场作为整个国民经济的重要组成部分，与整个国民经济的发展密不可分。从根本上讲，人寿保险业的运行与宏观经济运行存在一致性，把经济增长作为影响保险需求的主要因素，已成为保险经济学界的一般共识。宏观经济增长会通过提高人们收入水平、风险意识、受教育程度等扩大寿险需求，促进寿险业发展。

改革开放以来，我国经济发展成果显著，国内生产总值从 1981 年的 4891.56 亿元人民币增长到 2011 年的 472881.6 亿元人民币，GDP 年均增长率接近 10％，为世界所瞩目。经济总量先后超过英国、德国和日本，于 2010 年正式成为世界第二大经济体。与此相对应的是，我国人身保险保费收入从 1982 年的 160

万元增长到 2011 年的 9721 亿元。30 年间的增长速度，除了 1994 年和 2011 年的负增长以及 2004 年增速低于 10% 外，其他 27 年的增速均保持在两位数，更有 19 年的增速在 20% 以上，增长速度世界罕见。

1.2 居民收入水平的提高对寿险业的积极意义

保险合同的建立是以保费缴纳为前提，只有当居民收入达到满足基本生活需求的最低水平后，才会产生基于安全层面的考虑来购买寿险产品；也只有当居民财富积累到一定水平后，才会产生基于财富效应的人寿保险投资需求。因此寿险产品的需求水平在很大程度上是由投保人的支付能力所决定的，而支付能力从根本上来讲取决于居民收入水平。同时，鉴于寿险产品属于奢侈品，收入水平的增长会引起寿险需求更大的增长。国际研究表明，寿险保费的收入弹性大于 1，也就是说寿险需求会随着收入水平的提高呈现更快的增长。

随着我国经济的显著增长，居民收入水平也大幅度提高，人均可支配收入从 1990 年的 2196 元增加到 2011 年的 28787 元，增幅十多倍。人们通过分享经济的持续高速增长形成了强大的支付能力，继而诱发了现实的人寿保险安全需求和金融投资需求，最终构成对我国人寿保险业发展的强有力的支撑。

1.3 人口老龄化推动寿险业发展

人口老龄化对经济社会的发展带来极大影响，对寿险业的发展既是机遇也是挑战。人口老龄化意味着社会赡养压力将加重，商业寿险的赔付即将进入高发期，同时一段时间内的寿险投保人数量增速会大大放慢，会对寿险公司的财务状况产生一定冲击。然而人口老龄化也意味着有更多的人面临着养老、医疗、护理等问题，由于我国"未富先老"的特点，国家财政的压力很大，寿险业作为养老保险体系的重要组成部分，面对人口老龄化的趋势，可以在社会保障的空白区域大有作为，从而在很大程度上推动寿险业发展。

根据《2010 年度中国老龄事业发展统计公报》的数据，截至 2010 年末，中国 60 岁及以上老人近 1.78 亿人，约占全国总人口的 13.26%，早已超过联合国 10% 的老龄化社会传统标准。实际上，在 2001 年我国 65 岁老人占总人口的比例已经达到 7.1%，超过了老龄化社会的另一个标准，中国进入老龄化社会已成为不争的事实。

我国寿险保费规模的扩张不能说不是老龄化带动下人们需求增加的结果。

2. 主要社会经济要素对寿险业阶段性推动的实证分析

2.1 我国经济增长对寿险业的阶段推动

2.1.1 数据选取及模型建立

以下选取 1990—2012 年我国国内生产总值 GDP 及寿险保费收入建立计量经济模型。由于我国的经济周期和保险业的波动都属于增长型周期，即在一个周期的收缩阶段只是经济增长速度的降低，经济绝对水平仍呈现扩张，故选择建立自然对数模型。模型参数可以表示一个变量的相对变化率引起另一个变量相对变化的程度，即弹性，具有现实研究意义。另外，对数模型可以减小异方差的影响。

此外，根据国际上的经验，在人均 GDP 突破 1000 美元时期，正是寿险业快速发展的时期。我国在 2002 年时，人均 GDP 超过 1000 美元，为考察不同时期经济增长对寿险业的阶段推动作用，本文引入虚拟变量 D_t，以比较分析不同时期经济增长对寿险业的作用力大小。

建立以下对数模型：

$$\ln y = a_1 + a_2 \times D_t + b_1 \ln x + b_2 \times (D_t \ln x)$$

其中，y 表示 1990—2012 年寿险保费收入，x 表示 1990—2012 年 GDP，D_t 为虚拟解释变量，2002 年及以前取值为 0，2002 年以后取值为 1。

2.1.2 模型结果及分析

由 Eviews 计量统计软件所得结果见表 1：

表 1   经济增长对 GDP 的计量结果

Dependent Variable：LNY

Method：Least Squares

Date：01/28/13   Time：13：12

Sample：1990 2012

Included observations：23

Variable	Coefficient	Std. Error	t-Statistic	Prob.
LNX	1.899428	0.164076	11.57651	0.0000
DtLNX	−0.851690	0.307472	−2.769977	0.0122
Dt	4.631560	1.616411	2.865335	0.0099
C	−6.567377	0.781197	−8.406817	0.0000

R-squared	0.966134	Mean dependent var	3.027561
Adjusted R-squared	0.960787	S. D. dependent var	0.788656
S. E. of regression	0.156172	Akaike info criterion	−0.718946
Sum squared resid	0.463405	Schwarz criterion	−0.521468
Log likelihood	12.26787	Hannan-Quinn criter.	−0.669281
F-statistic	180.6787	Durbin-Watson stat	0.604290
Prob(F-statistic)	0.000000		

根据表 1 的回归结果，可得计量经济模型如下：

$$\ln y = -6.567377 + 1.899428 \ln x \quad \text{2002 年及以前}$$
$$\ln y = 1.935817 + 1.047738 \ln x \quad \text{2002 年以后}$$

由上述回归方程和结果可知，GDP 可以在 96% 程度上解释寿险保费收入，模型的拟合效果较好，且自身通过显著性检验，是寿险保费收入的显著影响因素。以上结果还表明，2002 年前后寿险保费收入的回归方程在统计意义上确实是不相同的。2002 年以前 GDP 每增加 1 个百分点，寿险保费收入增加 1.899 个百分点；在 2002 年以后，则为 1.048 个百分点，已发生了很大变化。

回归结果实证了经济增长对寿险业的巨大推动作用，但在 2003—2012 年的推动作用没有前一个阶段大，回归系数分别为 1.048 与 1.899，与国际经验相悖。20 世纪 90 年代的寿险保费平均增长速度大于新世纪以后的增长速度，其中一个重要原因是我国寿险业刚刚恢复不久，大量被抑制的需求得以释放，我国寿险业的发展是建立在人群既往保险基础薄弱的前提上，这样在复业初期，寿险发展更快。另外，考虑到进入新世纪以来，我国寿险业发展所面临的宏观环境、社会环境、金融环境、市场环境有了深刻变化，影响寿险业发展的因素更加纷繁复杂，仅仅考察经济增长对寿险业的推动作用是不全面的，寿险业的发展还要受到其他各种因素的影响，是各个因素综合作用的结果，这些因素本文不作分析，只是探讨

2003—2012 年经济增长对寿险业的推动作用没有前一个阶段大的原因。

2.2 居民收入水平的提高对寿险业的阶段推动

2.2.1 数据选取及模型建立

以下选取 1990—2012 年我国人均可支配收入及寿险保费收入建立计量经济模型。同样由于人均可支配收入和保险业发展都处于上升阶段，在我们考察的范围内二者的绝对水平都是增加的，故仍选择建立自然对数模型：

$$\ln y = a_1 + a_2 \times D_t + b_1 \ln x + b_2(D_t \ln x)$$

其中，y 表示 1990—2012 年我国寿险保费收入，x 表示 1990—2012 年我国人均可支配收入，D_t 为虚拟解释变量，2002 年及以前取值为 0，2002 年以后取值为 1。

2.2.2 模型结果及结论

由 Eviews 计量统计软件所得结果见表 2：

表 2 居民收入对寿险业的计量结果

Method：Least Squares

Date：01/28/13 Time：11：25

Sample：1990 2012

Included observations：23

Variable	Coefficient	Std. Error	t-Statistic	Prob.
LNX	2.240791	0.203203	11.02734	0.0000
DtLNX	−0.930895	0.398922	−2.333527	0.0308
Dt	4.066744	1.653375	2.459663	0.0237
C	−5.904491	0.760073	−7.768326	0.0000

R-squared	0.963048	Mean dependent var	3.027127
Adjusted R-squared	0.957214	S. D. dependent var	0.788098
S. E. of regression	0.163017	Akaike info criterion	−0.633159
Sum squared resid	0.504914	Schwarz criterion	−0.435682
Log likelihood	11.28133	Hannan-Quinn criter.	−0.583494
F-statistic	165.0620	Durbin-Watson stat	0.609405
Prob(F-statistic)	0.000000		

根据回归结果，可得计量经济模型如下：

$$\ln y = -5.904491 + 2.240791 \ln x \quad 2002 年及以前$$
$$\ln y = 1.837747 + 1.309896 \ln x \quad 2002 年以后$$

由上述回归方程和结果，我们发现：在表 2 中，人均可支配收入可以在 95.7% 程度上解释寿险保费收入，模型的拟合效果较好，且自身通过显著性检验，是寿险保费收入的显著影响因素。两个方程的回归系数分别为 1.31 和 2.24，寿险保费增长率大于居民收入增长率，居民收入水平的提高对寿险保费增长作用明显，但这种推动作用在进入新世纪以来明显放缓，2002 年前后寿险保费收入的回归方程在统计意义上确实是不相同的。

2.3 人口老龄化对寿险业的阶段推动

2.3.1 数据选取及模型建立

以下选取 1990—2011 年我国老龄化率(65 岁以上人口占总口比例)及寿险保费收入建立计量经济模型。鉴于在 2001 年时,我国老龄化率已达到 7.1,按照国际标准我国已进入老龄化社会。因此仍然引入虚拟变量 D_t,分别考察不同时期老龄化水平对寿险业的阶段推动作用,比较分析其对寿险业影响力大小。鉴于此,建立以下对数模型:

$$\ln y = a_1 + a_2 \times D_t + b_1 \ln x + b_2 \times (D_t \ln x)$$

其中,y 表示 1990—2011 年寿险保费收入,x 表示 1990—2011 年老龄化率,D_t 为虚拟解释变量,2001 年及以前取值为 0,2001 年以后取值为 1。

2.3.2 模型结果及比较分析

由 Eviews 计量统计软件所得结果见表 3:

表 3 人口老龄化对寿险业的计量结果

Dependent Variable:LNY

Method:Least Squares

Date:01/28/13   Time:11:35

Sample:1990 2011

Included observations:22

Variable	Coefficient	Std. Error	t-Statistic	Prob.
LNX	14.07245	0.590365	23.83686	0.0000
DtLNX	-7.010879	0.934669	-7.500924	0.0000
Dt	6.162332	0.809747	7.610199	0.0000
C	-8.867905	0.472624	-18.76314	0.0000

R-squared	0.993073	Mean dependent var	2.983443
Adjusted R-squared	0.991919	S. D. dependent var	0.777621
S. E. of regression	0.069904	Akaike info criterion	-2.320423
Sum squared resid	0.087958	Schwarz criterion	-2.122052
Log likelihood	29.52465	Hannan-Quinn criter.	-2.273693
F-statistic	860.2251	Durbin-Watson stat	1.615278
Prob(F-statistic)	0.000000		

根据回归结果,可得计量经济模型如下:

$$\ln y = -8.867905 + 14.07245 \ln x \quad 2001 \text{ 年及以前}$$
$$\ln y = -2.695573 + 7.061571 \ln x \quad 2001 \text{ 年以后}$$

由上述回归方程和结果,我们发现:在表 3 中,老龄化率可以在 99% 程度上解释寿险保费收入,模型的拟合效果较好,且自身通过显著性检验,是寿险保费收入的显著影响因素。回归系数的值分别为 7 和 14,表明人口老龄化对寿险保费增长具有很强的推动作用,同样这种推动作用的大小在 2001 年前后是明显不同的。

2001—2011 年老龄化率对寿险业的推动作用没有前一个阶段大，究其原因，同样是进入 21 世纪以来，我国寿险业发展所面临的外部环境发生了深刻变化，影响寿险业发展的因素更加错综复杂。已有的研究结果表明，人口老龄化是寿险业发展的推动力量，但不是决定因素。在寿险保费收入同其他变量建立的多元线性回归模型中，加入 GDP、人均可支配收入、恩格尔系数、社会保障支出、利率、通货膨胀率、市场化水平等变量并考虑到不能量化的风险意识与风俗习惯等，人口老龄化甚至不是寿险保费的显著影响因素。因此，仅仅利用老龄化率与寿险保费收入建立简单的一元线性回归模型是不准确、不全面的。

2.4 以上各因素对寿险业的联合推动

2.4.1 数据选取及模型建立

以下利用 1990—2011 年我国 GDP、人均可支配收入、老龄化率及寿险保费收入建立三元线性回归模型，考察各因素联合起来对寿险业的影响。

$$\ln y = a + b_1 \ln x_1 + b_2 \ln x_2 + b_3 \ln x_3$$

其中，y 表示 1990—2011 年我国寿险保费收入，x_1 表示 1990—2011 年我国 GDP、x_2 表示 1990—2011 年我国人均可支配收入、x_3 表示 1990—2011 年我国老龄化率。

2.4.2 模型结果及结论

由 Eviews 计量统计软件所得多因素计量结果见表 4：

表 4　　　　　　　　　　　　　　　多因素对寿险业的计量结果

Dependent Variable：LNY

Method：Least Squares

Date：01/22/13　Time：16：33

Sample：1990 2011

Included observations：22

Variable	Coefficient	Std. Error	t-Statistic	Prob.
LNX1	−4.436642	2.294394	−1.933688	0.0690
LNX2	4.916883	2.475171	1.986482	0.0624
LNX3	15.22306	3.520777	4.323779	0.0004
C	−7.048285	0.414814	−16.99142	0.0000

R-squared	0.975531	Mean dependent var	2.983442
Adjusted R-squared	0.971453	S. D. dependent var	0.777621
S. E. of regression	0.131386	Akaike info criterion	−1.058394
Sum squared resid	0.310719	Schwarz criterion	−0.860023
Log likelihood	15.64234	Hannan-Quinn criter.	−1.011664
F-statistic	239.2101	Durbin-Watson stat	0.701909
Prob(F-statistic)	0.000000		

根据回归结果，可得计量经济模型如下：

$$\ln y = -7.048285 - 4.436642 \ln x_1 + 4.916883 \ln x_2 + 15.22306 \ln x_3$$

从以上回归结果可以看出，模型拟合优度很高，整体效果的 F 检验通过。

3. 从寿险业发展的基本面预测我国寿险业发展

3.1 国民经济将稳步增长

近 30 年来，我国经济持续不断地高速增长无疑成为保险业快速发展的强大推动力，为我国寿险业做大做强、提升行业竞争力、更好地服务人民生活提供了有力支撑。按照事物发展的客观规律和经济周期增长理论，并考虑到支持中国经济长期向好发展的因素没有改变，诸如城镇化水平、工业化进程、改革效应、技术进步、消费结构与产业结构优化升级等因素在一定时期内将保持或者加剧，我国国民经济仍会保持较高的增长速度。宏观经济周期模型预测结果显示如图 1 所示。

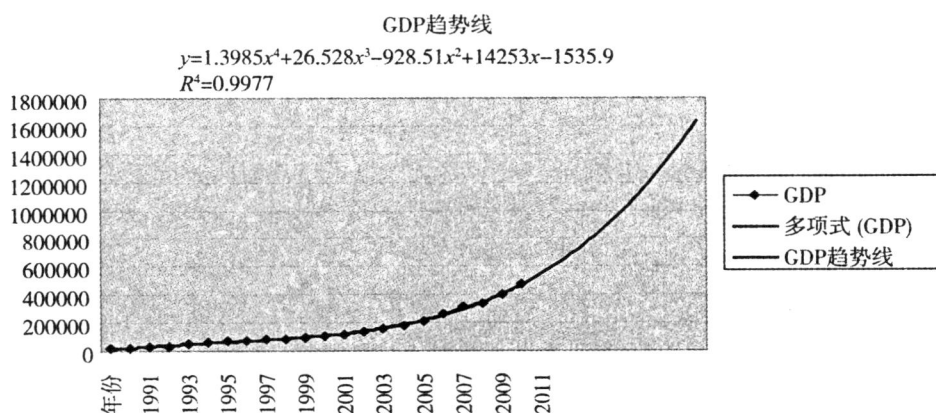

GDP趋势线
$y = 1.3985x^4 + 26.528x^3 - 928.51x^2 + 14253x - 1535.9$
$R^4 = 0.9977$

图 1　我国 GDP 增长率趋势图

我国 GDP 的数据呈明显的上升趋势。2020 年之前我国 GDP 潜在增长率将保持在 8% 以上的较高增长水平，这成为寿险业发展的先决条件，也是拉动寿险需求的主要动力。

3.2 居民收入会持续增加

随着国民经济的不断发展，人均 GDP 和人们收入水平也会继续提高。国家"十二五"规划纲要中明确提出："今后五年，我国经济增长预期目标是年均增长 7%。城镇居民人均可支配收入和农村居民人均纯收入年均实际增长超过 7%。努力实现居民收入增长和经济发展同步、劳动报酬增长和劳动生产率提高同步。"最新数据显示，2012 年我国城镇居民人均可支配收入扣除价格因素实际增长 9.6%，农村居民人均纯收入实际增长 10.7%，均高于全年 7.8% 的经济增速。人均收入可支配趋势见图 2。

从图 2 中可以看到，我国居民可支配收入呈明显的上升趋势。居民收入增长目标的实现将会极大促进寿险业的发展，高水平的可支配收入是寿险业发展的重要物质基础。

3.3 人口老龄化进程加速

根据全国老龄办预测，2020 年中国 60 岁以上老年人口将达到 2.48 亿人，占总人口的 17.17%，占世界老龄人口的 24%，也就是说全世界四个人口中就有一个是中国老年人；到 2050 年，老年人口将占总人口的 30%，总量超过 4 亿人。随着 20 世纪中期出生高峰的人口陆续进入老年，可以预见，21 世纪前期将

人均可支配收入趋势线

$$y=0.0929x^4+0.5067x^3-45.502x^2+1050.2x-630.29$$
$$R^4=0.9973$$

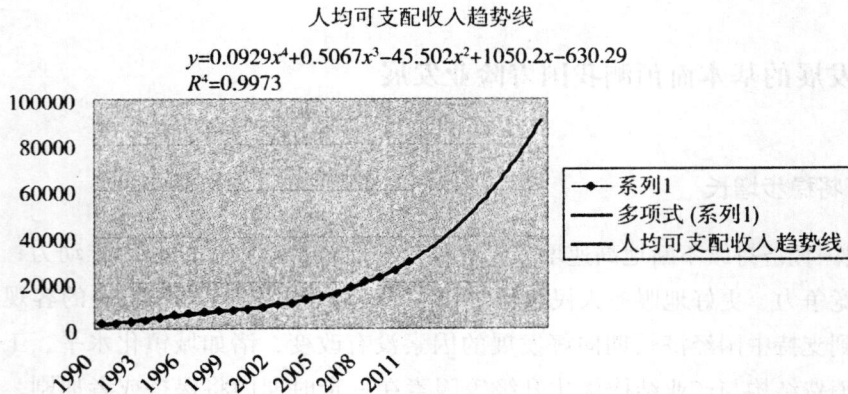

图2 人均可支配收入趋势图

是中国人口老龄化发展最快的时期。人口老龄化对寿险业来讲是一把双刃剑，若我国寿险公司能顺应老龄化潮流，积极开发适应顾客需要的寿险产品，最大限度地满足顾客需求，那么老龄化带给寿险业的冲击不仅会减弱，还会大大促进寿险业发展。

表5是利用趋势模型对各变量所做的预测：

表5 各种趋势模型的预测值

年份	GDP预测值(亿元)	人均可支配收入预测值(元)	老龄化率预测值(%)	寿险保费收入预测值(亿元)
2012	548994.1	32876.5798	8.9811	12765.22
2013	636156.3	37452.5492	9.1422	15453.88
2014	734946.3	42652.79	9.3033	18623.62
2015	846345	48534.9676	9.4644	22338.98
2016	971367.2	55158.977	9.6255	26670.07
2017	1111061	62586.9428	9.7866	31692.85
2018	1266509	70883.2192	9.9477	37489.40
2019	1438825	80114.39	10.1088	44148.17
2020	1629159	90349.2686	10.2699	51764.23

4. 结论及政策建议

本文实证分析了过去二十多年经济增长、居民收入、人口老龄化对我国寿险业的积极影响，并预测了以上各因素在一定时期内仍保持上升态势，对寿险业发展起推动作用。这种预测既符合事物发展的一般规律，也以相关的数据作支撑。然而仅仅依靠这些客观因素实现寿险业的长期平稳发展是远远不够的。进入新世纪以来，这些因素对寿险业的推动作用减弱，尤其自2011年，寿险业发展速度明显放缓，寿险保费收入在一些月份甚至出现了负增长，不得不引起学界与业界的共同关注。我国寿险业之所以能够有一个高速发展的黄金时期，是建立在人群既往保险基础薄弱的前提上，无论是人均GDP还是保险密度、保险深度，我国都与西方发达国家存在不小的差距，后两者尤甚；正是这种差距，使我们在迎头赶上时有很大的发展加速度，无论是保费规模还是保单数量，都在快速增加，并在一定的时期内得以维持，但这种加速度会随着市场的逐渐成熟而减慢，即这种建立在既往基础薄弱基础上的高速发展并不能被长期被复制。如果说经济社会的大环境为寿险业持续发展提供了可能性，是寿险业发展的强大推动力，那么寿险公司的主动作为则是寿险业健康发展的决定力量，是把这种可能转化成现实的根本途径。

4.1 积极进行产品创新，努力开发新险种

国民经济的快速发展和人们收入的普遍提高，人们对寿险产品的需求越来越大。如何将巨大的潜在需求转化为现实需求，是寿险业关注的重点。为此，寿险公司应加强产品创新力度，开发具有特色的新险种，减少产品雷同，增大产品差异性，尽可能满足广大消费者需求。尤其在老龄化加剧的情况下，寿险公司更应关注商业寿险产品及医疗、护理保险的险种设计，增加业务增长点。

4.2 提升寿险公司的服务质量和代理人水平

我国寿险产品有效需求不足固然是由多方面原因造成的，诸如国民保险意识落后、产品结构单一等，但保险业形象欠佳、诚信缺失、服务质量低下是很重要的因素。寿险业应努力提高自身服务质量，加强诚信建设和对代理人的培训，尤其要杜绝销售误导和理赔难现象，从而改变保险公司在人们心中的消极形象，增加人们对寿险产品的需求。

4.3 有效进行寿险资金运作，提高资金运用效率

在宏观环境向好的形势下，寿险公司应该根据寿险资金特点大力发展投资业务，积极探索寿险投资渠道，通过合理的投资组合，有效化解投资风险，实现寿险资金的保值增值。另外，人口老龄化所带来赔付水平的上升以致偿付能力不足，也要求寿险公司树立正确的投资观念、积极进行资金运作、加强寿险资金管理，以提高自身的经营效益和利润水平，摆脱偿付危机，促进保险业的健康发展。

（作者电子邮箱：13317131121@qq.com）

◎ 参考文献

[1] 杨琳. 我国寿险业发展格局、变化趋势及政策建议[J]. 中国保险，2010(3).

[2] 梁来存. 我国寿险需求的实证分析[J]. 数量经济技术经济研究，2007(8).

[3] 徐锦. 经济周期对寿险业的影响[D]. 天津：南开大学，2007.

[4] 曹乾，何建敏. 保险增长与经济增长的互动关系[J]. 上海金融，2006(3).

[5] 冯玉梅. 人口老龄化时期我国寿险业发展的挑战及对策[J]. 北方经贸，2000(4).

[6] Winter, R. A.. The dynamics of competitive insurance markets[J]. *Journal of Financial Intermediation*, 1994, 3（4）.

[7] Meier, U. B. and J. F. Outreville. Business cycles in insurance and reinsurance：The case of France, Germany and Switzerland[J]. *Journal of Risk Finance*, 2006, 7（2）.

[8] Joan Lamm Tennant and Mary A. Weiss. International insurance cycles：Rational expectations／institutional intervention[J]. *The Journal of Risk and Insurance*, 1997, 64（3）.

[9] Outreville, J. F.. The economic significance of insurance markets in developing countries[J]. *Journal of Risk and Insurance*, 1990, 10.

The Development of China's Life Insurance Industry from the Perspective of its Fundamental Plane

Liu Chang[1]   Gao Na[2]   Liu Wei[3]

(1, 2, 3 Economics and Management School of Wuhan University, Wuhan, 430072)

Abstract: Since its recovery, the life insurance industry in our country has made great development. Many factors affect the development of life insurance industry. Nevertheless, economic growth, income and population aging are important force that promoting the development of life insurance industry, from the fundamental point of the present economic and social environment and current development of life insurance. Based on related theories and qualitative analysis, this paper explained the promoting roles of the above factors in life insurance industry, and made quantitative description of the their influence degree, with the statistical data of 1990-2012. On this basis, the future development of China's life insurance industry was predicted, and relevant policy suggestions were put forward.

Key words: Economic growth; Income; Population aging; The development of life insurance industry

电力建设工程中合谋行为的博弈分析及监督机制设计

● 刘　璨[1]　赵　超[2]

（1，2 武汉大学经济与管理学院　武汉　430072）

【摘　要】本文以电力建设工程中主管部门、代建人和承包商合谋的行为为研究背景。首先分析了三者选择合谋的行为动机，然后构建了政府、主管部门、代建人、承包商四者之间的博弈关系模型并利用委托—代理理论设计了一个最优奖励机制，最后针对我国现状提出了深化我国电力建设工程质量监督管理的措施和方法。

【关键词】电力建设工程　合谋　博弈　机制设计

1. 研究背景

近年来，随着我国经济的快速发展和人民生活水平的不断提高，我国对电力的需求量越来越大，国家在电力建设和电网改造方面的资金投入也越来越多，预计到 2020 年全国电力装机容量将达 9 亿 kW，用电量将达 45000 亿 kW·h，复合增长率达 5.5%①。在电力建设工程项目数量剧增的情况下，保证电力建设工程项目的质量，做好电力建设工程质量监督管理工作显得尤为重要。

国内外学者关于电力建设工程质量问题及其管理方法的研究已经取得了丰硕成果。刘迎心、李清立（2007）认为影响工程质量的因素主要包括：人、机械设备、工程材料、施工方法和环境 5 个方面，并由此提出"五大因素与三大阶段模型"。王长峰、李英辉（2008）则根据《全国建设工程质量监督执法检查分析报告》的数据分析得出，建设主体（建设、勘查、设计、施工等）对于建筑工程质量起着重要作用，而且各主体相互作用、相互影响。郭南芸（2008）从重大工程质量事件及随后对相关招投标程序、工程监理的调查结果中发现合谋与工程质量问题有很强的关联性，而治理合谋要从内在利益诱导与外在环境推动两方面的动因进行分析解决。黄熙、王春峰（2006）认为许多专家在研究和探讨工程质量事故产生的原因、实质及相应的解决措施时，大多是从市场交易行为的外部因素来探讨的，往往忽略了影响工程质量的各行为主体间的相互作用，比如他们之间的合谋寻租行为。Robert P. Elliott（1991）认为来自最高监督管理者的激励承诺能激发建设主体保证质量的能动性，建立健全的质量保证和质量监督体系，从而实现建设工程的质量目标。因此，研究电力建设工程中的合谋行为，特别是如何防治合谋，具有十分重要的现实意义。

目前在我国，电力建设工程在代建制下实行由国家政府直接委托相关主管部门进行监督管理，行使

---

①　邓晓梅. 中美勘察设计行业的比较［R］. 北京：中华人民共和国住房和城乡建设部，2005：1-5.

政府投资人角色；再由相关管理部门委托代建人（专业化的工程管理公司）实施建设；代建人委托承包商进行施工的模式。该制度一方面可以避免政府部门独掌勘探、设计和施工的招投标以及物料采购大权，防止其进行权力寻租；另一方面，也为代建人寻求"临时业主权力租金"创造了机会，特别是当政府主管部门、代建人、承包商三者一起合谋、牟取超额收益时，会对社会福利造成十分巨大的损失。

故本文从政府的角度出发，运用博弈论和信息经济学的相关理论和方法，构建政府、主管部门、代建人、承包商四者之间的博弈关系模型，试图找出关键的政策变量并设计最优的激励机制以防止合谋行为的发生。

2. 电力建设工程中合谋行为的博弈分析

2.1 合谋产生的原因

合谋产生的原因主要表现在三个方面：

（1）竞争压力导致的利益诉求。我国的建筑市场是一个完全竞争市场，因此代建人或承包商可能会为获得工程承建权在招投标中尽量压低报价至成本价（甚至低于成本价），然后再在施工阶段通过寻租、偷工减料、以次充好等行为从工程建设中获取超额收益来补充之前的支出甚至获得更大的利益。

（2）制度漏洞催生的腐败寻租。制度、法规和市场的不健全催生了腐败寻租行为。譬如，代建制中政府主管部门既掌握了充分的信息资源又是制度制定的决策者，有着主动寻租的天然条件；而代建人在利益最大化条件的驱使下，也会选择贡租，这样代建人与政府主管部门就结成了利益共同体①。

（3）信息不对称引起的"信息租金"。代建人和承包商更接近施工现场，于是拥有许多政府不知道的私人信息和专业知识，这种信息量的不对称是引起道德风险及发生合谋行为的主要原因②，他们可以利用自己的信息优势获取"信息租金"。

2.2 假设条件及博弈模型

本文主要分析政府主管部门、代建人、承包商三者一起合谋，损害政府利益的情形。模型的假设条件有：

（1）参与人：政府（A）、主管部门（B）、代建人（C）、承包商（D）

（2）参与人的策略空间：政府（A）的策略空间=｛监督，不监督｝；主管部门、代建人和承包商的策略空间=｛合谋，不合谋｝。

（3）政府对主管部门、代建人和承包商监督的概率为 p，不监督的概率为（$1-p$）；监督成功的概率为 q，监督不成功的概率为（$1-q$）；监督成本为 C_A。

（4）主管部门、代建人和承包商合谋的概率为 θ，不合谋的概率为 $1-\theta$。

（5）合谋三方不知道政府类型（监督或不监督），政府也不知道合谋体是否选择合谋，合谋三方和政府均不知道政府的监督是否成功，所以该博弈是一个不完全信息博弈问题。

（6）政府实施代建制的项目正常收益为 V_A，对主管部门、代建人和承包商合谋的惩罚系数分别为 k_B、k_C、k_D。

（7）主管部门从政府处获得的正常收入为 V_B，从代建人处抽得的租金为 R_C。

---

① 张朝勇. 代建制实施中合谋行为的博弈分析和监管机制设计[J]. 建筑经济，2010，（2）：18-22.
② 兰定筠，李世蓉. 政府投资项目代建制的监管机制研究[J]. 建筑经济，2007，（11）：69-70.

（8）代建人的正常收益为 V_C，从承包商处抽得的租金为 R_D，因合谋寻租获得的超额收益为 RT_C。代建人从承包商处抽得的租金大于给主管部门的贡租，即 $R_D > R_C$；因寻租获得的超额收益大于其支出，即 $\mathrm{RT}_C > R_C$。

（9）承包商的正常收益为 V_D，因合谋寻租获得的超额收益为 RT_D。承包商寻租获得的超额收益大于其支出，即 $\mathrm{RT}_D > R_D$。

（10）合谋一旦被政府发现，主管部门、代建人和承包商不仅会受到政府的惩罚，还会遭受名誉上的损失，分别为 F_B、F_C、F_D。

图1是各参与人的损益流向图，由图可知，政府监督成功获得的收益如式（1）所示，合谋三方获得的租金总收益如式（2）所示。

$$\mathrm{RT} = k_B R_C + k_c(\mathrm{RT}_C + R_D) + k_d \mathrm{RT}_D \tag{1}$$

$$\mathrm{RT}' = R_C + \mathrm{RT}_C + R_D + \mathrm{RT}_D \tag{2}$$

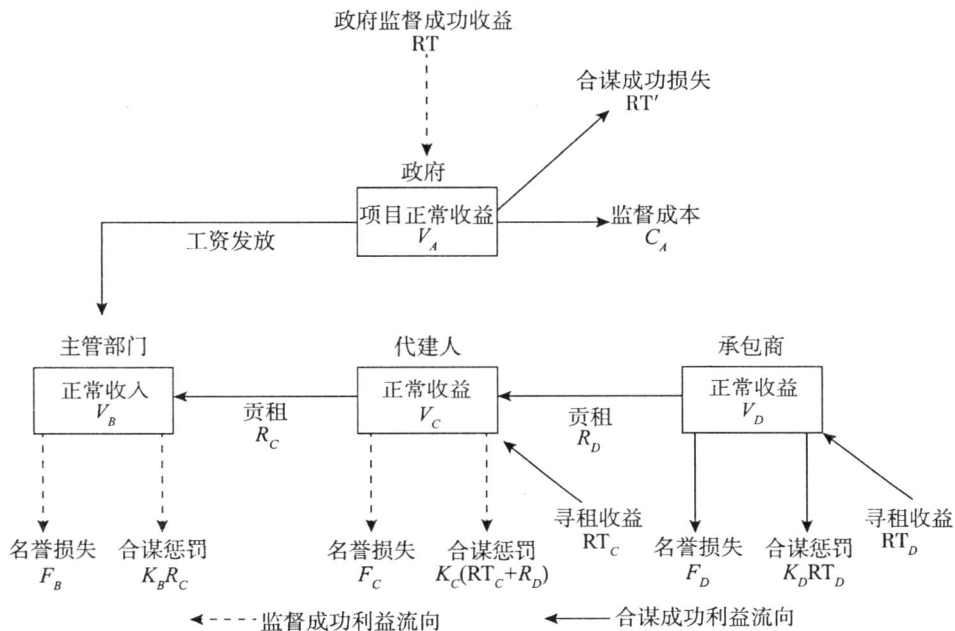

图1　电力建设工程各参与人的损益流向图

资料来源：乌云娜等．基于前景理论的政府投资代建项目合谋监管威慑模型研究[J]．管理工程学报，2013，27（2）：168-176.

在以上假设条件下，博弈过程如图2所示。

2.3　模型求解及分析

（1）由图2可得到政府、主管部门、代建人和承包商的效用函数，分别为：

$$
\begin{aligned}
U_A =& p\theta q(V_A - C_A - V_B + \mathrm{RT}) + p\theta(1 - q)(V_A - C_A - V_B - \mathrm{RT}') + p(1 - \theta) \\
& (V_A - C_A - V_B) + (1 - p)\theta(V_A - V_B - \mathrm{RT}') + (1 - p)(1 - \theta)(V_A - V_B)
\end{aligned} \tag{3}
$$

$$
\begin{aligned}
U_B =& p\theta q(V_B - k_B R_C - F_B) + p\theta(1 - q)(V_B + R_C) + p(1 - \theta)V_B + (1 - p)\theta \\
& (V_B + R_C) + (1 - p)(1 - \theta)V_B
\end{aligned} \tag{4}
$$

159

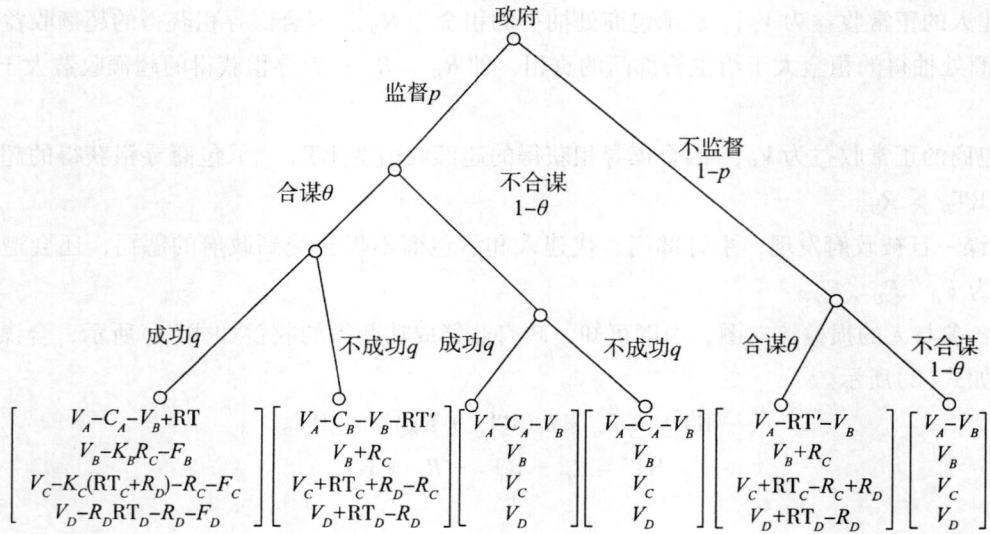

图2　电力建设工程各参与人之间的博弈过程

$$U_C = p\theta q[V_C - k_C(\mathrm{RT}_C + R_D) - R_C - F_C] + p\theta(1-q)(V_C + \mathrm{RT}_C + R_D - R_C) \\ + p(1-\theta)V_C + (1-p)\theta(V_C + \mathrm{RT}_C + R_D - R_C) + (1-p)(1-\theta)V_C \tag{5}$$

$$U_D = p\theta q(V_D - k_D\mathrm{RT}_D - R_D - F_D) + p\theta(1-q)(V_D + \mathrm{RT}_D - R_D) + p(1-\theta) \\ V_D + (1-p)\theta(V_D + \mathrm{RT}_D - R_D) + (1-p)(1-\theta)V_D \tag{6}$$

主管部门、代建人、承包商合谋的条件为合谋的期望效用不低于不合谋的期望效用，如式(7)所示：

$$\begin{cases} U_B|\theta = 1 \geqslant U_B|\theta = 0 \\ U_C|\theta = 1 \geqslant U_C|\theta = 0 \\ U_D|\theta = 1 \geqslant U_D|\theta = 0 \end{cases} \tag{7}$$

即：
$$\begin{cases} pq(V_B - k_B R_C - F_B) + p(1-q)(V_B + R_C) + \\ (1-p)(V_B + R_C) \geqslant pV_B + (1-p)V_B \\ pq[V_C - k_C(\mathrm{RT}_C + R_D) - R_C - F_C] + p(1-q)(V_C + \mathrm{RT}_C + \\ R_D - R_C) + (1-p)(V_C + \mathrm{RT}_C + R_D - R_C) \geqslant pV_C + (1-p)V_C \\ pq(V_D - k_D\mathrm{RT}_D - R_D - F_D) + p(1-q)(V_D + \mathrm{RT}_D - R_D) + \\ (1-p)(V_D + \mathrm{RT}_D - R_D) \geqslant pV_D + (1-p)V_D \end{cases} \tag{8}$$

只有当三个式子全部成立时，合谋才会发生，由此得到合谋条件为：

$$pq \leqslant \min \left[\frac{1}{1 + k_B + \dfrac{F_B}{R_C}}, \right. \\ \frac{1}{(1 + k_C)\left(1 + \dfrac{R_D}{\mathrm{RT}_C}\right) + \dfrac{F_C}{\mathrm{RT}_C}}\left(1 + \dfrac{R_D - R_C}{\mathrm{RT}_C}\right), \\ \left. \frac{1}{1 + k_D + \dfrac{F_D}{\mathrm{RT}_D}}\left(1 - \dfrac{R_D}{\mathrm{RT}_D}\right) \right] \tag{9}$$

160

因此，当 $k_D \gg k_B$，k_C，即政府对承包商的惩罚力度远远大于对主管部门及代建人的惩罚力度时，

式（9）为 $pq \leqslant \dfrac{1}{1 + k_D + \dfrac{F_D}{\mathrm{RT}_D}}\left(1 - \dfrac{R_D}{\mathrm{RT}_D}\right)$，则合谋条件的成立主要取决于承包商的名誉损失 F_D 以及承包商

合谋成本与合谋收益的比率 $\dfrac{R_D}{\mathrm{RT}_D}$。名誉损失越多，合谋成本与合谋收益的比率越大，合谋条件越难以成

立。因此可以对承包商的寻租行为采取吊销营业执照、取消工程承包资质，或被列入"黑名单"的处罚方式①，在控制合谋收益的前提下提高合谋成本也可以在一定程度上防止合谋行为的发生。

当 $k_B \gg k_C$、k_D，即政府对主管部门的惩罚力度远远大于对代建人及承包商的惩罚力度时，式（9）为

$pq \leqslant \dfrac{1}{1 + k_B + \dfrac{F_B}{R_C}}$，即合谋条件的成立主要取决于主管部门官员的名誉损失 F_B，名誉损失越大，合谋条件

越难以成立。因此政府可以通过媒体和舆论来加强对主管部门官员的名誉监督，譬如建立公众举报网站、设立公众投诉电话等。

当 $k_C \gg k_B$、k_D，即政府对代建人的惩罚力度远远大于对主管部门及承包商的惩罚力度时，式（9）为

$pq \leqslant \dfrac{1}{(1 + k_C)\left(1 + \dfrac{R_D}{\mathrm{RT}_C}\right) + \dfrac{F_C}{\mathrm{RT}_C}}\left(1 + \dfrac{R_D - R_C}{\mathrm{RT}_C}\right)$。与第一种情况类似，合谋条件的成立主要取决于名誉损

失和合谋成本与合谋收益比率的大小，监管方法也基本相同。

另外，由式（9）可以看出，政府监督的概率越高，监督成功的概率越大，合谋的条件也越难以成立。因此，提高政府监督的效率和专业化水平也是打击合谋的有效方法之一。

3. 电力建设工程防治合谋的激励机制设计

3.1 模型假设

除了可以采用监督并惩罚的方法对合谋行为进行打击，政府还可以通过设计一个激励机制来防范主管部门、代建人和承包商的合谋行为。Tirole 的防范串谋原理②——不失一般性，委托人可以通过设计一个防止合谋的主契约使得代理人从中得到的收益不少于合谋收益，因而代理人就没有进行合谋的积极性——为此激励机制的成立提供了可能性。在这个模型中，委托人为政府，代理人为由管理部门、代建人和承包商组成的利益整体。其他的假设条件有：

（1）代理人（主管部门、代建人和承包商）的行动 a 有两个取值，分别为 H 和 L。其中，H 代表不合谋，L 代表合谋。

（2）政府无法知道主管部门、代建人和承包商这个整体的合谋行为但可以观察到工程质量的高低，工程质量高时政府收益大，工程质量低时政府收益小。假设 π 为委托人（政府）的收益，其最小可能值为 $\underline{\pi}$，最大可能值为 $\bar{\pi}$。

（3）如果主管部门、代建人和承包商不合谋（$a = H$），则 π 的分布函数和分布密度分别为 $F_H(\pi)$ 和

① 杨耀红，汪应洛．大型基建工程项目业主等方合谋的博弈分析[J]．管理工程学报，2006，20（2）：126-129．

② Tirole, J.. Collusion and theory of organizations. In: J-J. Laffont. *Advances in economic theory* [M]. Cambridge University Press, 1992: 71-155.

$f_H(\pi)$；如果主管部门、代建人和承包商合谋（$a = L$），则 π 的分布函数和分布密度分别为 $F_L(\pi)$ 和 $f_L(\pi)$。

（4）对所有的 $\pi \in [\underline{\pi}, \overline{\pi}]$，$F_H(\pi) \leqslant F_L(\pi)$，其中严格不等式至少对某些 π 成立。即不合谋时工程质量高的概率大于合谋时工程质量高的概率①。

（5）不合谋给主管部门、代建人和承包商这个整体带来的负效用相当于数量为 $c(a)$ 的货币收益。假定 $c(H) > c(L)$，即不合谋的成本比合谋的成本高（这是因为合谋会带来超额收益）。

政府希望主管部门、代建人和承包商这个整体选择不合谋，即 $a = H$。显然这也是符合社会最优的，因此接下来所有的讨论都建立在这个出发点上②。

3.2　激励机制设计

政府面临的问题是选择奖励合同 $s(\pi)$ 解下列最优化问题：

$$\max_{s(\pi)} \int v(\pi - s(\pi)) f_H(\pi) \mathrm{d}\pi \tag{10}$$

$$\text{s.t. (IR)} \int u(s(\pi)) f_H(\pi) \mathrm{d}\pi - c(H) \geqslant \bar{u} \tag{11}$$

$$\text{(IC)} \quad \int u(s(\pi)) f_H(\pi) \mathrm{d}\pi - c(H) \geqslant \int u(s(\pi)) f_L(\pi) \mathrm{d}\pi - c(L) \tag{12}$$

式（11）说明政府在这样做的时候面临着来自主管部门、代建人和承包商这个整体的个人理性约束（individual rationality constraint），即该整体从接受奖励合同中得到的期望效用不小于不接受奖励合同时能得到的最大期望效用，即保留效用 $\bar{u}$。

式（12）是政府面临的第二个约束，激励相容约束（incentive compatibility constraint），即主管部门、代建人和承包商这个整体选择不合谋的期望效用大于选择合谋的期望效用。

令 α 和 β 分别为个人理性约束（IR）和激励相容约束（IC）的拉格朗日乘数，那么上述最优化问题的一阶条件为：

$$\frac{v'(\pi - s(\pi))}{u'(s(\pi))} = \alpha + \beta \left(1 - \frac{f_L}{f_H}\right) \tag{13}$$

式（13）为政府给主管部门、代建人和承包商必须满足的奖励合同条件。在不对称信息下，$\alpha, \beta > 0$，表示政府的奖励合同 $s(\pi)$ 将会随着似然率 f_L/f_H 的变化而变化。任何一个满足该式的 $s(\pi)$ 都可以激励代理人选择不合谋。式（13）还说明：在设计奖励契约时，如果将政府的收益与主管部门、代建人、承包商的收入联系起来，多考虑二者的共同命运，双方契约设计越完备，则政府的收益越高，同时主管部门、代建人和承包商也会更加遵纪守法，不去合谋寻租③。

4. 结论与建议

本文研究了电力建设工程项目中主管部门、代建人和承包商合谋的行为动机，并构建了政府、主管部门、代建人、承包商四者之间的博弈模型，找出了监督打击合谋的关键性政策变量并设计了最优的激

---

① 张维迎. 博弈论与信息经济学［M］. 上海：上海人民出版社，1996：43-112.
② 陈钊. 信息与激励经济学［M］. 上海：上海人民出版社，2010：83-113.
③ 郑君君，钟红波，韩笑. 委托—代理关系下风险投资者与投资家契约设计［J］. 武汉理工大学学报，2012，34（2）：242-245.

励机制来防止合谋行为的发生。博弈结果表明，政府对主管部门、代建人和承包商的惩罚力度越大，政府监督的概率越高，监督成功的概率越大；主管部门、代建人和承包商合谋被发现产生的名誉损失越大，合谋成本与合谋收益的比率越大都会令合谋难以成立。这为打击电力建设工程中的合谋行为提供了思路和方法。另外，政府也可以采用激励机制设计一个最优的奖励契约，激励主管部门、代建人和承包商这个整体选择不合谋。因此，政府面临的是一个对合谋进行监督的成本和对防范合谋的激励的权衡：若监督成本大于激励支出，则选择激励；若监督成本小于激励支出，则选择监督。

为了促使主管部门、代建人和承包商选择不合谋从而提高整个社会的福利和效率，在总结本文所做工作的基础上对政府给出如下政策建议：

首先，加大对工程项目的监督力度，提高监督成功的概率；积极监督、加强内部激励，同时鼓励创新和技术进步，降低监督成本，对主管部门、代建人和承包商的合谋行为实施更为有效的监督。

其次，加大对主管部门、代建人和承包商合谋的惩罚力度，使合谋行为得不偿失，产生威慑作用。

最后，建立完善信誉体系。政府可以建立一个信誉平台，来促进各代建人、承包商之间的竞争，使失信者难以生存发展，而严格按照合同保证工程质量者得到竞争优势，进而提高其维护工程质量的积极性。另外，媒体和大众也可以对主管部门、代建人和承包商的行为进行舆论监督，加大其合谋的名誉损失。

本文的研究可以为电力建设工程质量监督机构的管理行为和管理决策提供参考。

（作者电子邮箱：liucan19910727@126.com）

◎ 参考文献

[1] 陈钊. 信息与激励经济学[M]. 上海：上海人民出版社，2010.

[2] 郭南芸. 工程建设领域合谋动因与治理[J]. 社会科学家，2008，2.

[3] 黄熙，王春峰. 工程监理博弈行为分析与对策研究[J]. 中国人口、资源与环境，2006，16(4).

[4] 兰定筠，李世蓉. 政府投资项目代建制的监管机制研究[J]. 建筑经济，2007，11.

[5] 刘迎心、李清立. 中国建筑工程质量现状剖析、国际借鉴、未来对策[M]. 北京：中国建筑工业出版社，2007.

[6] 王长峰，李英辉. 现代项目质量管理[M]. 北京：机械工业出版社，2008.

[7] 乌云娜等. 基于前景理论的政府投资代建项目合谋监管威慑模型研究[J]. 管理工程学报，2013，27(2).

[8] 杨耀红，汪应洛. 大型基建工程项目业主等方合谋的博弈分析[J]. 管理工程学报，2006，20(2).

[9] 张朝勇. 代建制实施中合谋行为的博弈分析和监管机制设计[J]. 建筑经济，2010，2.

[10] 张维迎. 博弈论与信息经济学[M]. 上海：上海人民出版社，1996.

[11] 郑君君，钟红波，韩笑. 委托—代理关系下风险投资者与投资家契约设计[J]. 武汉理工大学学报，2012，34(2).

[12] Laffont, J. J., D. Martimort. The theory of incentives I: The principal-agent model[M]. NJ: Princeton University Press, 2002.

[13] Robert P. Elliott. Quality assurance: Top management's tool for construction quality[J]. *Transportation Research Record*, 1991, 13(10).

Game Analysis and Supervision Mechanism Design of Collusion Behavior in Electric Power Construction Engineering

Liu Can[1] Zhao Chao[2]

(1, 2 Economics and Management School of Wuhan University, Wuhan, 430072)

Abstract: This paper is based on the collusion behavior of the competent authority, the construction agent and the contractor in electric power construction engineering. This paper first analyzes the collusion behavior motivation of the three; then builds the game model between the government, the competent authority, the construction agent and the contractor and design a optimal reward mechanism using the theory of principal-agent; at last put forwards the measures and methods aim to deepen our country's quality supervision and management of electric power construction engineering.

Key words: Electric power construction engineering; Collusion; Game analysis; Mechanism design

大数据对统计学的挑战和机遇[*]

● 游士兵[1] 张 佩[2] 姚雪梅[3]

（1，2，3 武汉大学经济与管理学院 武汉 430072）

【摘 要】从学科角度而言，大数据对海量数据进行存储、整合、处理和分析，可视为一种新的数据分析方法，这种基于数据关系的内在本质决定了大数据与统计学之间的必然关系，大数据对统计学的发展既提出了挑战又提供了机遇。大数据对统计学的挑战体现在：大样本标准的调整、样本选取标准和形式的重新确定、统计软件有待升级和开发及实质性统计方法的大数据化。大数据对统计学的机遇体现在：统计质量的提高、统计成本的下降、统计学作用领域的扩大、统计学科体系的延伸及统计学家地位的提升。

【关键词】大数据 统计学 挑战 机遇

1. 引言

大数据最初是指无法在一定时间内用常规软件工具对其内容进行抓取、管理和处理的数据集合。但由于大数据的处理需要特殊的技术，包括可扩展的存储系统、大规模并行处理数据库、数据挖掘电网和云计算平台，所以大数据不仅仅只是一种信息资产，更深的含义应是数据分析的前沿技术。从学科角度而言，大数据对海量数据进行存储、整合、处理和分析，可视为一种新的数据分析方法。

传统的数据分析方法通常是统计学的研究范畴。统计学通过收集、整理和分析统计数据从而达到探究数据内在规律性的目的，广泛的统计学包括三个类型的统计方法：一是处理大量随机现象的统计方法，如概率论与数理统计的方法，包括古典概率统计方法、贝叶斯统计方法、多元统计方法等；二是处理非随机非概率的描述统计方法（称为统计技术方法），如社会调查方法、指数编制方法等；三是处理与特定学科相联系的特殊方法（称为实质性统计方法），如经济统计方法、卫生统计方法、环境科学统计方法、生命科学统计方法等①。

传统的统计学理论和方法几乎都是在样本的基础上进行的，这是因为在小数据时代，受收集、处理数据的工具和能力的限制，人们几乎不可能收集到涉及所研究问题的所有数据；或者即使能收集到所有数据，但所需成本过大，从实际出发也会放弃收集全面数据，因此传统的统计学理论和方法通常以随机样本的表现来代表全体的表现。但是，即使选取最优的抽样和统计分析方法，样本也只能最大限度地还

---

* 本文受中央高校基本科研业务费（项目批准号：20110403）专项资助。

① 黄良文，洪琳琳，陈龙. 关于大统计学学科的重新思考［J］. 中国统计，2011，1：52-53.

原全体在某一方面或某几个方面的特征，而不可能做到在方方面面都完美地体现全体的特征（实际上我们所察觉到的全体数据的特征只是冰山一角，更多的其他方面的特征尚待发掘），这是在小数据时代的资源约束下所能做的最好推断了。

随着全球定位系统、传感器、互联网等各种技术的发展，许多以前较难收集到的数据现在可以方便快捷并且大规模地进行收集了，云计算使得大规模的数据处理成为可能（姜奇平，2013）。社会统计在很大程度上从小数据时代所受到的资源技术约束中解放出来，新的技术和工具使得更多的事物和现象可以转化为可分析的数据，大规模数据的处理方法也使得我们在进行数据分析时可以直接运用海量数据。基于海量数据的分析可以使我们获得以前仅使用样本时所无法实现的全新视野，这为统计学的发展提供了前所未有的机遇。同时，基于样本的传统统计理论和统计方法在大数据环境下已经显得有些黔驴技穷、捉襟见肘，我们应如何结合大数据的特点和需求对传统的统计学方法进行改进并找寻新的统计理论和方法，使之能更好地适应大数据时代的发展要求、从大数据中挖掘更多的宝藏，这是统计学在大数据时代必须应对的挑战。

2. 大数据与统计学的比较

统计学在大数据的研究中存在一定的应用，表现在将"大数据"变成"小数据"，对海量数据的搜索、聚类和分类依赖于统计学的一般方法，因而大数据的研究继承了统计学科的一些特点[①]。但大数据尚未被统计学吸纳和应用，这主要是由于大数据与统计学存在两个很关键的差别。

第一，样本统计和全样本统计的差别。统计学依赖于样本统计（普查除外），样本是按照一定的概率从总体中抽取并作为总体代表的集合体，而随机抽样是有成本的，如时间成本、资金成本、社会关系等。在样本规模增加有限的情况下，总体数量越大样本估计的误差就越大，这是样本统计不可避免的缺陷。大数据时代产生了海量的即时的电子化数据，数据呈现"总体即样本"的趋势，这一特点刚好能弥补样本统计的这一劣势。大数据的全样本统计虽然能够覆盖全部总体，但由于绝大多数的数据是非结构数据和半结构数据，且大数据常呈现重尾分布，方差、标准差等标准方法会变得无效，长相依和不平稳性往往超出经典时间序列的基本假设，因而概率论（包括分布理论、大数定律和中心极限定理）的应用受到限制。所以，统计学在引入大数据的全样本统计时，有必要对总体数据进行筛选和整合，相当于样本统计中的数据预处理。

第二，预测分析和非预测分析的差别。统计学旨在分析变量之间的相关关系，即两个或两个以上变量之间存在的某种规律性，故数据搜集是发生在变量确定之后，数据的分析价值是可预测的。如若要研究利率对消费行为的影响，则利率大小和消费支出的数据会有目的地被搜集和分析。一旦分析目的完成，为该目的而搜集的数据的价值也就完全实现。大数据是从大规模海量数据中建立模型和发现数据网络关系，强调对复杂系统进行整体性的研究（李国杰，2012）。与统计学的预测分析相比，海量数据的存在是以互联网、传感器为载体，是先于分析需求而存在的，故建立在大数据之上的分析更多的是非预测性的。大数据在统计学中的运用难以进行，是因为缺乏非预测分析依赖的海量数据，海量数据的形成依赖于存储系统和数据中心，不是短期能够形成的。换言之，大数据在统计学科的发展，意味着统计学科的预测分析逐渐向非预测分析或模糊预测分析转变，数据利用由一次性利用向二次利用或 N 次利用转变。数据的价值也正在于它的无限次再利用，即数据的潜在价值。

尽管大数据中数据来源、数据结构和处理方法的特殊性使大数据区别于传统的数据分析方法，但大

---

① 行智国. 统计学与数据挖掘的比较分析[J]. 统计教育，2002，6：6-8.

数据基于数据关系的内在本质决定了大数据与统计学之间存在必然关系。

3. 大数据对统计学的挑战

大数据与统计学的关系及其本身的优势，意味着未来统计学的大数据化是不可避免的趋势，现有的统计学与大数据之间还存在着一些不相容的地方，为积极应对这一趋势，就必须对现有的统计学理论和方法作出相应的调整甚至是某些方面的完全革新。

3.1 大样本标准的调整

统计学依赖于样本统计，主要研究客观事物数量关系和数量特征。大数据时代产生了海量的即时的电子化数据，其样本量大，甚至可以覆盖全部总体，所以包含更多的信息量。例如，传统的经济统计一般细化到行业层面或产品层面，但电子商务的发展和条形码的普及让记录具体到每一次交易行为。网上电子化交易信息，企业电子化经营记录，部门电子化行政记录，为统计调查提供了海量数据，对统计学样本规模的扩大提供了可能性。

大数据时代下，"样本即总体"将是新的趋势，大样本的标准也须相应提高。通常认为，样本数>30为大样本，反之，样本数<30为小样本。传统统计学以30为大样本标准，面对存在多源异构、高噪声等特征的大数据资源，其标准太低，不足以筛除干扰信息的影响，以致统计结果只能在有限程度上说明现象变化的规律性。在此基础上，传统统计学应充分利用大数据提供的海量数据，加强数据来源的多元化，从而扩大样本规模；同时更新大样本标准，以更大规模的样本数量取代原来的样本数量，以适应大数据时代对数据精确度的要求。

3.2 样本选取标准和形式的重新确定

传统统计学依赖于结构化数据，如数字、符号等信息，但非结构数据(包括文本、图像、图像、音频和视频等信息)和半结构化数据(如 HRML 文档)同样蕴涵着海量信息和统计规律，如医疗行业的一张 CT 扫描图像约含 150MB 的数据，一个基因组序列文件约含 750MB。统计学是研究事物本身的数量关系，但并非所有的研究对象都有量化指标，也不是所有的量化指标能够很好地说明研究对象，如以最大股东所持资产占总资产的比例来表示公司治理结构不如一张公司治理结构图更精确。

目前大数据采集到的数据 85%以上是非结构化和半结构化数据，传统的关系数据库无法胜任这些非结构化和半结构化数据的处理，但大数据可通过建立非结构数据库对这些海量数据进行标准化处理，将非结构化数据转化为结构化数据，从而发挥这些多元化数据的潜在作用。倘若传统统计学能突破结构化数据的限制，降低样本选取标准，建立非结构数据库，使统计学的数据基础呈多元化，则统计学的应用范围会大幅扩大。

3.3 统计软件有待升级和开发

传统统计学的数据处理和分析以统计模型和统计软件为基础，统计模型构建了不同变量之间的数量关系，而统计软件正是处理和分析数据的有力工具，但必须依靠使用者自主导入所收集的相关变量的一系列数据，常见的统计软件包括 SAS、SPSS、Stata、Minitab、DPS。大数据依赖于以数据中心为基础的非关系数据分析技术，如 Google 公司通过 MapReduce 软件每个月处理超过 400PB 的数据，Yahoo 基于 Hadoop 云计算平台建立了 34 个集群，储存容量超过 100PB。若大数据能够在统计软件中得到充分运用，则统计分析的数据搜集过程可以简化甚至免去。

可以预测，若统计学常用的统计软件能仿照大数据处理软件，在数据处理和分析的基础上增加数据存储和传输技术，则统计软件本身可形成一个内在的数据中心，实现数据共享，从而推动大数据在统计软件中的应用。该应用不仅需要存储容量和技术的支持，还对数据的表示方法有严格要求。对于同一变量的海量数据，原始数据要有必要的统一的标志，否则在此基础上建立的数据中心会存在数据识别的困难。不过，标志数据因为会给使用者带来麻烦往往得不到认可，这也是大数据处理过程中遇到的难题之一。

3.4 实质性统计方法的大数据化

大数据对传统统计学的冲击不仅在于统计样本和统计软件，甚至会产来新的统计方法，这一点在实质性统计方法方面表现尤为突出，如经济统计方法、卫生统计方法、环境科学统计方法、生命科学统计方法等。大数据时代的数据作为一种资本，其开发程度较低，主要掌握在搜索引擎、电子商务、社交网络等 IT 企业和统计部门。大数据时代的数据分析不仅能为企业带来商业价值和指导业务决策，还能为统计部门提供信息统计和指导政策制定。

以卫生统计方法为例，卫生统计部门能够通过建立信息系统(传染病与突发公共卫生事件监测信息系统、慢性非传染性疾病监测与信息管理系统、预防接种信息系统等)建立统一的数据中心，用大数据方法取代抽样调查，基于连续动态资料进行疾病预防控制；Google 曾于 2008 年底推出一项大数据处理的应用服务"流感趋势"，该服务是通过搜索引擎对关键词的监测实现的，以帮助人们了解不同地区(限美国境内)的流感病例爆发情况①。

4. 大数据对统计学的机遇

海量数据的存在使得我们利用统计方法处理问题时可以使用更多的数据，甚至在某些场合能够使用全体数据，数据不再成为统计分析制约因素，大数据基础上的统计学效率和拟合度预测准确性可以大大提高，并且能够发现很多在样本统计时上无法发现的细节。统计学的优势在于"以小见大"，这是统计学的优势，同时也是统计学在小数据约束下的妥协。在大数据时代，可将统计学的长处和大数据的优点结合起来，实现"以小见大"和"由繁入简"的有效结合。

4.1 统计质量的提高

合理利用大数据有利于统计质量的提高，主要表现在三个方面：时效性增强、误差减小和可信度增强。传统统计数据通常存在滞后性且呈现低频率，而大数据的及时性能够弥补传统统计数据的这一缺陷，使统计数据的时效性增强。以消费者物价指数(CPI)的统计数据为例，CPI 的发布以月为频率，但一般都存在滞后期，如我国的 CPI 通常在每个月的 9 号才能发布上个月的 CPI；而"在线价格指数"能够对市场价格进行实时跟踪和汇总，能够提供及时的统计信息，且在线价格指数可以将频率从月提高到天甚至更高，能够细致地分析通货膨胀规律。

同时，大数据的广泛覆盖性能够很大程度地降低统计结果的误差。仍以 CPI 为例，传统的价格统计包括一篮子商品，通常包含千种商品、涉及几万个调查销售网点，且商品的种类和结构要随着社会经济的发展和人们的消费结构进行调整，样本误差和人为误差都较大。而基于大数据的"在线价格指数"让抽

---

① 维克托·迈尔-舍恩伯格，肯尼思·库克. 大数据时代：生活、工作与思维的大变革[M]. 浙江：浙江人民出版社，2013：52.

样变得不再重要，统计对象可以是几万种商品，所有的在线销售商和大部分线下的销售网点，甚至可以覆盖全部样本，从而显著降低统计误差。

此外，大数据的全面统计可排除统计过程和统计结果的人为误差。对于大部分的样本搜集方法，研究者自身的人为主观判断对统计过程都存在干扰。电话采访的调查结果会受到采访者采访方式、语气的影响，问卷调查的结果也会因为调查问卷设计的不同而有所差别，而且当受调查者意识到自己在接受调查时很有可能会有意地对真实情况进行部分修饰，这些都会使得由这些调查方法所获得的数据无法真实反映现实。大数据收集的是全面数据，因而不存在抽样调查时因调查人员的主观因素造成的偏差，而且可以在受调查者没有意识到的情况下采集数据，例如移动通信用户只把手机当成是移动通信工具，但当用户带着手机去上班、去吃饭、去旅行时，移动通信商实际上可以通过跟踪定位手机来获得用户的位置信息。这种方法获得的数据显然比通过电话采访或调查问卷的方式获得的用户位置信息更准确，从而在此基础上的统计分析结果可信度更高。

4.2　统计成本的下降

无论是普查还是抽样调查，传统的调查方法主要是电话采访、调查问卷、统计报表等常见方法，而这几种方法都有其固有缺陷，并且如果要获得数据量规模较大的话，统计成本也会大幅提高。电话采访过程很容易被受访者单方面挂断电话而中断，调查问卷的回收率、可用率通常不高，在统计报表层层上报的过程中所花费的人力物力也会随着上报层数的增加而增加。而在大数据时代，许多数据可以通过网络、移动通信等获得，因此无论从时间还是从实际耗费的财力物力来看，大数据相对传统统计调查方法的统计成本会大幅下降，而且数据规模会更大。

更重要的是，大数据可以被重复利用，被收集的数据不再仅限于某一特定用途，它可以为各种不同的目的服务。随着数据被利用次数的增加，数据被实现的潜在价值也逐渐增加，而数据的收集成本确是固定的，并不随数据的利用次数而变化，因此每次用途的平均成本会随着再利用次数的增加而大幅下降。例如 Google 利用用户的检索词条可以来预测流感的传播，但这只是其庞大的检索数据的用途之一，相同的数据还可以用于某种新产品的市场预测，或大选结果的预测等。显然随着再利用次数的增加，平均到每次用途上的数据收集成本逐渐降低

4.3　统计学可发挥作用的领域扩大

随着人类记录和计量手段的发展，许多以前无法量化的事物和现象现在可以转化成可以分析的数据了，这意味着这些以前无法用统计学来分析的问题现在可以运用统计学的方法来处理了。在大数据时代，大量数据从一些以前认为不可数据化的领域提取出来，例如可以从网络用户的搜索记录中提取用户的健康状况信息，商品偏好信息，从社交网络用户的社交关系网中提取用户的信用记录、财产状况的相关信息。只要可以获得数据，就可以运用统计学来进行数据分析，因此随着大数据的发展，统计学可发挥作用的领域将扩大。

例如近几年来我国多地频发地震，造成了巨大的人员伤亡与经济损失，如果能开发出一个较为准确的地震预测系统，在地震发生之前即可预测并提早发布地震预警并及时进行人员和物资的撤离，这样就可以挽救大量的生命并大大减少经济损失。通过开发新的工具来捕捉地震发生前后的地壳运动、气候变化、动物迁徙等方面的信息，并对其进行统计分析处理，找出地震发生率和震级与这些因素的相关关系，据此构造相应的地震预测模型，这样通过实时监控相关数据就可以进行地震预测了。虽然目前这只是一个想法，但或许在不远的将来我们就可以通过这种方法实现地震的可预测性了。

4.4 统计学科体系的延伸

大数据时代要求我们用发展、辩证的眼光看待统计学的发展，统计学应当在大数据的思想框架下构建新的学科体系。统计学有必要将大数据总体统计的思想和方法纳入其学科体系，从而统计学教学的内容有必要从传统的样本统计转向样本统计和总体统计的结合。样本统计通过带有随机性的观测数据对总体做出推断，这就要求总体最大限度均匀，这样才能通过适当的抽样方法确保样本的代表性。样本的产生是随机的，用样本去推断总体会产生代表性误差，而基于大数据的总体统计正好能弥补样本统计的不足。

引入大数据后，现有的统计学科可分为样本统计和总体统计，由于样本统计研究的是随机现象和大量现象数量的一般规律性，样本统计是基于概率论和数理统计的传统统计方法；相对地，总体统计的研究对象主要是海量数据中的全样本特征，所以总体统计是基于大数据的信息统计方法。样本统计的统计推断在于"以小见大"，总体统计的全局分析在于"由繁入简"，同时包含样本统计和总体统计的学科体系能中和样本统计的数据搜集缺陷和总体统计的数据筛选困难，更能适应社会发展和社会管理的需要。

4.5 统计学家地位的提升

在大数据时代，统计学家和数据分析家通过合理利用数据可以在一定程度上起到行业专家的作用，他们的作用延伸到各个领域，为各行各业提供有价值的建议。由于统计学家和数据分析家可以从大数据中挖掘出大量的信息并将其转化为价值，他们的作用受到广泛的重视，其地位得到大幅提升。

大数据就像一座巨大的金矿吸引着政府、公司以及无数个人去淘金，但要从错综复杂的海量数据中提取出有价值的信息并不是一件容易的事，需要具备数据分析知识的专业人员来进行数据处理，而这正是统计学家和数据分析师的专长。像 Google 和 Amazon 这样的网络巨头一方面是数据所有者，另一方面也对数据进行开发；但也有些数据所有者并不自己进行数据开发，而是将数据授权给统计学家或数据分析师使用。统计学家和数据分析家并不需要具备涉及所研究问题的专业知识，只要拥有足够的数据就可以从中找出问题的答案，并且在很多时候可以比相关领域的专业人士做得更好。例如某市准备修建地铁，需要对其中几条关键线路的路线以及沿途停靠站点进行设计以期能够最大限度地方便市民出行并减少地面交通运输的压力。统计学家和数据分析家并不需要具备城市设计或交通运输的相关知识，只要掌握了市民通勤信息的数据(这可以通过公交系统的乘客刷卡信息来获取)就可以找出通勤密度最大的地点和从而设计出合理的地铁线路并确定最佳的沿途停靠地点。

5. 结语

统计学的大数据化是可预见性的，由于大数据依赖于统一建立的数据中心，所以大数据的发展依赖于统计数据的开放共享，进一步，统计学的大数据化程度取决于大数据的公开程度。在大数据时代下，传统统计学为了更好地适应大数据化趋势，在数据收集方法、数据分析方法及统计制度等方面必然要进行改革和创新。大数据对传统统计学提出了巨大的挑战，但同时也为传统统计学的迅速发展提供了契机，统计学将在大数据时代迎来新的发展。但是在大数据的狂潮中我们应该清醒的认识到大数据对传统统计学是补充而非替代，建立在样本统计和预测分析之上的传统统计学仍在社会统计和经济分析中发挥着主导作用。

(作者电子信箱：sbyou@ whu. edu. cn)

◎ **参考文献**

［1］关石菡．数理统计在数据分析中的应用研究［J］．林区教学，2011，6.

［2］黄良文，洪琳琳，陈龙．关于大统计学学科的重新思考［J］．中国统计，2011，1.

［3］姜奇平．2013全球大数据——大数据的时代变革力量［J］．互联网周刊，2013，1.

［4］李国杰．李国杰院士谈大数据热：近期力戒忽悠［J］．中国科技信息，2013，4.

［5］李国杰．大数据研究的科学价值［J］．中国计算机学会通讯，2012，8(9).

［6］行智国．统计学与数据挖掘的比较分析［J］．统计教育，2002，6.

［7］游明伦．多角度洞悉统计数据［J］．数据，2010，6.

［8］维克托·迈尔-舍恩伯格，肯尼思·库克．大数据时代：生活、工作与思维的大变革［M］．浙江：浙江人民出版社，2013.

The Challenge and Opportunity of Statistics under the Age of Big Data

You Shibing[1]   Zhang Pei[2]   Yao Xuemei[3]

(1, 2, 3 Economics and Management School of Wuhan University, Wuhan, 430072)

Abstract：From the perspective of subject, big data can be regarded as a new data analysis method due to its function in storage, integration, processing and analysis for mass data. The intrinsic nature of big data based on data relationships determines the certain connection with statistics, thus big data brings both challenges and opportunities to the development of statistics. The challenges are embodied in the adjustment of large sample standard, redefinition of sample selection criteria, upgrading and developing of statistical software and innovation of substantive statistical method based on big data. Besides, the opportunities concern higher statistical quality, lower statistical cost, wilder function field, extended statistics system as well as higher status of statistician.

Key words：Big data；Statistics；Challenge；Opportunity